入地（P65）、行商スタンド婆ミー。

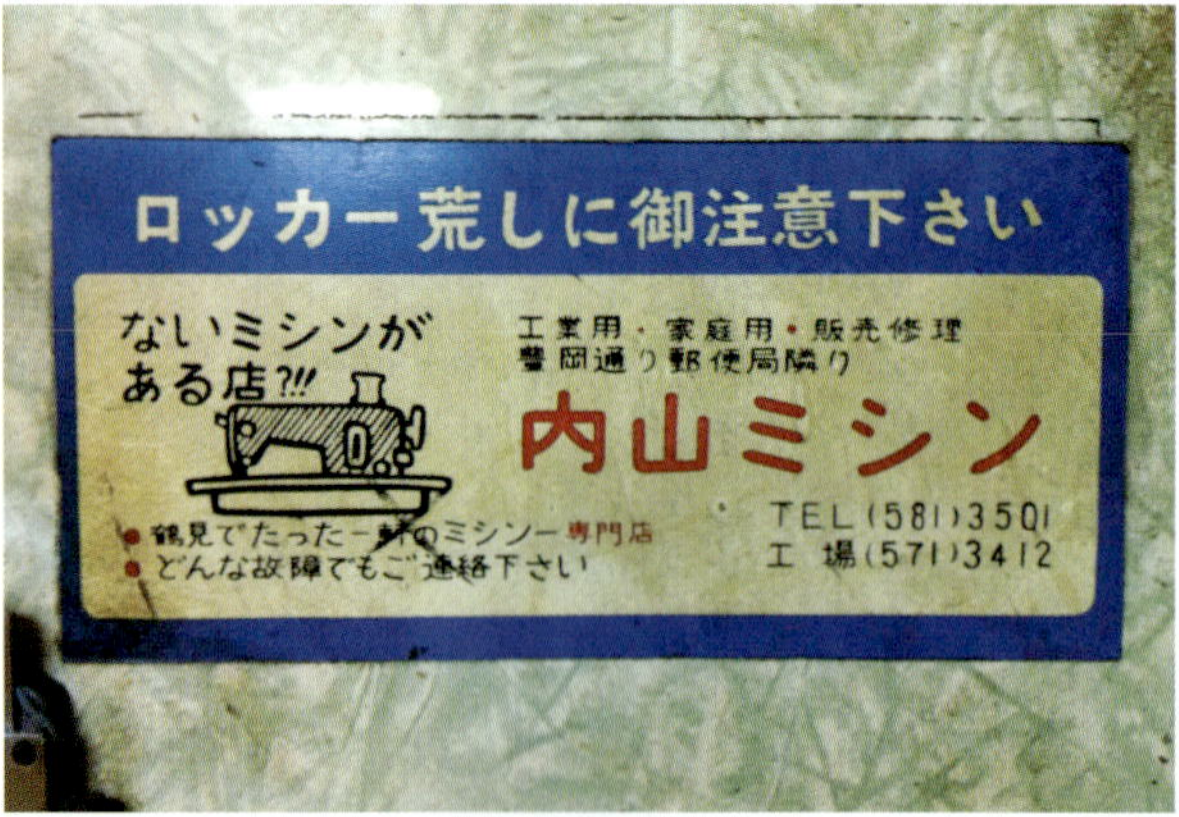

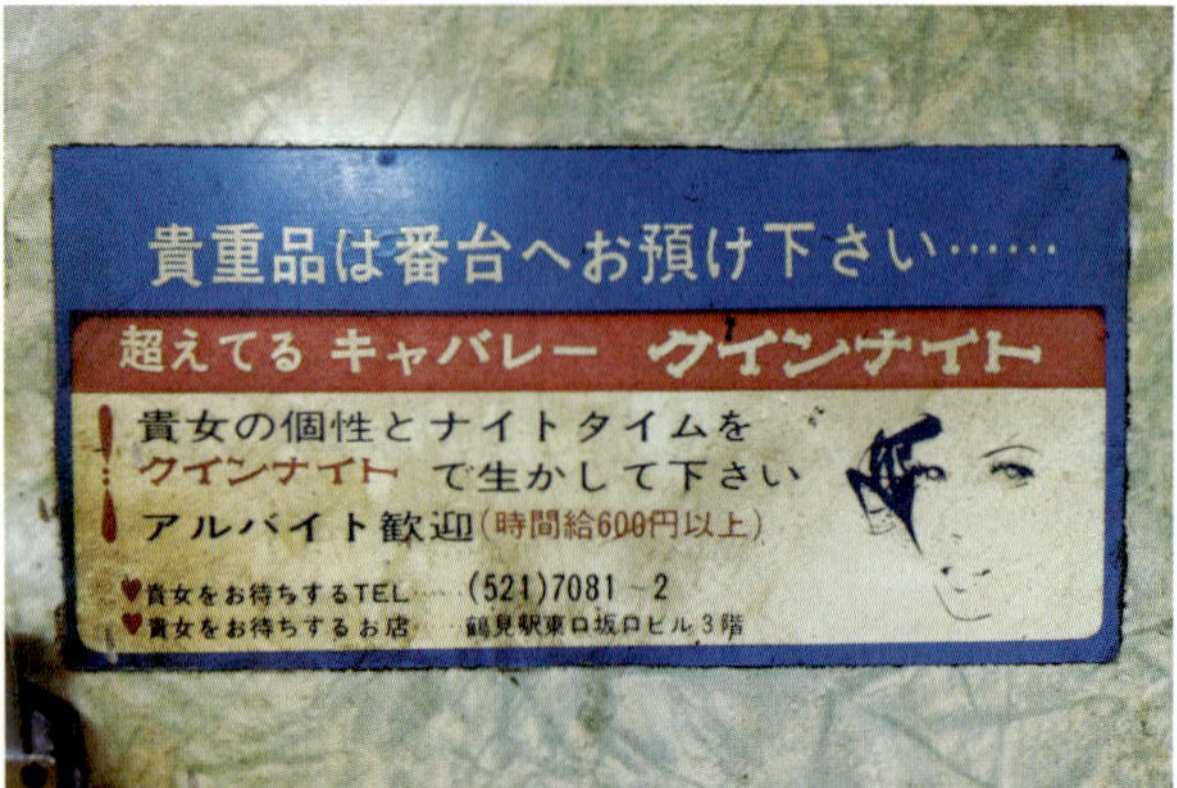

鶴見(P93)、超えてる銭湯のロッカー。

静岡県吉原（P58）、アラビアンナイトメアなビル

なぜ「こ」と「る」をつなげたのか。

そんな明るい地下道だけど婦女子は気をつけてね。

吉原（P34）のパンダは、あおむけで泣く。

講談社文庫

『能町みね子のときめきデートスポット』、略して

能スポ

能町みね子

講談社

まえがき

死にそうな場所が好きなんです。市販のデートスポットなんて、薄っぺらで合成甘味料みたいな味で、いけすかんのです。私を是非死にそうな場所に連れてってください。

この本は、「モーニング」で２００８年の初夏から連載された、私のオススメのデートスポットを実際に私（と担当編集）が訪問して楽しく紹介してゆくという、テーマだけならナントカウォーカーのごときコラムをまとめたものでございます。

デートスポットはあくまでも私のオススメですので、楽しさについては私だけに保証されています。題名だけは「デートスポット」なんて言ってキラキラさせてみましたが、中に入れば裸電球一つです。胸躍るようなわびしさを湛《たた》えてお送りしたいと思っております。

まず、しつこいほど言っておきたいのは、私がオススメしているのは「死にそうな場所」であって、「死にたくなる場所」でも「殺されそうな場所」でも、はたまた

「場所自体が消えてしまいそう」でもない、ということです。そこにいるだけで自分が死んでしまいそうな、生死のすぐ際《きわ》で息をしているような、そんなスレスレの感じがするところです。私はそこでデートがしたい。これはまぎれもない本音。たとえば下町だって、古い家並みの残る人情味あふれる場所として描かれがちだけど、ほんわかしたよい部分ばかりあるわけじゃない。もっとドロドロした、人の臭い息が鼻先でするような濃密なところですよ、人が隣で死んだり生まれたりするようなところ。私はそんな空気を感じながら歩きたいんです。

――と、以上の文は、連載開始時に書いた文章の一部を、２０１６年の書籍化に当たって少しだけ手直ししたものです。２０１６年……。連載開始時から8年も経っている。連載開始時、私はまだ20代だったのか！（この文章を書いている現在は36歳です）どうりで、本文の文章のテンションが異様に高いわけだよ……。

まえがきの文章の内容含め、街をぶらつくときの観点や興味については今の私が持つものとさほどの違いはないのですが、書籍化に当たって読み返したところ、なにしろ文章の張り切りっぷりがひどく、空回りというか無駄口というか、余計な部分が多すぎる。初めての週刊連載でさぞかしノリノリだったんでしょうね。なるべく当時の感覚を生かそうと思ってたけど、恥ずかしすぎてダメだこりゃ、という部分をたくさん削るのにずいぶんと骨が折れました。

それもこれも、8年も書籍化しなかったせいだぞ!!　漬け込みすぎたら酸っぱくもなるよ!……

それでも、訪問する場所のセレクトについては完全に当時と今で感覚にズレがなく、ホッとしました。いきなり「西高島平」から始まるデート本や街のガイド本なんて、おそらく史上初なんじゃないでしょうか。しかも当時、スタート地点以外ほぼ無計画で散歩していたというのに、行くところ行くところで必ず何かが起こったのだ。

この企画で取りあげる場所を「デートスポット」だと言い張ったのも、初めは冗談7割、本気3割くらいだったのですが、なんとこれを参考にして本当にデートをしたという猛者《もさ》もけっこういると聞き、このタイトルもあながち間違いじゃないと途中から胸を張れるようになりました。

散歩していくうちに「死にそう」に加えて「へり」というチェックポイントも加わりますが、当初から「へり」にばかり行ってたことは否めません。まずは東京23区のへり、西高島平でのデートから、ぜひ。

◉目次

ブックデザイン　坂野公一（welle design）
吉田友美

『能町みね子のときめきデートスポット』、略して

能スポ

Vol.1 西《にし》高《たか》島《しま》平《だいら》、せめぎあい

西高島平。

東京に住んでいる人でさえ、どこだかよく分かりません。地下鉄の行き先表示板で見るくらいで、行ったことある人なんて住人以外ほとんどいないんじゃなかろうか。でも、高島平って地名は聞いたことがあるかもしれない。何十年か前、飛び降り自殺者の多さでありがたくない知名度をほこった巨大団地群のある場所です。最初のオススメデートスポット・西高島平は、当然その高島平の西に位置する駅です。でも今回は自殺騒ぎだのなんだの、おどろおどろしい一面は一切ナシ。だってデートスポットだもん。楽しくなきゃね。

さあこの地に若い男女の心をときめかす何があるのか。あ、先に言うと、なんとラブホ、あります。だからあの、ある意味ほんとうにデート的です。

西高島平は、都営三田線の終点である。都営三田線っていうのは、東京のオフィス街の中心「大手町」から、おばあちゃん密集地の巣鴨を通って、埼玉県境の直前でプッツリ途絶えている地下鉄です。西高島平は終点のくせにすんごい中途半端なところにある。

平日の真っ昼間、晩春の重い曇り空。テンションが上がりますね。私たちは都営三田線に乗って、都心近くからどんどん北上する。この路線は地下鉄と言いながらも途中で地上に出て高架になるのだが、そのへんからどんどん乗客が少なくなる。終点の西高島平に着いたときには、私のいた車輌には2人しかいませんでした。

この日のデートスポット探索は、私と、編集のシンエイさん、スルギくんの3人です。わたしは以前に趣味でここに一回だけ来たことがあったので、西高島平駅の異様さは知っていたんだけど、後から着いたシンエイさんもスルギくんも「ここ……変だよね」と口をそろえる。

この駅は地下鉄の改札まわりが妙にスッカスカ。そして、人はいない。駅の前に、コンビニに毛が生えたような、郊外のスーパーをコンビニの形に圧縮したようなお店がひとつ。あとは高架下のラーメン屋と床屋（これも元居酒屋のような店構え）しかありません。駅を出た目の前は極太の車道で、駅の裏側はトラックターミナル、その上に容赦なく埼玉方面がぶったぎられた三田線の高架が浮き、その横に歩道橋、その上に高架道、そのまた上に高架道。

つまり風景を占めているのは、排ガスと砂利とセメントとアスファルトとコンクリート。こう来るとやはり空も曇ってなきゃあね。

駅前の道にも高架道にも、トラックばかりがガンガン通る。トラックの音と、どこからかの重機の音しか響かない。これぞどんづまり。総合すると、たぶん人の命が軽い。人の命は地球より重い！　なんて唱えながら車道に飛び出せば、人はバレーボールのように飛んでそのへんに転がりむなしさを知るであろう。軽薄な楽しさを享受するばかりではない、ソウルメイトの男女にはほんどうに適した場所です。

スッカスカの駅の中をふらふらしていると、「わこう」という広報紙を発見しました。そのそばには「高島平新聞」が。「わこう」は、ここから歩いて行ける埼玉県和光市の広報。「高島平」は東京都板橋区。このがらんどうの駅に、すでに埼玉と東京のせめぎ合いが始まっている！　そう、今回の目的のひとつは、埼玉と東京のせめぎ合いというスリルを見ることとです。

3人は、爆走するトラックの脇を「生まれてすみません」とばかりに申し訳なさげに西へと抜け（ここでは人権よりもトラック権のほうが上です）、パチンコ屋の並ぶ通りから一本奥に入ると少し人の気配がしてきました。新しい一戸建がぽつぽつと立っています。番地を見ると、板橋区。その家の向かいの住所表示は和光市になっている。わあ、いま私たちはまさに都と県のせめぎ合いの真っただ中にいる。

ちょっと先に進むと、和光市の番地がふってある家のすぐとなりの空き地に板橋区の注意書きが貼ってあったり、境界線はかなり複雑な様子。この一見なんでもない生活道路のこっちと向こうに、ほんのわずかな運命のいたずらで、都に家を建てた人と県に家を建てた人が共存している。「県」出身の私としては、この「県」スレスレ、あとほんのちょっとで「都」なのに……という「県」に家を建てたみなさまといっしょに、酒でも飲みたいですね。しかもこのへんの方々はあのどんづまり西高島平駅を毎日使っているんだから、ステキだ。

ぶっとい車道から遠ざかってトラックの音はあまり聞こえなくなったけど、周りにはあいかわらず遠く近くに重機の音がこだましている。店らしき店はない。私たちはそんな荒野（と呼ぶにふさわしいのです。ほぼ都内なのに）を歩きわたり、「三園浄水場」の裏のあたりに来た。さっきまでは車や重機の国だったけれど、このへんまで来れば、だいぶ人の香りがしてきます。

とはいえ、相変わらず歩道のない道を車がごうごう通る。

おう、死にそうだ。

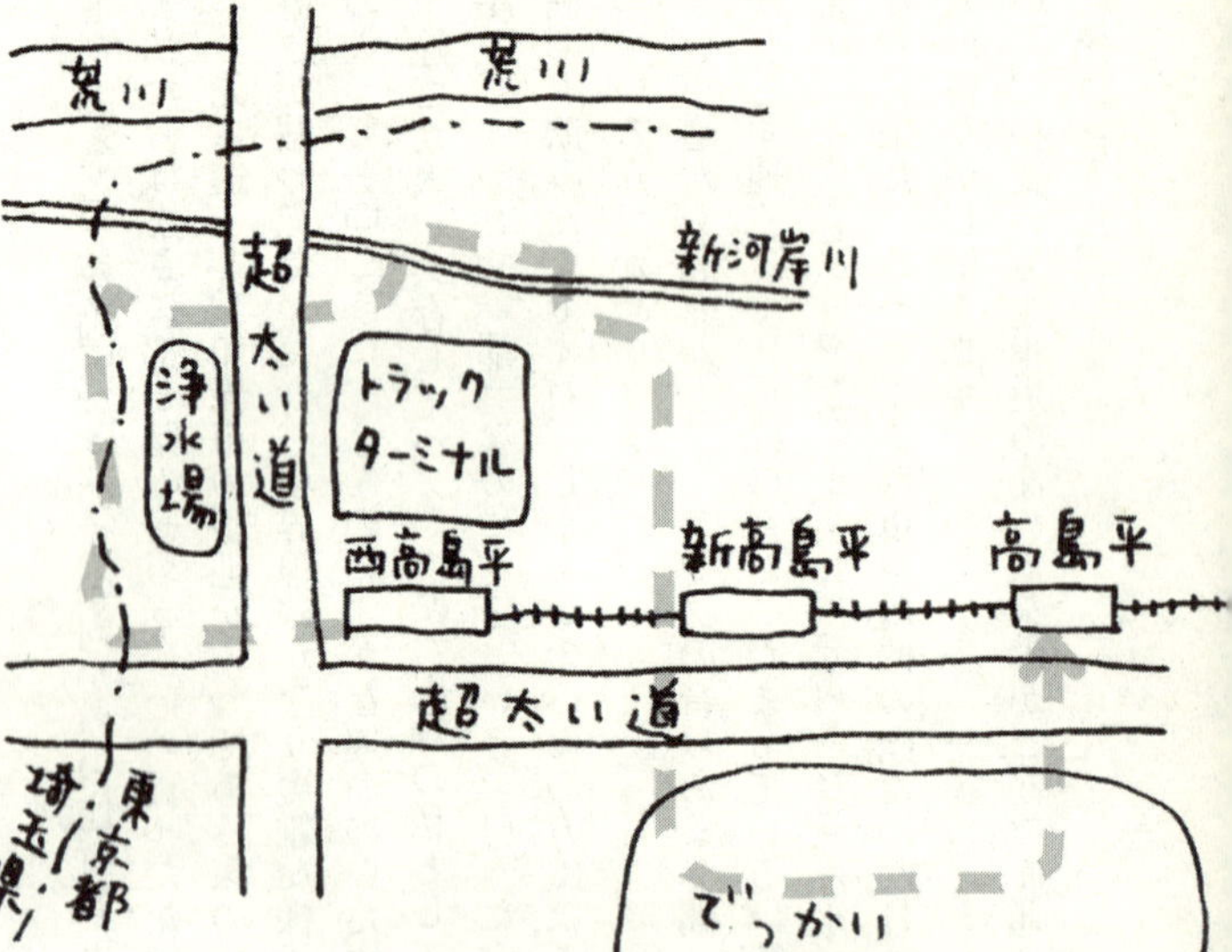

超大ざっぱなデートコースmap
(実際に歩いた)

私たちは我々自身の命の軽さをひりひりと感じながら、車道のすみを歩きつづけます。左手にはラブホテル。死あるところに誕生あり。

このあたりで、ついにこの散歩ではじめてのコンビニを発見。周りは郊外と下町の中間といった感じで、さほど特徴的なところは見られません。デートスポットとしては期待はずれだったかな、と思いながら、荒川河岸のほうに行こうと高架道の下のトンネルをくぐっていたときである。後ろからのろのろ走ってきた原付が、私たちのそばに横付けするように停まり、ずいぶんもたもたと方向転換をして、やたら時間をかけてのろのろと戻って行きました。

なんだ？　偵察だろうか？

けっきょくこの人の行動は謎のままだけれど、いま思えばこのへんから何か、試合の展開が私たちのほうへ向いてきた気がする。

東京と埼玉のせめぎ合いから解放されて「都」へ戻ってきたわたしたちが次に向かうのは「新河岸《しんがし》」です。西高島平駅から、トラックターミナルを越えたさらに先にある、川の向こう岸のちいさな町。ゴミがたっぷり投棄された、道が太いのに裏路地感の漂う新河岸川沿いを歩いて行くと、徒歩や自転車でしか渡れない橋が架けてあります。それを渡れば目的の地。

「新河岸」へと渡る細い橋を渡ってゆくと、ゴール付近に何かが落ちています。魚だ。

橋のまんなかになぜかかじりかけの生魚。港でも釣り場でもないのに。

これは来ている、何か大きな予感が少しずつおそってきている。

Vol. 2

新河岸《しんがし》・高島平《たかしまだいら》、クリエイティビティ

新河岸へ渡る橋の途中でふとふり返ると、巨大なトラックターミナルの建造物がドーンとそびえていて、「物流を支える!!　板橋トラックターミナル！」と自信満々に書いてあります。

ごめんウソつきました。ほんとは「！」はないです。でもいっそ付けてほしい。ぜひこれからも、その大柄な体でたくましく物流を支えていただきたい。

それにしても、このへんに住む人は毎朝このかわいらしく頼りなげな橋を渡って、この自信たっぷりの巨大文字を見ながら駅へと向かうのだ。うらやましいものです。

新河岸に上陸すると、町並みはここも意外と平凡。のんびり川べりを歩いて行くと、川沿いのフェンスにたくさん「宅急便」などののぼりが立っていました。向かいにある食料品店はきっとこの町の便利屋さんなのだなあ。

店先に置いてあるパンを運ぶケースの中には、飲み終わった空き缶類がやたらと捨ててあるけど、ワンカップ大関率はきわめて低かった。ちょっと残念です。こういうところに空のワンカップ大関がたくさんあると、私は（いや、きっと世のカップルはみんな）テンションが上がるのにね。

とつぜん赤くて丸いものが3人の視界に入りました。場所は町の便利屋のすぐ近く、川沿いのアパートの1階。アパートの一室の窓枠にガムテープで棒が貼りつけてあって、その先にむりやり赤いものがくっつけられている。

風船……？

そこにさらにガムテープで紙が貼ってある。何か書いてある。

■読賣さん声かけて下さい。

（注：■は誤字を塗りつぶしたあと）

いきなり未知のモンスターが襲って来たよ！

赤い風船を使った渾身《こんしん》のメッセージ。メッセージに風船……風船って！

人になにかを知らせたいというときに、赤い風船で目立たせて、それを通りに面した場所に掲げるというこの発想。人智に心から感銘と爆笑であります。

この掲示物のクリエイターはたぶん、おばあちゃんではなかろうか。お知らせしたいことがあるから、讀賣さんを呼ばなきゃ。きっと今度ここを通るから、どうしたら気づいてもらえるかしら、目立つようにしておいたらきっと見てくれるわよね、赤いものなら目立つわね、赤いもの赤いもの……（茶簞笥《ちゃだんす》をあさる）、あら風船があるじゃない！　そうしておばあちゃんは、ひとりぐらしの部屋、茶簞笥のわきで、だいぶ衰えた肺活量でがんばって風船をふくらますのだ。口を結ぶときにちょっとちぢんでしまったけど、まあいいわ。充実感に満たされながら、ああそうそう、お知らせするメッセージも書いておかなきゃ。おばあちゃんは捨てようとしていたチラシの裏に、まず「讀賣」と書こうとして、「讀」がむずかしくて一度は心が折れた。しかし不屈の闘志で誤字を塗りつぶし、細かいことは気にすまいとばかりに「讀賣（結局誤字）」を書き、あとは伝えたい文句を一気に書き上げると、冷蔵庫の下にものを落としたとき用の棒と風船とメッセージをガムテープで貼り合わせ、通り沿いの窓枠に力を込めて貼りつけたのです。以上は妄想だが事実としてとらえてよい。なんとクリエイティブな行為でしょう。

しかも、赤い風船というアイデアはたいへんに正しかった。なぜなら赤い風船は、川の向こう岸からでも見えたのです！　讀賣さんもきっと気づいたことだろう。讀賣さんに何を伝えたかったのかはまったく分からんが、私は讀賣さんとおばあちゃんの

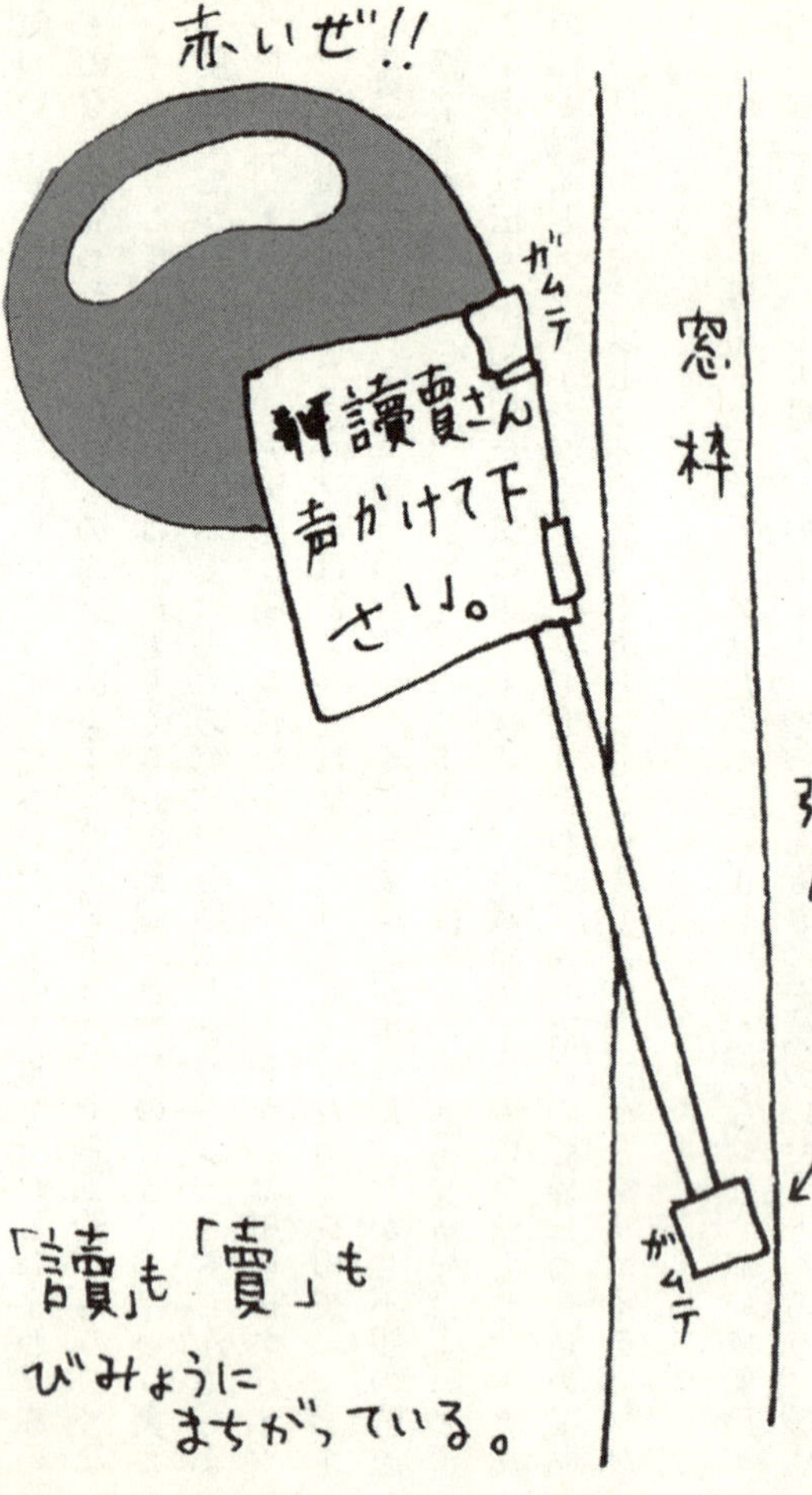
赤いぜ!!
ガムテ
窓枠
讀賣さん
声かけて下
さい」。
強度なさそう
ガムテ
「讀」も「賣」も
びみょうに
まちがっている。

再会を想起し、胸が熱くなりました。

ま、でも、そんなことまでしなくても駅のそばに読売新聞販売所はあったよ。電話すりゃいいのに。

赤い風船のメッセンジャーの余韻さめやらぬ私たちは、町の逆側に架けられている大きな橋を渡って駅側にもどった。ふと見ると、そばの車道の中央線に立っているポールがことごとくなぎ倒されている。うん、デートスポットだから、このくらいの強引さはあって当然だぜ。きっとさっきのラブホに行く人たちはみんなここをなぎ倒して、その勢いでホテルに突入している。非常に自然な流れです。

そのまま地下鉄のほうへ向かうと、さっき降りた駅の隣の「新高島平」に着きました。あくまでついでのつもりで、せっかくだから団地も見て行こうということに。高島平に来て団地に行かないなんて、舞浜駅で降りてディズニーランドに行かないようなものですもんね。

団地に入ってまず迎えてくれたのは「ファミリー名店街」。商店街の名前としては一点の瑕疵《かし》もありません。看板はわざわざ一文字ずつ分けてあるのですが、「ファ」「ミ」「リ」「ー」と「ファ」だけ一文字扱いというのもすばらしい。

だいぶ歩いた私たちはそのファミリー名店街内の喫茶店にて休憩。商店街の様子から、失礼ながらだいぶくたびれたお店を予想していたのですが、とてもきれいなお店です。私は飲みものだけですが、シンエイさんは「しおスパ(イタリアン)」、スルギくんは「カルボナーラしょうゆ味」と、2人ともちょっとトリッキーなメニューを注文しました。とてもおいしかったようです。

わたしは、喫茶店に入る者として当然の行為として、本棚のチェックをいたしました。すると、『上ってなンボ!!』『人間交差点』という定番のマンガメニューのほかに、やたらと山田邦子の本が目についた。山田邦子ってそもそもこんなに本を出していたのか。スパゲティーだけにとどまらず、蔵書もトリッキーである。

聞くところによると、ここはなんと山田邦子さんのお母さんが常連でいらっしゃるのですと。町にあれだけ見るべきものがあって、そのうえ有名人(の親族)にも会えるなんて、なんてお得なスポットなのだろう。

もう十分この近辺は漁りつくしたかに思われたのだが、団地に入ってしまうと、どうにも団地好きの私の探索欲がおさまりません。だいぶ疲れている2人を後目《しりめ》にずんずんほかの商店街に向かって歩きます。別の棟に行けばまた別の商店街がある。この団地はあきれるほど巨大。

最後、高島平駅近くの団地内にある商店街で、表札を作るお店の見本が「小室」

高島平、小室三段活用。

「小室等」「小室哲哉」の小室三段活用だったのを見て3人はついに笑い尽き、探索はおひらきとなりました。すでに3つの小室を直視する力は残っていなかった。

「何にもないむなしさ」を楽しむくらいのつもりでここに来たのに、ときめきスポットがありすぎて回りきれないほどだった西高島平周辺。デートスポットとしては言うまでもなくオススメでございました。

物流を支える、頼れるアイツ。そしてかじりかけの魚。

Vol. 3 三ノ輪《みのわ》は案外ジョイフル

つきあいはじめた2人だったら、きっとどこに行っても楽しい。まだお互いのことがよく分かっていないし、何が起こるか分からないから、どんなことでもドキドキできる。

でも、つきあいが長くなるほど、ふつうはドキドキが冷めてゆきます。「デート」という言葉自体がまるで死語のように扱われ、2人でいることもただ生活の一部となってゆく。味気ないじゃあないですか。もっと日常にドキドキがほしい。

そんなわけで、今回は、倦怠期《けんたいき》の2人にもあの新鮮なドキドキを思い出させてくれるスポットの紹介です。

スタート地は三ノ輪駅。くしくも今回は編集のスルギくんと2人で歩くことになったので、はた目にはデートに見え、この連載の本来のカラーに最も近い形となった。バーチャルデートである。

午後1時半、地下鉄日比谷線の三ノ輪駅を出ると（地下鉄駅なので降りると言うよりも穴蔵から出るといったイメージ。日比谷線シンボルカラーの灰色も一役買っている）、そこはまたも車の権利が強い国でした。片側4車線の極太の道路をバンバン車が走っています。このあいだの西高島平と違うところは、高い建物がなくて空が気持ちよく抜けているということ。西高島平には厚く覆う雲が似合いますが、三ノ輪には晴れが似合います。

ここは全体的に、建物が低い。そして、そこらじゅうにあるお店の看板がことごとくでかく、古く、太い筆文字。このへんには看板書きがひとりしかいないのかもしれない。

三ノ輪は、唯一残った都電の終点でもある。三ノ輪駅からちょっと歩くとその終点「三ノ輪橋駅」に着き、そのすぐそばが三ノ輪の商店街になっています。その名も「ジョイフル三ノ輪」。商店街の中のスポーツ用品店も、お店の名前が筆文字で太く力強く書かれています。バットやラケットよりもまわしや竹刀を中心に売ってそうです。喫茶店の窓には“fine guality coffee”（原文ママ）と書いてあります。ゴザ・クスリ・タバコと書かれた店もあります。クスリとタバコは近い気がするが、クスリからゴザまでの距離はいかに。ああ、確かに看板を見ているだけでもジョイフルな商店街です。

ふと、わきの路地を見ると「ドロボー侵入禁止」と、これまた筆文字で書いてありました。やっぱりこれらの筆文字は同じ人が書いていると思う。三ノ輪の筆文字を書きつづけるだけで生活は成り立つのだ。

ドロボーではない私たちは、安心してその路地を進んでゆきました。時間は午後2時ちょっと前。不健康な生活サイクルの2人はこの日のこの時点でまだロクな食べ物を口にしていず、あわよくばこういう細路地にすてきなお店がないものかと、そう、恋人同士の2人が時を忘れて憩《いこ》えるような、そんなロマンティックな場所がないかと探していたんだが、おお、目の前に赤ちょうちん（それも複数）登場。

これは、まちがいなく憩える。でも、それが平日午後2時の時点で、明らかに中におっちゃんたちがいて、おっちゃんたちの顔が一様に赤い……となると条件がそろいすぎて危険です。

今ここに入ってしまえば、2人はおそらく時を忘れて、というか仕事を忘れて、日もとっぷり暮れゆくまで赤いおっちゃんたちを交えた愉快なひとときを過ごし、あとからひどい後悔と叱責《しっせき》と二日酔いに浸かることであろう。残念ながら今回はデートがバーチャルなので、ここでホワンホワンと憩っていくわけにはいかない。私たちは心を鬼にして赤ちょうちんの前を去り、商店街のメイン通りのほうへと戻りました。

三ノ輪のジョイフル商店街の人の多さにはいつも腰を抜かす。冗談ぬきで一度来ることをオススメします（いや、ほかの部分もすべて冗談ぬきの話ですけど）。平日の昼であろうと、渋谷や新宿かと思えるほどにごったがえしています。上京した無垢《むく》な若者は、いきなり渋谷に行くと悪い人にだまされて闇街道まっしぐらですので、まずは三ノ輪に来るのがいいんじゃないかしら。渋谷に出るのはそこからでも遅くないさ。

2人きりを楽しむデートに人が大勢いるところは適さないので、商店街のメイン通りはあまり見ずに抜けました。そうだ、そういやお腹《なか》がすいていたんだった。ふと見ると、店頭でやきとりを焼いているお店がある。うなぎも焼いている。その店の奥の棚にはアイスのコーンが置いてある。ホワイトボードには「バニラ、カフェオレ」と書いてある。多角経営ですね。わたしたちはそのやきとり兼うなぎ兼アイス屋さんでやきとり丼を頼みました。向かいのたばこ屋は、ガラス戸から店（というか、家）の中が丸見えで、道路と全く同じ高さの床にこたつが置いてあります。アットホーム感のおすそわけか。

店の端にはイスが置いてあるので、当然そこに座って和風ローストチキン・オン・ライスをいただきオープンカフェを気取るつもりだったのですが、お店の人から「あっちで食べるといいよ」と別の店舗を紹介されました。多角経営のうえに支店まであるのか。あなどれない。

支店は徒歩10秒くらいのはす向かいにありました。わたしたちがその中に入ってやきとり丼（本名）を食べながら、ついデートの浮かれ気分とは正反対の非常にビジネスライクでワーカホリックな会話をしていると、お店のおばちゃんがそれを聞いて話しかけてきました。

「雑誌の取材か何かですか？」

バーチャルデート中ではあるものの、一度ビジネスに徹するクールな面を見せつけてしまったため「まあ、はい」と認めてしまう我々。

その後、お店のおばちゃんから発せられた言葉をわれわれはしかと受け止めねばならない。

「あのねえ、ここもけっこう雑誌で取りあげられるんですよ（といって記事を見せる。ちょっと誇らしげ）。テレビの方なんかはねえ、けっこういいかげんで、いきなり来てなんにも言わずに撮ったりするからちょっと困っちゃうんだけど、雑誌の方はそういうこともなくてね、きちんとあいさつして取材していったんですよ、昔は。でも最近はちがうみたいでねー、お客さんに見せられて初めて写真撮られてたの分かったり。ほら、この雑誌なんかもわたし知らなかったんですよ（と言って、わりと渋めの某雑誌を見せてくる）。悪いこと書いてるわけじゃないからいいけどね、勝手に載せられてるとちょっとびっくりしちゃいますよねぇ」

まさに、まさに何のあいさつもせずお店に入ってそれを文章にしようとしていた我々なのであります（店の取材ではないけど）。わたしたちはおばちゃんのお話に優しいまなざしで同意しながら、いやしかしここはどう言ったもんかと、とっさにサービスで出された佃煮の話題を切り出すしかなかった。この佃煮は何度も品評会で賞をもらってるんですって！

　おばちゃん、やきとり丼もおいしかったし佃煮も絶品でした！　でもわたしはここに猛省をし、このお店の名前を全く書きませんし、もちろん写真も載せません。だから許してね。

　さて、これだけ字数を割いておいて、実は三ノ輪に寄ったのは「ついで」でした。まさか三ノ輪がこんなにデートに適しているとは思わなかったものでね。今回の第一目的地は、本当は「吉原」だったのです。さあ、吉原まで歩いて行って、今度こそドキドキデートです。

「禁止」と言われて素直に引き下がるドロボーがいる街（推定）。

Vol. 4

吉原《よしわら》、これからの町

吉原ってのはどこなのか、わたしはけっこうトシをくうまで知りませんでした。江戸の時代から現代にかけて、妖しい魅力を放ちつづける風俗の街……ということで名前は知っていたんだけども、肝心の場所が分からない。

正直に言うと、地図を意味もなくながめていたときに静岡県に吉原というわりと大きな町があるのを知って、へえーこんなところなの、と思っていました。

それにしてもちょっと江戸から遠すぎやしないか。江戸の男子は欲望のためにこんなところまで通ってたのか。馬とか飛ばしてか。往復で何泊もするほどの勢いで、おのが欲望のために静岡県まで……？

そんなわけで、わたしの中の学会で「吉原＝静岡県説」には多くの学者が疑問を呈していたんですが、数年前、一本の文献（愛読する東京都一万分の一地図）によって、風俗街の吉原ってのは東京都台東区だという結論がみちびかれました。そりゃそうだよ、江戸の男が静岡県までは行かないだろうよ。

そんな吉原、今でも風俗街なのですが、実はデートスポットでもあるのです。というか、いま私が決めました。わりと似たような歓楽街としては新宿歌舞伎町が有名ですけど、あそこはごくふつうの飲み屋や娯楽施設も多いところなので、とっくにデートスポットとして使い古されている。少し刺激が足りないと思う。いま、新しいドキドキを求める野心的なカップルは吉原にくりだしています。

スルギくんとふたり、三ノ輪を離れて歩き出し、吉原に向けて南下。もうすぐめくるめく風俗街を控えているというのに、風景はすごいふつうの下町の住宅街なんです。兆しがない。走ってる車がやたら遅いです。もっと黒塗りの車だとか黒服だとかが走り回っているかと思ったが、来ない。嵐の前の静けさか。

蔓延《まんえん》する脱力感のなか、店だかなんだか分からない建物のガラス戸に「ユキオ」と金文字（そしてやはり筆文字）で書いてあります。「ユキオ」の文字に何かを強く主張する意志を感じたので、しょうがないから2人で近づいて見てやることにする。

「ユキオ」「浅草発→あなたへ」「日本初」「♥」「ＹＵＫＩＯ」

ガラス戸にこんな文字が書きつけてある。非常に熱い。でも、何を言いたいのかぜんぜん分かんない。海外で、現地語で熱く語られて一方的に笑顔で去って行かれたさみしさ。

しかしスルギくんは何かを感じたらしく、このあともしきりに「ユキオがすごかったッスよ」と訴えてきて、ああ彼はきっと異文化でもうまくやっていけるんだなあって思った。私はユキオのことを理解してあげる度量がなくて、ごめん。

ともかく、ユキオから数分でついに、いかがわしいフォントの大きな看板群が見えてきました。ついに吉原ゾーンに突入です。待ってたぜ、このドキドキ。

とはいえこれはスポーツ紙の真ん中へんにある風俗店のレポートコーナーではないし、スルギくんも残念ながらその手のお店に詳しいわけではない。あくまでもここがデートスポットであることを忘れてはなりません。

まず私たちは、最初に見つけた公園で憩うのを忘れなかったよ。きらびやかな風俗店の立ち並ぶ向かいにポツンと用意されたすてきな空間、恋人たちが憩うのにはもってこいです。ほら、このうららかな平日の昼、すぐそばのベンチでもおっちゃんが3人くらい憩っています。よく見れば風俗店の壁はそれぞれすごく凝っていて、これを見て歩くのもデートに適しているではないか。ここは街全体が美術館です。

バーチャルデートの当然のなりゆきとして、私たちは公園の遊具に乗ろうと思った。よくある、動物の形をしていて下にバネがついてて、ゆっさゆっさ揺れるヤツです。

しかし、おや、違和感に気づきました。

ふつう、公園にいるクマさんやパンダさんって、背中に乗って揺れるのを楽しむものだとおもう。しかし、ここの公園のパンダさんは、あおむけです。

いささか無防備ではないか。

あおむけのパンダさんに覆いかぶさってゆっさゆっさ揺れるという運動が、ここでおこなわれる。これでは、乗られる側にも多少の非があると言われても仕方がないのではないか。〈この発言のあと、これを問題発言だとする野党側より辞職を求める声が続出〉

わたしたちが思いをはせすぎてつい政治的になっているところへ、目の前の道をランドセルを背負った子どもたちが仲良く下校する姿が飛びこんできて我に返る。なまめかしいフォントの大看板（「秘書室」などと書いてある）があふれる町並みを、子どもらが明るく楽しく集団下校しています。ああ、もし私が鈴木清順だったらこの光景にヒントを得てすばらしい映画を撮るかもしれない。

しばらくゆくとまたも公園があり、ここはさっきの公園よりもはるかににぎやかで、ママ友集団と子ども集団とひとりのおっちゃんがおり、元気に遊んでいました（「元気に遊ぶ」についてはひとりのおっちゃんは除く）。しかし、ここにいたパンダさんもやはりあおむけである。そのうえ、泣いている。塗料が流れて、できすぎなくらい泣き顔

直視できない あおむけパンダさん

なのです。

風俗店の間を突っ切って下校し、あおむけパンダさんに乗っかって遊び、何かを学んでゆく、子ら。地域で子どもを育てるとはこういうことなのかもしれない。

さて、子どもたちがステキな笑顔を浮かべながら集団下校している通りには、いかがわしい看板ばかりではなく、喫茶店もたくさん並んでいます。

でもそれらは残念ながら、私のようなＦ１層（20〜34歳女性）が喜ぶような、カフェラテの表面のミルクのアワアワでハートをいっぱい描いたようなのが出てくるオープンカフェではないんだわ。妙に電飾の派手な、風俗店かと見まがうような喫茶店なんです。

もちろん私はこれがただの喫茶店じゃないことくらい知っている。情報喫茶ってヤツなのだ。風俗店の情報を教えてくれるのだ、たぶん。

しかし正直、情報喫茶の仕組みというものは知らないのである。

中に入るとお店の情報を教えてくれるのか？　そのお店と提携してるのか？　そういう「情報」の部分も気になりますが、もっと気になるのは「喫茶」の部分です。ほんとうに「喫茶」なのか？　コーヒーだけ飲んでくってのはムリなんですかね。

メイン通りにはたくさん「喫茶店」が並んでいる。どの店も、店の中は暗かったり、カーテンがかかっていたり、地下だったりで様子がまるでうかがえません。あー、中が見たい。ウエイトレスはいるのか。

さあ、迷うまでもありません。せっかくスルギくんがいるので、突入してもらえばいいのです。

彼は高校のときに、自転車で校庭を爆走しながら飛び降りて、無人の自転車がふらふらどこまでも行く様子を大喜びで観察していたらしいキュートガイです。もっと言えば、その自転車を野球のボールに見立ててバットで打ったりしていた（むろん、内野ゴロおよびファール。自転車は大破）タフガイでもあります。くりかえしますが中学ではなく高校のときだそうです。「はじめて吉原に来ちゃって何もわかりませんボク」役をやるには最適の人材と言えましょう。実際に「はじめて吉原に来ちゃって何もわかりませんボク」の状態ですし。

そんなわけで、外観が地味で、まあまあふつうの喫茶店に見えなくもないお店に突入してみることにしました。スルギくんを前に立たせて、店に突っこませる。

しかし、喫茶「みどり(仮)」の入口の前でスルギくんがためらっていると、先に中から戸が開いちゃいました。茶髪でパーマ、ムラなくこってりとファンデーションを塗ったおば(あ)さまが顔を出します。そして彼女は、その顔がドアのすきまから出てこちらがそれを認識するかしないかの絶妙なタイミングで発声する。

「これから？」

あいさつは「いらっしゃいませ」じゃなくて「これから？」です。こっちが何も言わないうちに「これから？」です。いきなりのパンチに心が折れかけ、息の音くらいしか出せないスルギくん。ここはがんばってほしいところ。

心を持ち直して彼も問いかけます。そうさ、ここは「喫茶」としか書いていないんだから、「これからお茶するの？」という意味かもしれないじゃないですか。

「あの、ここ喫茶店じゃないんですか？」

愚問である。「喫茶」と書いてあるんだから喫茶店に決まっています。イエス以外の答えは考えられない。

「ん？　情報喫茶。」

「はい」か「いいえ」で答えるはずの質問に、自由記入欄での回答が返ってきました。いよいよ心が折れるスルギくんにかぶせて私も聞いてみる。みどり（仮）のおばさん（非交通整理員）はあくまでもおだやかな顔だが、目はもちろん笑っておりません。

「ふつうにお茶だけって、ムリなんですかね？」

「んー、情報喫茶よ。」

またも自由記入欄の答えが来ました。

もうダメだ。東京生活まだまだ10年未満、赤いほっぺの私たちは刃向かえない。喫茶「みどり」を取りしきる彼女（かつての源氏名・みどり）は北陸福井の出身、冬には荒れる日本海を見ながら育ち、激しい波濤《はとう》打ちつける断崖のそばのあばら家を50年前に飛び出て右も左も分からぬ花の大東京にやってきた。いったいいくつの職を、幾人の男を渡り歩いただろう。東京で日本海以上の荒波に揉《も》まれた数十年は決して無駄だったとは思わない。流されながらもたどりついたこの地に小さいながらも店を構え、しっかりと都会のアスファルトの上に直立して生きているのだから……。と目が語る女66歳（推定）になんて、これ以上たてつけません。

「スンマセン」とあっさり引き下がる小心な私たち。それにしても「これから？」と聞いてきたみどり(66)にとって、私の存在は何だったんだろうか。男子が風俗にゆくのに女子を同行させるってのがありうることなんだろうか。

謎を引きずりつつも、もう十分です。みどり(66)の背後に見えた店内は、小ぎれいな田舎《いなか》の食堂のようでした。

Vol. 5 日《に》本《ほん》堤《づつみ》、不足コミュニケーション

私はかつて、風呂なしアパートに住んでいた。当然ながら、銭湯生活。風呂ナシに住まなきゃいけないほど経済的にきつかったわけでもないんだけど、風呂ナシに住んで銭湯に通うっていう一連の流れにちょっとした憧《あこが》れがあったわけです。

しかし、通っているうちに自然と銭湯そのものに興味がわき、ごく数ヵ所ですが、わざわざ電車に乗って入りに行ったこともあります。いわば都内だけで済む温泉めぐり。銭湯は古い建物が多いので、建物めぐりとしてもとても楽しいのだ。

そんな中でも、写真で見てなんとしても一度は行ってみたいと思っていた銭湯がありました。その名も廿世紀《にじっせいき》浴場。「廿」の字がイカしてるぜ、と、もうすぐ「卅《さんじゅう》」のわたしも思う。イカしているのは何も名称だけではない。昭和初期の建築、銭湯ながらアールデコ調とも呼ばれる洋風の上品なデザイン、堂々と構える崩れたゴシック体のすてきなロゴ。こんなのが現役で銭湯やってるんだからよだれが出るよ。

こんな、開けると同時にド派手な社交ダンスカップルが飛び出してきてもおかしく

ない建物の中に、「ゆ」と書いたのれんが下がっていたり、ケロリン湯桶《ゆおけ》が心地よく響いていたりするのだ。なんてすてきな空間。

ところが、いつか行こう行こうと思いつつも、行きにくい場所なのでなんとなく行けないでいたら、なんと去年（2007年）末で閉店していた。

大ショック。こういう建物って、経営してる人自身にはそれほど愛着がない場合が多くて、閉店したらあっさりぶっ壊しちゃったりするんです。だから、さっさと見に行っておかなきゃいけない。

その廿世紀浴場、ちょうど吉原の近くにあるのだ。

わたしとスルギくんはなおも（情報）喫茶店の並ぶ通りを歩き、吉原の中心部から東へ。交差点の角には、「たばこ」と「趣味乃御履物」と「季節料理」の看板が全部出ている店があります。見た感じはただのたばこ屋。中のせまいせまいスペースには小さいおばあちゃんがセットされている。ここも情報ナントカなんじゃないだろうか。情報季節料理という店があってもおかしくない。

「吉原大門《よしわらおおもん》」というかつての吉原の玄関口から外に出ると、その先は日本堤という地区。ここに名物銭湯・廿世紀浴場があるのです。

その威容は、あまりにも平凡な下町の家並みの中にまぎれていました。ここは大正ロマンさえ感じさせる、まぎれもないデートスポット。ああ、入湯できなかったのはほんとうに悔しい。私もスルギくんも思わず感動して写真を撮りまくります。

感銘のため息をつきながら浴場の周りをぐるぐる回っていると、トタンの塀に『告ぐ』ココはトイレではない!!」という力強い貼り紙が出現して建物の格を爽快《そうかい》に下げてくれる。いいバランスではないですか。銭湯の脇には、戦後すぐのような雰囲気の、かなり背の低い長屋街もある。ここの方々の入浴欲を「廿世紀」は一手に引き受けていたのだ。

私たちが廿世紀の周りを嗅《か》ぎ回るあいだずっと、向かいにある郵便局のおじさまが局の前でただもっそりとたたずんでいた。この人はきっと「この銭湯はね、そもそも……」と無知蒙昧《むちもうまい》な若者にいきなり語りかけてくる、たまに出現する「歴史おじさん」にちがいない！　と私は期待したのですが、残念ながらそんなボランティアは受けられずじまいでした。ここは下町のはずなのに、どうもコミュニケーション欠乏ぎみです。

廿世紀浴場を堪能し、そのあと当てもなくふらふら歩きつづける2人。日本堤にある「いろは商店街」は道も広くてしっかりとアーケードがあるけれど、心なしか元気はない。シャッターが下りている店も多い。

いろは商店街のシャッターの前にはあちこちに段ボールがわんさか置いてあります。シャッターに貼り紙があるのも、どの店にもよく見られる光景。

「この場所に段ボール・ふとん・車類を（自動車も）置かないでください」

「車類を（自動車も）」。……少し不穏なものを感じます。車イコール自動車ではなく、ニアリーイコールリヤカーであるという環境。

商店街のアーケードがとぎれると、不意に……あっ、センター街に出ちゃった。

若者の街は渋谷。おばあちゃんの渋谷は巣鴨。そして、日雇いのおっちゃんの渋谷といえばここなのである。今やもう地名には残っていないが、このへん一帯は通称「山谷《さんや》」。どうも私たちは山谷のセンター街にあたる場所に不意に出てしまったらしい。突然現れたおっちゃんの集団に、ちょっとたじろいでしまいました。

センター街は短いけれど、道幅がゆったりしていて車は通らず、何十人かのおっちゃんたちが絶妙な配置で立っている。動きはあまりない。ただ立っている人もいれば、ワンカップを飲んでいる方もいる。そのコミュニティの中を突っ切るのはさすがに秩序を乱しそうでためらわれ、私とスルギくんは無言で右折してしまいました。

このことは少し後悔している。自らコミュニケーションのチャンスを絶ってしまったのだ。

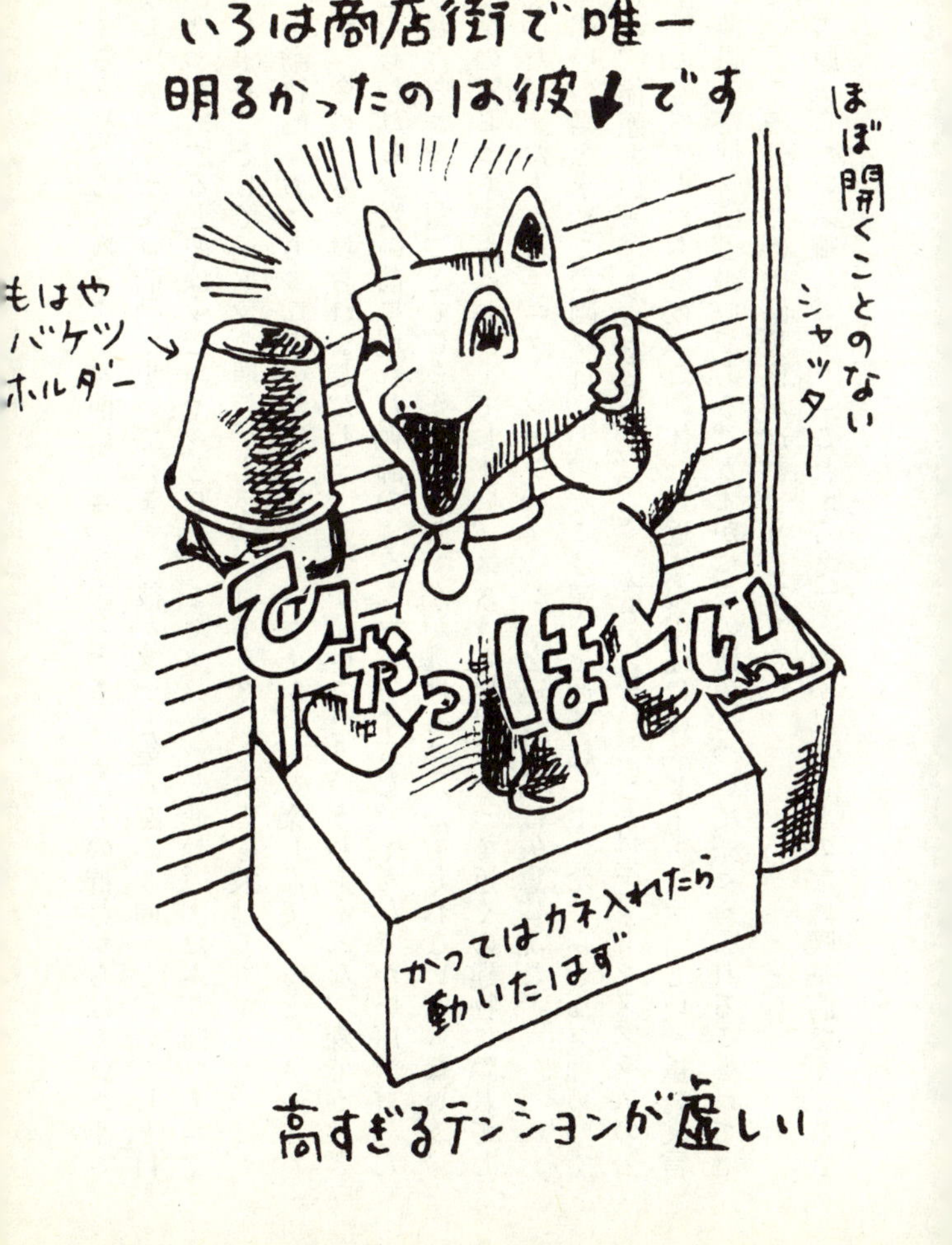
いろは商店街で唯一
明るかったのは彼↓です
ほぼ開くことのないシャッター
もはやバケツホルダー
ひやっほーい!
かつてはカネ入れたら動いたはず
高すぎるテンションが虚しい

するとき私たちの数メートル前に、さっきのおっちゃんたちの群れからはぐれた小さなおっちゃんがソロ活動で歩いています。彼がフッと後ろをふり向くと、わたしと目が合った。すると彼は少しニヤッとして。またツツッと進む。またふり向いてニヤッとする。そしてツツッと進む。……誘われてる？　それとも彼はリス？

小動物的なおっちゃんとの無言のコミュニケーションを楽しんでいると、スルギくんが「今めっちゃ見られましたねっ」とでかい声で言う。うわあそんな、森でうさぎとたわむれる少女の前に現れた猟師のようなマネをするな。そんなでかい声で言ったらおっちゃんに聞こえてしまう。おっちゃんが逃げちゃうかもしれないじゃないか。

案の定おっちゃんはおびえてしまい、ススッと早足になって近くの建物に隠れてしまった。またもコミュニケーションのチャンスを逃し、私は失意に沈む。

憩いの場を求めて公園に行くと、そこは憩いを通り越していた。ふとんで埋めつくされ、休憩というよりは宿泊であった。ふとん量において日本でトップクラスの公園。おっちゃんたちは夜ここに休む。近くの電柱には「ヒトトシテ」という重い文言の落書きが何ヵ所も書いてある。さすがにこの景色について茶々を入れることはできない。この公園だけは温暖化が進むように祈りたい。

吉原からだいぶ離れ、もう「これから？」と聞かれることのない喫茶店でくつろぎながらバーチャルデートは終わった。スルギくんは名前に惹《ひ》かれて「プロテイン入りコーヒー」なるものを頼み、それでいて一口しか飲まないという愚行をはたらき、店主にまで叱《しか》られていました。

　そんなわけで、非常に充実した3つの地域を回るデートでしたが、終わってみれば若干濃すぎた。嵐のように一気に回るのではなく、一ヵ所ずつ丹念にめぐることをおすすめいたします。できれば、コミュニケーションを図りつつ。

コミュニケーションは不足、トタンには満足。

こんなにステキだったのに、やはりこれから間もなく解体されてしまいました……。

Vol. 6

吉原《よしわら》。、鉄そして工場萌《も》え用

吉原に行った回のとき、編集のスルギくんが高校時代、無人の暴走自転車をボール扱いしてバットで打つという野球をしていたことを書きました。結果はほとんどが内野ゴロかファールだった、と。

そしたらスルギくんがわざわざ電話で抗議してきた。

「自転車打って内野ゴロにできるってどんだけパワーヒッターなんスか！　ファールチップどころか、打者のバットは自転車に何ら影響を与えないんですよ！　戦闘機に立ち向かっていく人間みたいな無力さっていうか、そういうのが自転車野球の醍醐味《だいごみ》なんですよ」

べつに結果が内野ゴロだろうとファールだろうと大した問題じゃないんですが。ああもう、編集者当人からの注文による弁解でずいぶん文字数を使ってしまいました。くやしいです。

今回は、吉原に行く。もちろんこの前行ったところではなく、今回行くのは静岡県の吉原です。私による「江戸の男は性欲に負けて静岡まで行っとったんかい！」というっかり勘違いでおなじみの、吉原です。分かりづらいので、以後、静岡の吉原は「吉原。」とするのはどうでしょう。↑いろんなものにあやかって「。」をつけてみました。とりあえずこの原稿内では、そうします。

ところで、吉原。に行くにあたり、「東京の吉原に行ったから、今度は静岡のほうも行っちゃわね？」「マジ？　超ウケんだけど。」みたいな、高校生的な悪ノリがあったことは否めない。しかし、吉原。だって、東京の吉原に勝るとも劣らないデートスポットだったのです。行ってよかった、吉原。。

さんざん吉原。吉原。言うてますけれども、知名度は低いので、説明します。吉原。は、静岡県富士市にあります。北に富士山、南は駿河湾。製紙工場がわんさとあります。JRにも吉原という駅があり、そこから岳南鉄道という路線が出ていて、町を横切っています。

さて、今回は（今回も）スルギくんと2人です。シンエイさんはお休みです。つくづく吉原には縁がない吉原氏（シンエイさんの本名）。

JRの吉原駅に着いて、とりあえず岳南鉄道に乗ろうと思ったんだけど、乗り換えるときに、自動改札のようなゲートを通ります。自動改札のようなゲートは、実は自動改札じゃないです。なんかそれっぽいものがコントのセットみたいに作ってあるだけです。

ふつうはね、LEDっていうのかね、矢印が光ってるでしょう。いけない切符を入れたら通行禁止マークが出てピンポンが鳴るでしょう。でも、岳南鉄道吉原駅の自動改札は、矢印が塗料で描いてあります。永遠に「↑」。今ちょうど着いた電車から降りてきた乗客たちがずんずんそのゲートの間を通ってゆく。駅のおばちゃんがうれしそうに「作ってみただけなの」というようなことを言ってた。この町がすばらしいことは、ここですでに証明された。

さて、電車（2輌。かわいい）に乗ってすぐ、わたしたちは小学生のように窓にかぶりつきで風景を見たい衝動を必死でこらえることになった。だって、ここは発車してすぐ右も左も工場なんです。複雑怪奇なパイプがダイナミックに張り廻らされているのを2人は恍惚《こうこつ》の表情で眺めちゃう。わたしたちはいわゆる「工場萌え」でもあるのですね。この鉄道、むしろ鉄ちゃんよりも工場萌えにおすすめです。

この路線は吉原本町駅あたりで少し市街地らしい活況を見せる。しかし、そのあとの岳南原田駅から比奈駅までの間が、この路線の最大の見せ場と言ってもよいであろう。というのも、ここで電車は工場の敷地の中としか思えない場所を走るのである。

岳南鉄道吉原駅、自動風改札

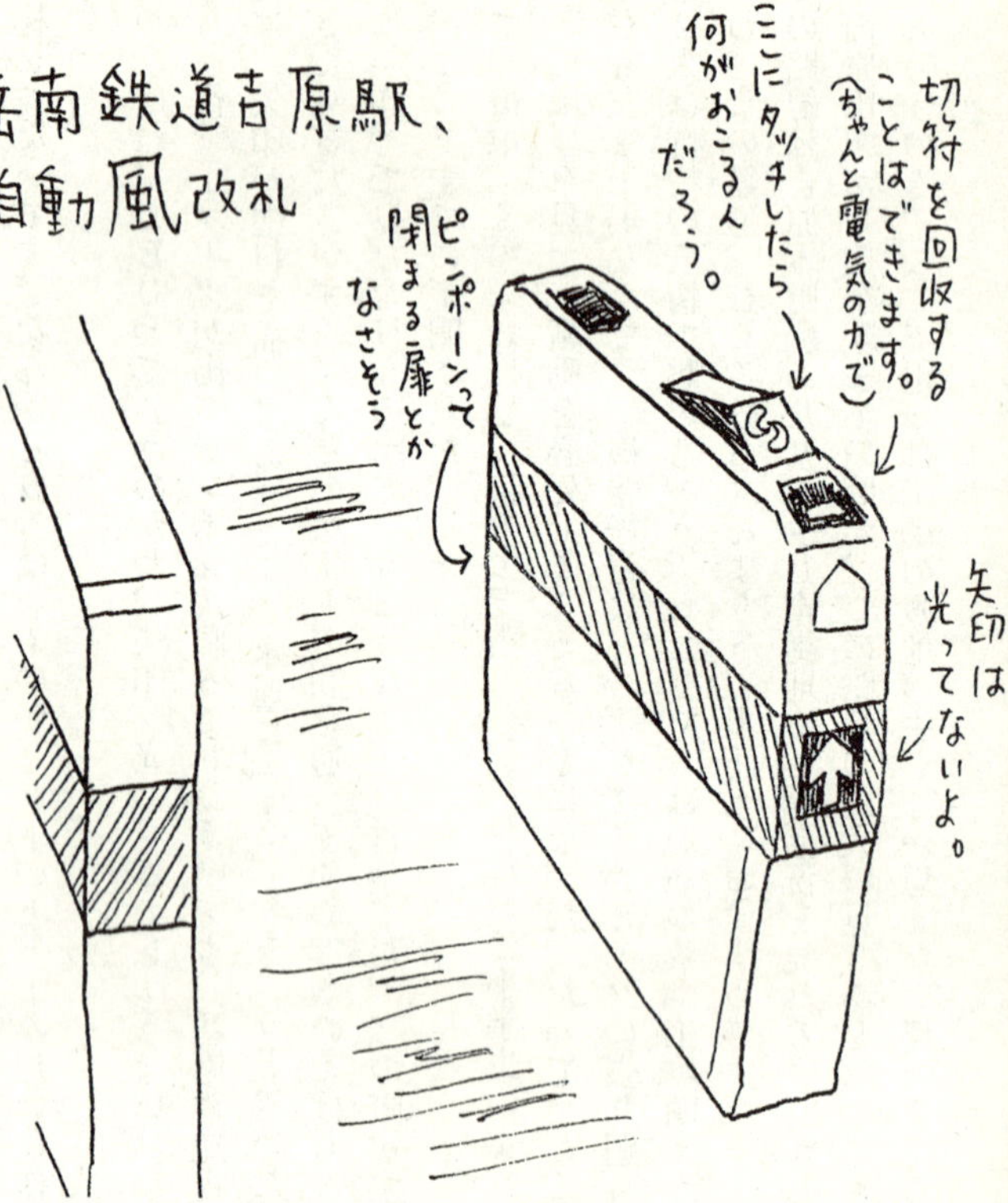
切符を回収することはできます。(ちゃんと電気の力で)
ここにタッチしたら何がおこるんだろう。
ピンポーンって閉まる扉とかなさそう
矢印は光ってないよ。

右も左も工場、前も工場。そして、なんと配管が電車の上をまたいでいます！

いくつものパイプをくぐり、すいません通らせてくださいね……という感じでトコトコと工場と工場のすきまを抜けさせてもらう電車くん。あぶない、まっすぐ行ったら工場に突っこんじゃう！　というところで、くねっとよける電車くん。工場から抜けたかと思うと、ときおり、ほったらかされてこれでもかってほど錆《さび》だらけになった昔の車輛が突然隣に登場して、目を飽きさせません。さらには途中の駅で、何の予告もなかったのに「向かいの電車に乗り換えてください」と全員移動させられるというサプライズ。こんなアトラクションはディズニーランドにもないよ。これに乗って通勤通学してる人が心底うらやましい。

そんな楽しいアトラクションも、もちろん終点に着いたら終わりです。終点の岳南江尾《えのお》駅（無人）は曇っていてしんみりムード。そのままおんなじ電車に乗って帰る。運転士さんもおなじ人。いや、全く恥ずかしくないです。私たち、マニアですから。よくあることなんで。

そんで、私たちマニアだから恥ずかしくないんで、帰りは堂々と運転席すぐ後ろの窓にかぶりつきの体勢で風景を眺めました。スルギくんに至っては中腰で、携帯で動画まで撮っていた。そして何度も再生しては満足げであった。

カタンコトン
カタン

先頭からの景色。
こんなんだもん、そりゃ興奮もするって。

工場内のパイプが描く幾何学模様に酔いながらの鉄道デート。これだけでも十分すぎるほどですが、実はわたしたち、往路のときに「吉原本町」駅で降りてもいるのです。後半は吉原。の街deデート、の記録です。この街は鉄道マニアだけに開放してちゃもったいないんだよう。

終点、岳南江尾駅にて。どっちのホームから出るのかなボード。もちろん手動。

Vol.7

吉原《よしわら》。、ドリーミー・グロテスク

この連載は「鉄子の旅」（小学館刊）ではありません。恋する2人に最適なデートスポットを探し、売り出し中の若い女性タレント2人がおしゃれなお店に入って、スイーツとか意外とおいしい老舗《しにせ》の味とかをいつもおんなじテンションで食べて「おいっしい！」とか言って谷原章介がうなずくような感じの連載です。基本的には。

だから、あるスポットに行って、鉄道に乗るだけで終わりにしてはいけません。当然、私とスルギくんの2人は、吉原。でも町を一回りして歩きました。「吉原本町」という駅で降りて、「本吉原」という駅まで。

そうなのだ、吉原。には、吉原という駅のほかに吉原本町と本吉原という駅があります。「吉原」「吉原本町」「本吉原」……なんだか全部がオレこそ本物だと主張しているような駅ばかりです。いっそのこと、ほかの駅も「中央吉原駅」「純吉原駅」「リアル吉原駅」などに改名して、衆人の目を攪乱《かくらん》するのはどうだろうか。

ちなみに、吉原本町駅も本吉原駅もとてもちっちゃい駅なんですけど（吉原駅だけは

JRだから大きい)、特に本吉原駅は無人駅だし、なんと、バーミヤン(中華ファミレス)の駐車場のフェンスのとぎれたところからしか入れない。駅なのに、ひどい虐《しいた》げられよう。この駅は「全国かわいそうな駅百選」にリストアップしておきたいところです。

だから鉄子の旅じゃないんだってば。鉄道の話はもうしません。二度と。死ぬまでしません！

ともかく。2人は吉原本町駅から町っぽいほうへ歩いた。少し進むとアーケードがあって、町らしくなってくる。

でも、パッと見、ふつうの町でした。

ときめきが足りない、などと2人でぼやきながら通りを歩いてゆくと、バスターミナルに突き当たった。道路の中に島状に作られたスペースに、バスがけっこう頻繁に出入りしている。信号はあるけど歩道は頼りなくて、どこからヌッとバスが出てくるか分からず、かなり危なっかしい場所です。

あ、ここは、死にそう！　やった！　ついに本来のデートスポットらしいところに来た！

ふと背後に殺気を感じる。不意に出てくるバスだろうか。いやもっと……何か毒々しい、得体の知れないものを感じる……。武器を構えずに2人は振り向いた。目に飛び込んできたのは……凄惨な光景であった。

「ホルモン番長」

ドピンクとド黄緑でギトギトに塗られた、アラブのお城風の建物がでろりーんと立っている。そして、壁に「ホルモン番長」。

町の中心にこれを建てやがったか……無理しやがるぜ……。

建物の上のほうには、魔法のじゅうたんに乗ったてきとーなアラブっぽい人の像までくっついていています。ディズニーランドに行ったことない人が、ディズニーランドにありそうな建物を想像でなぐり描きして、しかもそれを現実に造っちゃった。という感じの、大人の夢いっぱいの建物。アラビアンナイトビルとかなんとか書いてありますが、「ピンクホルモンニセアラブ城」と呼びたい。こんなドリーミーグロテスクな建物が、町のどまんなかにランドマークとして立っているのです。吉原。はふつうの町だったという意見は即座に撤回された。

ピンクホルモンニセアラブ城は、なんとテナントが全部埋まっちゃってます。建物の前の募集広告に全部「済」マークがついている。大半がキャバクラか飲み屋と思われる。ピンクホルモンニセアラブ城はすなわちキャバ城なのです。

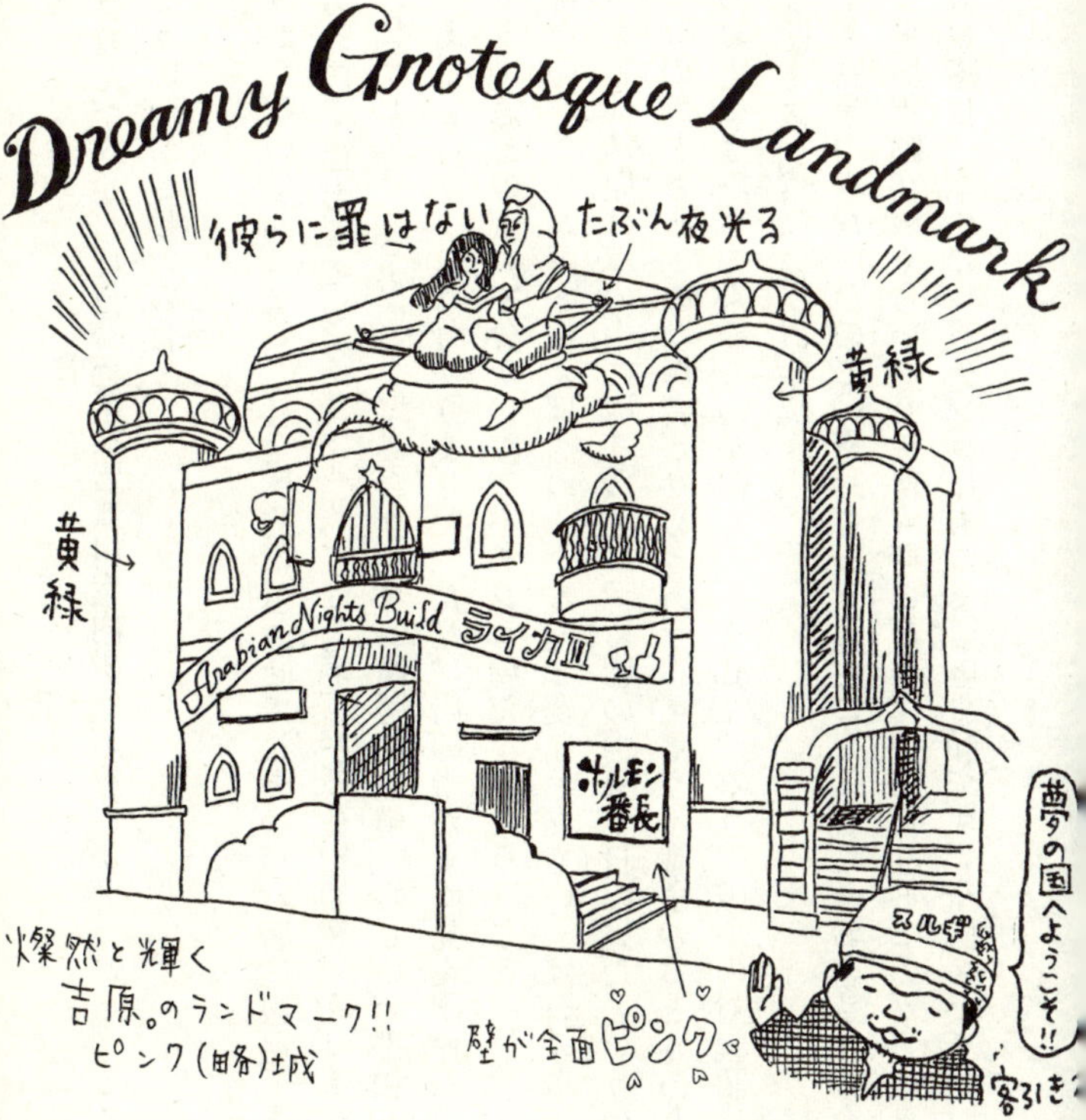
Dreamy Grotesque Landmark
彼らに罪はない
たぶん夜光る
黄緑
黄緑
Arabian Nights Build
ライカIII
ホルモン番長
燦然と輝く
吉原。のランドマーク!!
ピンク(略)城
壁が全面ピンク
夢の国へようこそ!!
客引き

道をはさんだ向かいには、「優良店無料案内所」の看板が。あれ？　ここの吉原。もけっこういかがわしいのね……。

裏通りから駅のほうに戻ると、全体的に色あせてしまったお店に遭遇。まあだいたいどこのお店も色あせているのですが、ここは一見なんの店か分かりません。ただ「平和　HEIWA」と書いてある。「ダイキン冷暖房完備」らしい。平和で、充実した設備があるということは分かりました。ただ、店の中がよく見えません。

暗いガラス窓をのぞいて分かった。パチンコ屋だ。

地方都市のパチンコ屋といえば、ぬいぐるみと変な毛皮でいっぱいの車で駐車場がごったがえし、幼児は車の中に取り残され、お店の中も平日の昼だというのにラッシュ、タバコの煙とさまざまな爆音がせめぎあう――そう、戦争のごときありさまですが、このお店には攻めて来るものが何もありません。そう、戦争の対義語は平和である。「平和」と名づけたのも納得です。

どうやら営業中みたいなので、寄っていくことにしました。お客さんは全部で3名くらい。平均年齢70歳くらい。BGMも特にない。いろんなところがガムテープで補修してある感じ。まさに、パチンコにあるまじき平和です。全国のパチンコ屋がこんなだったらいいのになあ。

スッカスカの店内で、やり方もよくわからないまま2人並んでパチンコ開始。私、実は三十路手前にして初めてのパチンコですよ。玉はどんどん吸収されてゆき、2〜3分でなくなった。スルギくんは当てもせずスりもせず、ぬるーく増えたり減ったりでなかなか終わらない。めんどくさくなって途中でやめたら200円分になりました。

ちょうどそのときにお店を出たお客のおばあちゃんといっしょに、隣の車庫の奥にある換金所らしきところに行きました。換金所は、キャンプ場にあるような汚いトイレにしか見えない。しかも「休憩中」という札が出してあって、誰もいないし、ああもう、200円のためにいちいち待ってらんないよ。

「あの、これ、よかったらあげますからどうぞ」

私たちはおばあちゃんに換金棒をあげた。おばあちゃんの顔はパァッと晴れる。ピンク（略）城から毒々しい気分でいっぱいだった我々の心も一気にいやされます。

「あらいいの？　ほんとうにいいの？」

「ええ、まあ別に……（もう来ないし）」

「あら悪いわねえ……うふふ……ほんとうにいいの？」

200円棒をずいぶんとありがたがってくれ、申し訳ないからとアーモンドチョコをくれたおばあちゃん。換金できない棒にくらべてアーモンドチョコのなんとありがたいことか。ここ、日本一平和なパチンコ屋に認定してさしあげたい。吉原。は、きちんと「死にそう」で適度にいかがわしく、そしてとても平和な街なのでした。ノリで遠くまで来た分、元が取れて本当によかった……。

Vol. 8 入地《いれじ》、7・12テロと希望

世の中、どこにデートスポットが転がっているかなんて分からないもんだ。

クソ暑い真夏の土曜の昼さがり、私とタイペイさん（他社編集）は茨城県の竜ヶ崎駅にいた。

私たちはさっき下見した「台」に降り立つため、また汽車（電車ではない）に乗ることにする。つい数分前、私たちは「台」を目撃したのです。台の横で汽車は停まり、ドアが開いて、閉まった。誰も乗らないし、誰も降りなかった。

「台」とは、入地という駅である。いくら田舎の無人駅とはいえ、東京から約1時間の首都圏。しかし入地には、ホームというよりただの台、待合室というよりただの小屋しかない。私は単にそこを再訪したかった。デートのつもりなどなかった。

パスモなどは使えませんので、入地までの切符を買って改札（もちろん自動ではない）を通ると、「入地でいいんですか?」と聞かれてしまいました。駅員でさえ、「まさか入地に行くはずがない、きっと買いまちがいであろう」という前提だ。もっと入地に

愛を。

さて、汽車は田んぼと林と瓦屋根の間をぬって、再び入地に到着しました。当然ですが、私たちしか降りません。

あらためて降りてみると、無人駅の中でも洗練し尽くされ、群を抜いて殺伐とした駅だ。遠くまで続く一本の線路、焼けつくような日差し。アスファルトのホームは内側から力があふれるようにひび割れて赤黒い。まわりには田んぼが広がっているというのに、ここはなぜかアメリカ西部の荒野を思わせます。

待合室の壁に「出口→」とわざわざ貼り紙がありますが、誰がどう見ても出口はひとつしかない。というか、「出口」と呼べるのか、あれは。単にホームから農道に降りる階段である。「口」っぽさは皆無。

ホームの奥のほうには人が足を踏み入れないのか、駅らしさが消えている。隅の電柱（木製）に貼ってあったはずの「いれじ」という駅名標は完全にはがれていて跡形もありません。暑さもあいまって死にそうだ。そして、ドアもない待合室の中には「テロ警戒中」の貼り紙が！　やはりここはアメリカだ！　彼らに気のゆるみはない。

使う人が一日数人（推定）という無人駅でどのようにテロを警戒しているのか、そこに書いてある連絡先に問い合わせてみたいのはやまやまですが、それよりも私はこ

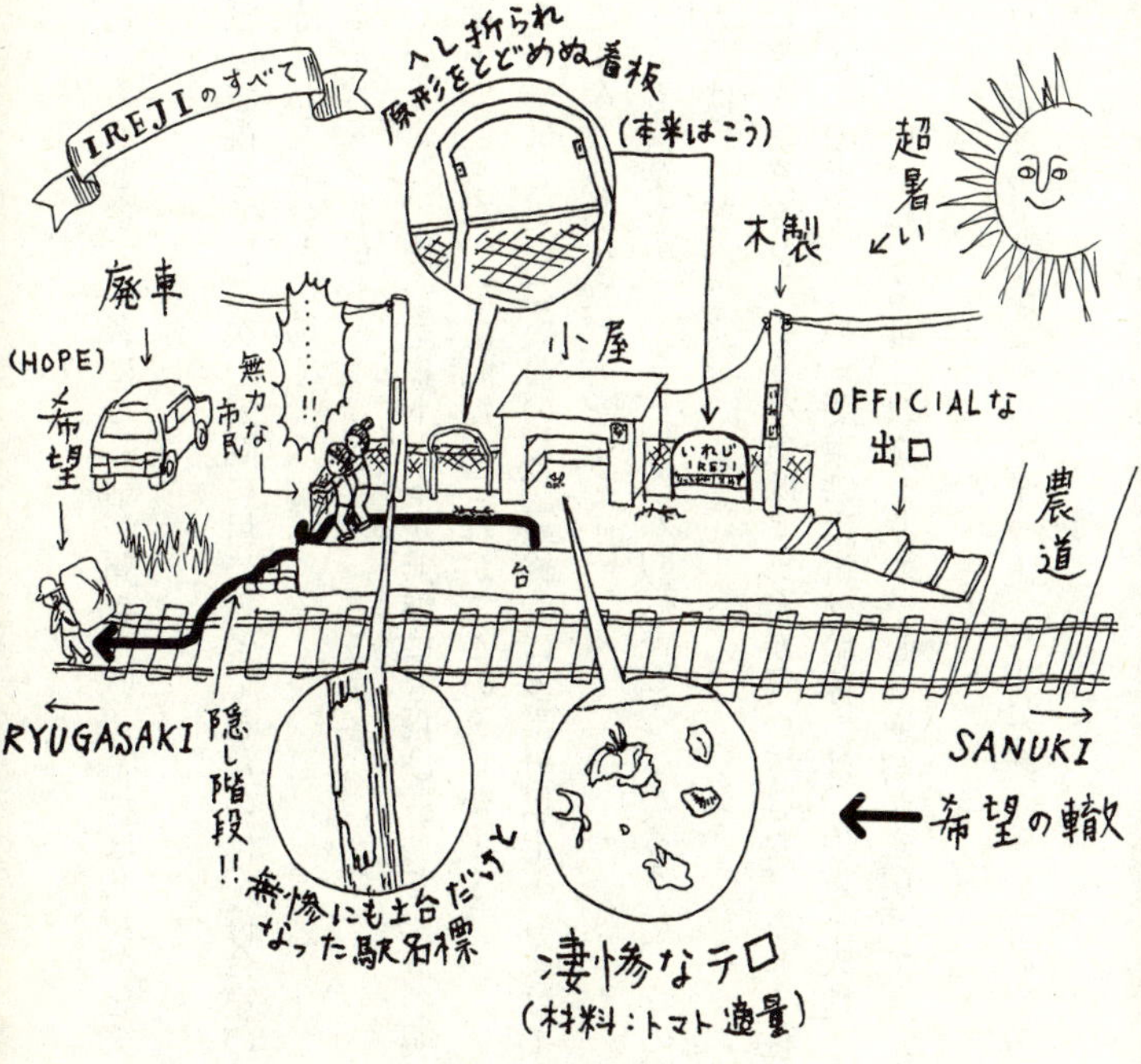
IREJIのすべて
へし折られ
原形をとどめぬ看板
(本来はこう)
超暑い
木製
廃車
(HOPE)
希望
無力な市民
!!
小屋
いれじ
IREJI
OFFICIALな出口
農道
台
RYUGASAKI
隠し階段!!
SANUKI
←希望の轍
無惨にも土台だけとなった駅名標
凄惨なテロ
(材料:トマト適量)

るのか。

こでテロを起こそうと企てる者にこそ話が聞きたい。どれほど安全なテロを考えてい

と、貼り紙を注視していた次の瞬間に目に入ってきたのは、待合室の地面に飛び散る鮮やかな赤。私たちはおののく。

赤い、ええと、トマトが……！

警戒網をかいくぐり、待合室にトマトが無惨にも飛び散っている。明らかに丸かじりしている途中でうち捨てた亡骸《なきがら》だ。これがここのテロか……。

「最初は皮をむくほどていねいなのに、最終的には半分以上ぶちまけている……」

「な、なんでこんな残酷な食べ方を……！」

タイペイさんも言葉を失う（爆笑で）。人的被害こそなかろうが、この不条理さが精神に及ぼす影響はテロ並みです。

そのうちにタタンタタンという小気味よい音が響いてきた。さっき佐貫《さぬき》駅に行った汽車が戻ってきたのです。この「関東鉄道竜ヶ崎線」は、佐貫—入地—竜ヶ崎というたった三駅しかない。私たちはこれをやりすごし、逆側から戻ってきた次の汽車で佐貫に戻ればいい。

暑さに負けてボサッと小屋（ｗｉｔｈトマト）の中に座っていた私たちの目の前に、

一輌の汽車が停まりました。ドアの窓から、体重よりも重そうな荷物を背負ったおばあちゃんが見える。ドアが開く。おばあちゃんが降りる。おお、この駅を使う人をこの目で見られるとは。おばあちゃんは行商さんで、東京方面から帰ってきたみたい。運転手さんとなにやら二言三言。ああ、いい風景だ。この駅にも存在意義はあるんだね。

ドラマはこのあとだった。

汽車が出たあと、おばあちゃんは明確な意志を持って「出口→」とは正反対の方向にゆっくり歩いてゆきます。何故《なぜ》？　これから何が起こる？　そっちには、駅名標の腐れ落ちた電柱しかない。ホームは一応フェンスに囲まれている。どう考えても数メートル先で行きどまりだ。

おばあちゃんはしかし、しっかりとした足取りでホームの隅に向かってゆきます。暑さや日差しになど構っていられない。私とタイペイさんは待合室を飛び出した。

おばあちゃんはペースを変えずにホームの隅に到達し、ホームの線路側から回りこんで当たり前のようにフェンスの向こう側へ。遠目に見るおばあちゃんの姿が、ホームの陰に隠れてだんだん低くなっていく。

おばあちゃん、逆側から駅を出た。裏技だ！

息を呑《の》んでホームの隅に駆け寄る私たち。フェンス越しにホーム外を見ると、そこにはブロックで手作りされた階段が！

ここに隠し階段があったとは。「出口→」があえて貼ってある理由がここで判明した。あれは、よそ者に隠し出口を見つけさせないための巧妙な誘導だったのです。

さらに私たちは、目を疑うような美しい光景を見た。おばあちゃんは一瞬ホームの陰に隠れ、また現れると、……線路を！　線路を歩きはじめた！

田と林の向こうに、さっき彼女が乗っていた汽車が小さくなって消えてゆく。そのはるか後ろを、頭が隠れるほどの大きな荷物を背負って、ゆっくりしっかりと線路の真ん中を歩いていく老婆。燃えるような日差しの中、熱せられた線路の間を、一歩一歩左右に揺れながら、大きな荷物とその下の足が少しずつ小さくなってゆく。私たちは無言でそれをひたすら眺めた。こんな景色がいったいどこで見られるでしょう。タンブルウィードが転がってきそうだが、未来ははるかに開けている。

入地、真夏の奇蹟。この光景に出会えることなんて、万分の一の確率かもしれない。でも、生でこのシーンを味わえるこの場所は、デートスポットとして押さえざるをえません。徐々に去っていく主人公の映像美は、要素が行商のおばあちゃんと田んぼだというのに、まるで開拓前の大地を踏みしめながら新たな地を目指す一人の女の旅人のよう。可能性に満ちあふれた壮大なラストシーンです。ここは茫漠《ぼうばく》とした荒野かと思っていたけれど、希望があふれだす兆しがくっきりと見えはじめました。

あるとき不意に、その場所がデートスポットになることもあるんです。そもそもここは私の実家に近く、子どものころにも何度か来たところ。そんな場所が秘めたこのポテンシャル！　あらゆる場所はデートスポットです！

おばあちゃんは、２００メートルくらい先の踏切から横道に入っていきました。

おばあちゃんルートの側にあったプラスチックの駅名票。「いれじ」と書いてあったはずだけど、右上のカケラしか残っていず。

写真右のフェンス裏にはおばあちゃん用の隠し階段があるのだ。

Vol. 9

鶴《つる》見《み》の古《こ》宇《う》利《り》島《じま》

ちょっと前に、私は沖縄の古宇利島というところに行きました。特に観光スポットは何もなく、地元の人に大量に飲まされる、それはそれはすばらしいスポットでした。

帰ってきてからのこと。神奈川県の鶴見に、古宇利島出身の方がやっている沖縄料理店があるということを聞いた。いわば古宇利島関東支部。これはもう復習として行くしかあるまい。ほんとうの古宇利島は、残念ながらこのへんから気軽に行ける近さではありません。首都圏に住んでいる方ならば、鶴見のお店でバーチャル古宇利島体験をするほうがどちらかというと現実的なデートでしょう。

そんなわけで、レギュラーメンバーの3人は夕暮れ時に鶴見へと向かった。

横浜と川崎の中間、横浜からはあんまり横浜だと思われず、川崎かと思えばそうでもなく、どうにも中途半端な位置にあるのが鶴見です（実際には横浜市鶴見区）。軽く調べたところによると、鶴見ってところは沖縄タウンでもあるんですってよ。もともと沖縄出身者が多いんだそうです。

目的のお店は、駅から遠くてちょっと不便なところにあり、歩いて10分以上はかかる。古宇利島（本物）の行きにくさを表しているのだろうか。しかも件《くだん》のお店は、事前調査によると、こちらの人向けの沖縄料理というよりはウチナンチュ（沖縄人）向け。故郷を懐かしむ店という雰囲気です。果たしてヤマトンチュを受け入れてくれるのだろうか。

お店の外観はかなりこぢんまりとしていて少し入るのがためらわれましたが、思い切って戸を開けると、カウンターの奥に座敷もあって案外広い。私たちは店員さんとの会話を求めてカウンターに座りました。

Tシャツに「古宇利島」と書かれたメガネのおっちゃんがひとりカウンターの中にいます。彼、おそらく鶴見近辺で暮らしているはずなのですが、沖縄訛《なま》りがかなりきつい。半分くらいは聞きとれない。しかもややうつむき加減で、私たちに向けてしゃべっているのかどうかが、ときどき分からない。こちらがメニューについてなにか聞いても、会話が成り立っているのかどうかがボーダーライン上です。

「そうだねーそうそうナーベラーってのはヘチ……。……。……」

（ヘチ、のところで彼は後ろを向いてなにか準備している）

「ヒージャー（ヤギ肉）はくさいけどさぁ、ジンギスカンにくらべたら……。……。……。……」

（やはり途中で真後ろを向いてしまって、何を言っているか分からない）

彼はきっと口ではことばを紡ぎだしつづけながらも、会話をしているということをごく当たり前に忘れて作業に入ってしまうのである。自由だ。こちらのほうが自然に近い生き方です。

食べ物は、まずヒージャーは刺身だけがあるというので、実際くさいのかどうかワクワクしながらヒージャー刺をたのむ。そして、タコ刺、島ラッキョウ。「おれバカだからさあ、覚えられないんだ」と言っておっちゃんはメモしはじめました。いや、注文のメモくらいは誰でもすると思いますよ。

まずはオリオンビールで乾杯。つきだしは昆布イリチー（炒め物）。つづいて、今帰仁《なきじん》の泡盛「美しき古里」に移行しました。「美しき古里」はめちゃくちゃうまい。いままで飲んだすべての泡盛、いや焼酎類のなかで文句なくトップに来ました。

そんなうちに、もうひとりのおっちゃんが登場。十分に風格があり、おそらく店主です。わたしが古宇利島に行ったと言うと、「こないだも古宇利島に行ったって人が来たよ。わざわざ東京からさ」。

写真を一枚も
撮らなかったので
店主の顔も何もかも
うろ覚えで描く。
店主
……ある
つまみ食い
メガネさん
……

ここは、いちばん近い東京都内（大田区）まで電車で10分程度。全くわざわざってほどの距離じゃないんですが、まるでここが古宇利島そのものであるかのような言いぶりです。

「××工房（私がなぜか混ざることになった飲み会の場所）で、島の人と飲んじゃったんですよ」

「おお、島はそういうとこあるからな。あそこの奴は、オレのひとつ上かな」

「オサムさんって分かります？」

「……オサム……オサム、ああ、元船乗りだな」

さすがは人口が数百人の島。近い世代なら下の名だけで分かる。

「船乗りっていうと、ウミンチュってやつですかね」

スルギくんが口をはさむ。

「……ウミンチュ、では、ねえな」

後ろで調理をしているメガネさんもっそりと同意のそぶりを見せる。オサムはウミンチュではない、というのは島の人の共通認識のようです。

「え？　船乗りでもウミンチュじゃないんスか。じゃあウミンチュってなんスか」

さらにたたみかけるスルギくん。

「…………」

店主、無回答。やや緊張が走る。なんかマズいことを言ったか、私たち。都合が悪いのか、単に説明するのが面倒なのか、店主氏は不敵な笑みを浮かべて調理をつづけています。これは……、読めない。

私が話題を変えてみました。

「わたし、オサムさんにデジカメ壊されましたよ（笑）」

「…………」

冗談のつもりで話したのですが、店主は2連続無回答である。いかん。少し焦る。と思うと、店主はごく自然に話題を変えた。

「どこに泊まったの？」

会話の間がよくつかめません。

「○○屋……だったかなあ、うろ覚えで」

「○×屋、だな。あそこ、オレの妹のダンナんとこ」

「ええっ!」

いくら島コミュニティといえど、関係が近すぎでしょう。

「○×屋でそば食った?」

「いや、××工房で飲んじゃったから……」

「あのね、○×屋の裏にオレのばあちゃんが住んでる。103歳。ひとりで元気でやってるよ」

無表情であいそがないようで、ポンポン話題を変えながらけっこうしゃべるご主人。これは島で会ったオサムさんに通じるところがあります。年に4回くらいは島に帰るということで、風貌《ふうぼう》も見るからに沖縄人。黒い。そしてハチマキ。けっこう会話をしながらも、店主とメガネのおっちゃんはせっせと手を動かしています。まずは島ラッキョウが出てきた。味はネギっぽいけどコリコリしていて、いいつまみです。そして、タコ刺。ただのタコ刺なのにめちゃくちゃうまい。やや黒っぽいタコの色を見たら、島で食べたナマコを思い出した。

「ナマコってあるんですか?」

店主は、ギロッと鋭い目でこっちを見て、一瞬ためてから、

「……ある」

この間がたまらん。

不意に、あぶった貝のようなものが店主の手から差し出されました。え。こんなの注文してない。

いま思えば、この瞬間に私たちは沖縄に渡った。

「塩ふって食べるとうまいよ」

店主は表情を変えずに言う。言われたとおりにする。すごくうまい。でも、たのんでない。

向こうのコンビニおにぎりの具で見たんですけど、「あんだんすう」って何ですかね？　と店主に聞くと、「油みそ」で炒めたものをあんだんすうと言うらしい。「油みそ」もよく分からないけど、言葉のイメージとそう違うものではないでしょう。この際、質問攻めにするのは野暮だ。店主はまたギロッと視線を向けて、「あんだんすう作るか？」。

ということで、タコがかぶるけれど、タコのあんだんすうを頼みました。

ふと気づくと、さっきのタコ刺の皿に、ちいさなエビのような、よく分からないものが大量に載っている。気づいた瞬間には、店主がそれをつまんで食べていました。なんだそれ。店主氏、これは自分用なの？

店主は、もぐもぐしながら「……うまいよ」。

……たのんでない。でも、うまい。

しばらくすると、ほんとうに注文したタコのあんだんすうが来ました。この時点で、出てきた料理のうち注文したものと注文してないものの比率は3対2。ああ、とってもおいしいです。見た目は炒め物ですが、味噌漬けのようなこってりした味わいもある。ちょっと味が濃いめなので、ごはんがほしくなります。

つづいて、ナマコのあんだんすう。これはメニューにないけど、「カノジョ（私）が食べたいって言うから作ってやったさ」と主人は言う。いや、見るたび精悍《せいかん》な顔である。さっきナマコが食べたいと言ったけど、あんだんすうにしてくれるとは思わなかった。味つけは同じだけど、ナマコに熱を通すという珍しさも手伝って箸が進みます。貝よりはコリコリしていなくて、イカのような、独特の歯ごたえ。

あんだんすうばかりではなくふつうの炒め物も食べたいということで、このへんで「ふーちゃんぷるー」を頼む。肉も食べたくなったので、ラフテー（豚肉の角煮）も。

「ラフテー、ありますか?」

「………………ある」

　またも例の「間」だ。たまんねえぜ。

「……じゃあ、ラフテー」

「うーん、ちょっとめんどくせんだよなあ……」

　店主として考えられない言葉だ、などと思ってはいけません。発言は自由です。

「じゃあ、気が向いたら、で(笑)」

「おお。……気が向いたらな」

　メニューをさらに見てみると、「アヒラー汁」というものがある。

「アヒラー汁ってのは何ですか?」

「……ああ、それは……アヒルだな」

「アヒラー汁はあるんですか?」

「ない」

　即答です。ないときは、即答。あるときは、十分にためてから回答。

　あんだんすうのうまさに感動し、白メシを頼んでまで平らげるスルギくんを見てメ

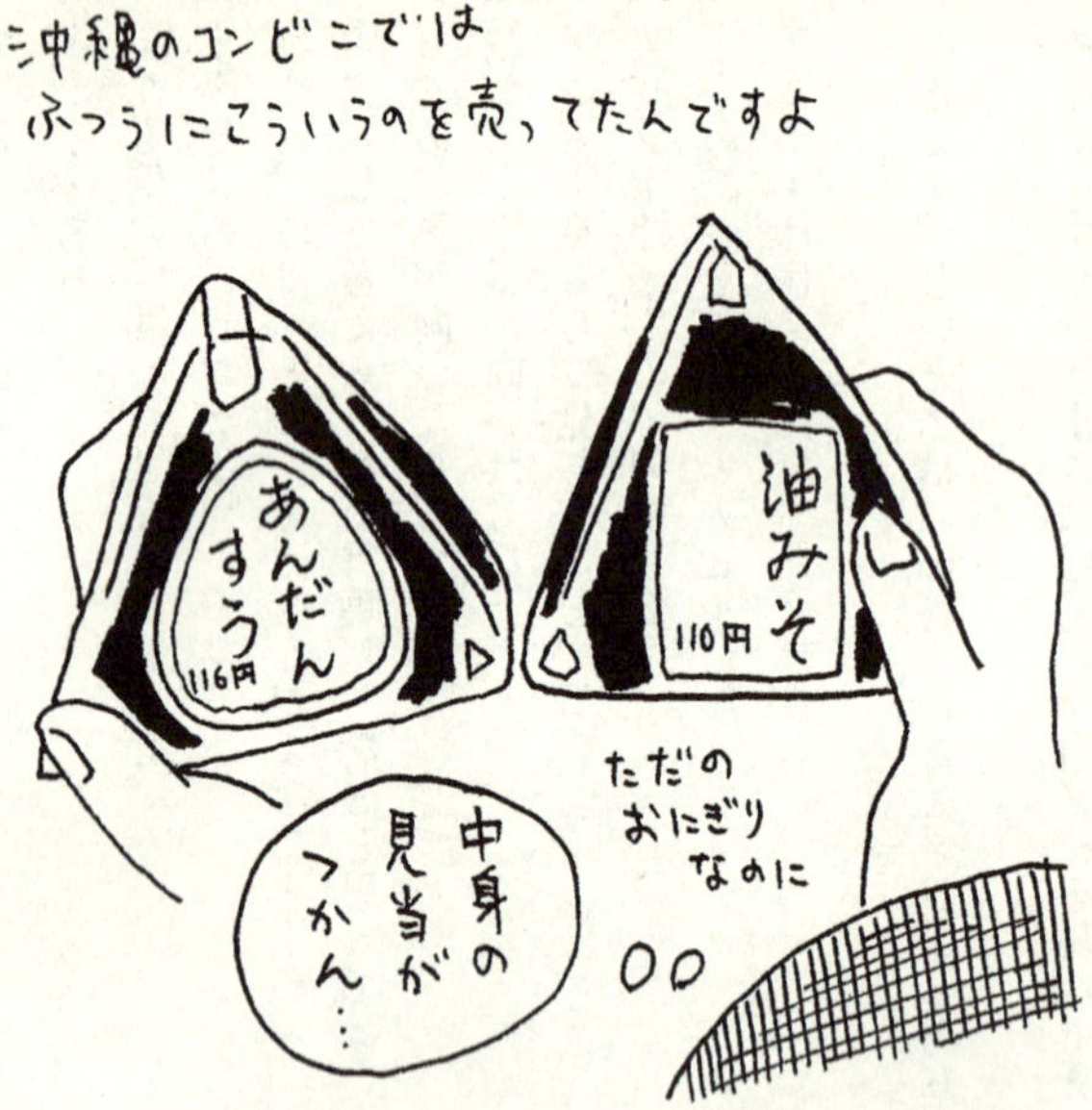
沖縄のコンビニでは
ふつうにこういうのを売ってたんですよ
あんだんすう
116円
油みそ
110円
中身の見当がつかん…
ただのおにぎりなのに

ガネのおっちゃんは母性本能を刺激されたのかもしれない。おみやげで持って帰ったらどうか、と言い出しました。

「おおっ、ほんまスか！　ありがとうございますー」

　おっちゃんは露店の焼きそばを詰めるようなプラスチック容器に油みそを入れ、おそらく食べ方、保存法などとともに「それでメシ何杯もいけるさ」というようなメッセージをかなりの語数を費やしてスルギくんに伝えた（沖縄弁のため、詳細が分からない）。食欲旺盛な青年にほほえむ姿は、ああ、高校球児と寮母さんのようです。

さて、「美しき古里」で私とスルギくんはだいぶいい感じになり、あんだんすうをつまみにして下戸《げこ》のシンエイさんを憐《あわ》れみます。シンエイさんは最初のオリオンビールも全く減らず、シークワサージュースに移行している。しかし結果として、これが功を奏したんだな。酒に呑《の》まれて全くメモも写真も撮らなかった今回の探訪は、一人でしらふのシンエイさんに助けられました。だって大半覚えてないんだもん。

そういえば、まだ最初にたのんだヒージャー刺が来てない。ふーちゃんぷるーもまだ来ない。ラフテーも来ない。

でも、ここは沖縄時間だからね。「まだ来てないんだけど」なんて言いたくない。

店主氏は手を休めて、店内に貼ってある古宇利島の航空写真を見ながら「橋ができてから人が来るようになってな……」と、少しさみしそうな様子を見せる。古宇利島には最近、本島とつなぐ大きな橋が完成したのですが、橋を使って訪れた私としてもそこは複雑な気分です。利便性を取るか、旧来ののどかな暮らしを取るか。離島に暮らす方々に共通の問題でしょう。

しかし店主の調理の手が止まっていることにも複雑な思いが去来します。お客さんはほかにもいる。

30分経過しました。まだ来ない。

メガネのおっちゃん、「おれバカだから」と言ってメモしたのに！　メモはどうなった？

そのうちに、ヒラヤチー（沖縄風お好み焼き）が出てきました。

「……これも、うまいんだ」

ええと、これも頼んでません。でも、うまい……。

ともかく、ラフテーについては、すでに注文時に「めんどくせえ」と聞いていましたので、ヒージャー刺とふーちゃんぷるーについては忘れたか気が向かなかったのだ。

つまり店主の発言どおりだったということです。申告済みなので文句ありませぬ。

結局、けっこうおなかがいっぱいになったので、「あれが来てないよ！」と言うタイミングも逃したままお勘定。まあ、「来てないよ」なんて言うのは野暮ってものよ。注文して出てきたもの・注文していないけど出てきたもの・注文したけど出てこなかったものの比率はほぼ1対1対1。バランスはとてもいいじゃないか。会計はかなり安かったのですが、注文したものが基準になってるのか、実際に出されたものが基準になってるのか、分かりません。しかし喜んで言われるままとなろう。

店を出るころ、店主氏が付け加えるように言った。

「……掲示板（店のサイトのBBS）にナマコの味の感想を書いてくれ。おれらじゃうまく書けねえからさ」

そうか、ここは注文にはあんまりこだわらずに、食べてもらいたいものを出してくるお店なのだ。あわよくばそのうまさを客に語り伝えてもらいたい、と。「客の注文にこだわらない」っていう時点で常識を凌駕《りょうが》していますけど、ここは南だ、南の常識がある。そこらのレストランの「シェフの気まぐれナントカ」なんぞ一蹴する、南由来の純粋な気まぐれぶり。バーチャル古宇利島体験もできるし、おまかせすぎるディナーも楽しめる、気軽でトロピカルなデートスポットでございました。

私たちの帰りは完全に「南」に呑みこまれていて、店を出るとスコールが降り、あたまがゆるんでしまったスルギくんはせっかくいただいたあんだんすうを電車の中に置き忘れたんだそうだ。南でもそれは罪だろう！

Vol. 10 鶴見《つるみ》線、ドラッギー

前回、鶴見を「関東の古宇利島《こうりじま》」として紹介しました。

しかし、鶴見をそれだけで片づけてしまうのはあまりにももったいない。鶴見には宝物がたくさん埋まってるのです。おそらく私が紹介するまでもなく、休日の鶴見はデートを楽しむカップルでいっぱいだと思います。

まず、「鶴見線」という鉄道の存在。妙にファンの多い特殊路線。

駅の間の距離が異様に短い、東京近郊なのにほとんど無人駅、工場街を縫うように走る、やたらと分岐線がある、東芝の工場関係者しか降りられない駅がある、最近まで戦前の車両が走っていた、などなど、特徴に枚挙のいとまがない路線です。鉄道カップル（勝手に用語を作りましたが、今なら絶対たくさんいるはず）は確実に乗りに行くはずだ。

第二に、右でも触れましたが、工場街の存在。以前に、静岡の吉原。で工場萌えについて語りましたが、こちらは社会科の授業でもおなじみの京浜工業地帯のどまんなかなので、格が違います。大量の四角い埋め立て地のほぼすべてが工場。工場カップル（勝手に用語を作りましたが、今なら絶対たくさんいるはず）は確実に見に行くはずだ。

第三に、「国道駅」の存在。鶴見線のひとつめの駅です。国道の上にあるという単純すぎる理由で命名された国道駅は、駅と線路の真下に、ちょうど線路と同じ方向にトンネルのような通路が伸びています。そして、高架の支えの部分がすべて商店（営業中かどうか不明）や民家になっていて、トンネルの内壁に駅への入口があるのです。当然昼でも薄暗く、建物もかなり時代がかっていて戦後すぐのよう。ドラマのロケなどに使われるというのも納得の、頽廃的《たいはいてき》で耽美《たんび》的《てき》な雰囲気を持った場所、つまり死にそうな場所です。駅ガード下カップル（勝手に用語を作りましたが、いない）は確実に見に行くはずだ。

そんなわけで、こんなにもデート要素たっぷり！　の鶴見は、しっかり見ておきたい。

古宇利島関東支部への訪問とはまた別の日、私とスルギくんの2人は鶴見線に乗った。まずはジャブとして国道駅に降りる。すでに観光スポットと言って差し支えないその独特の雰囲気には、初訪問のスルギくんも感動である。ここは写真で見たほうがよいので、各自ネットなどで調べてみましょうね。ちなみに私は国道駅に来るのが8回目くらいです。もちろん近くに知り合いが住んでいるわけでもなく、純粋に駅を目あてに8回来ています。きもちわるいですね。

ここはあくまでも私(たち)にとってメジャーなスポットなんで、さっさと次の目的地へ向かいます。あ、高架の真下にある家の2階から、おばあちゃんがじっと私たちを見ている。何か起こりそうな気配がすでに少しうずまいてます。


国道駅からまた電車に乗ると、それは「海芝浦」行き。海芝浦駅は、東芝の工場関係者しか降りられない変な駅として一部には有名なので、ここではメジャーなスポットと見なし、行かない。

よく知らない一コ手前の駅「新芝浦」で降りてみました。工場と海と道以外特に何もありません。人も全くいず、風だけが強く吹く。線路を区切る柵が低すぎる。やはりここも死にそうです。それを隠そうと必死で緑化しているようですが、この灰色の景色の前に緑はあまりにも無力で、もう抱きしめてあげたい。

風にさらわれて消えそうな気持ちで線路に沿って歩いてゆくと、すぐに手前の駅に着きました。あいかわらず工場しかなく、ゴウンゴウンという音を立ててトラックが驀進《ばくしん》する。わたしたちは毎回この音を聞いてる気がするんスけど。

この「浅野駅」は、線路が分岐しているところにごく自然にホームを造っているので、プラットホームの形がなぜか蠱惑的《こわくてき》な大三角形。三角形のまんなかにはステージのような段差があったり、荒れた花壇があったり、なにか変です。きっとここではゆずのライブをやるべきだと思う。それか、デパペペ。屈託なく明るい感じのアコギのライブがコンクリートにかき消えるのが見たい。

線路の配置が複雑なので、周りのいろんなところに踏切がある。民家もなく工場しか見えない。ああ、三角形のまんなかには猫がいる。あれは幻ではない、現実です。全体がゆるやかにゆがんでる。すべて不自然で落ち着かない。

2人で周りをうろついていると、スルギくんがふと「あ、ここ踏切の中っスね〜」とか言う。あ、いま確かに踏切のどまんなかで立ち話してた。そういやさっきも線路のなかに自然に入りそうになってた。なんか、線路が危ないという意識がなくなっちゃった。ほとんど合法トリップ。うふふ。「通路に物を落とした方は駅係員にお知らせください」と書いてあるけど、ここには立派な駅舎があるのに駅係員なんて存在しないんだ。意識の力で召喚せよ。

しばらく意識が浮遊していた私たちはふと我に返った。ここ、電車を待つより歩いたほうが早い。

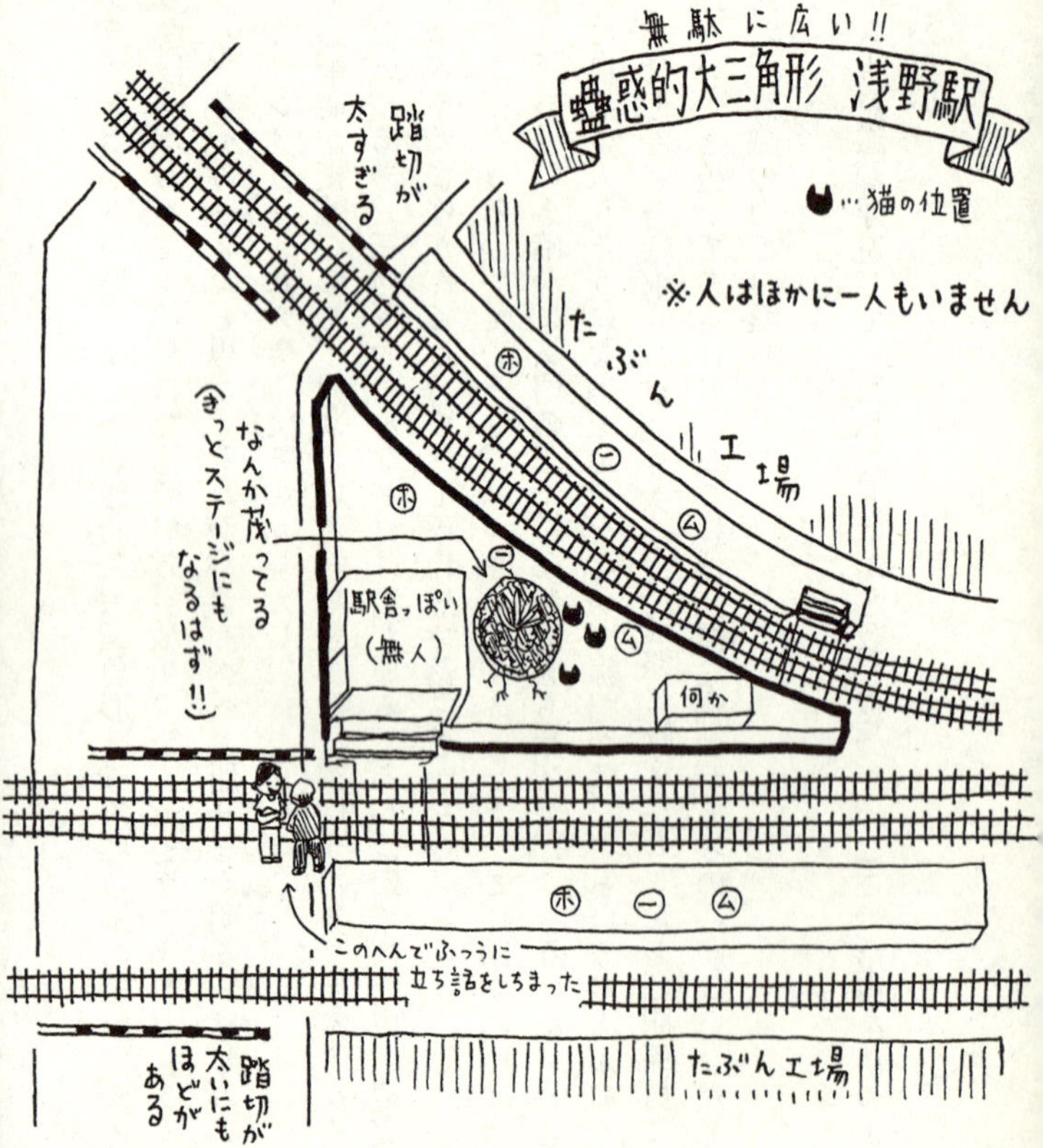
無駄に広い!!
蠱惑的大三角形 浅野駅
…猫の位置
※人はほかに一人もいません
踏切が太すぎる
たぶん工場
ホーム
ホーム
なんか茂ってる
(きっとステージにもなるはず!!)
駅舎っぽい
(無人)
何か
ホーム
このへんでふつうに立ち話をしちまった
踏切が太いにもほどがある
たぶん工場

ゴウンゴウンの轟音の中を、となりの「安善駅《あんぜん》」まで歩きます。安善駅の近くにはちんまりした古い住宅街がある。久しぶりに見る現実に、さっきのトリップ感は少し薄れました。カドの、かなり年季の入ったたばこ屋さんは店番さんもかなり年季が入っている。じいちゃん、90は越えているとみた。

せっかくなので、スルギくんがたばこを買います。

「すいませーん。マイルドセブンください」

「そっちにあるだろう……（自販機を指す）」

じいちゃん、手で売らないのかよ。

ああ、そうさね、この界隈《かいわい》じゃタバコ屋なんて一軒。殿様商売よな。しかしそのうちお前は泣きを見ることになるさ。タスポ導入でな！（この探索はタスポ導入以前に実行されたものです。マジでタスポ導入の今、じいちゃんだいじょうぶかなあ）

ゴミ捨て場には「燃えるごみ」などに並んで「プラスチェックス」を捨てるバケツが用意してあります。声に出して読みたい日本語「プラスチェックス」。「チェ」にツッコむのは必死で我慢するとしても、「ス」までつけるとは一体いかなる料簡《りょうけん》か。

この探索、分かってきたんだよ。何か事件が起こる場合、こんなふうな兆しの小爆発がいくつかあるんだ。

お、こんなところに煙突がぽんとあります。銭湯だね。ちょうど開店直後の時間ですよ。

「入っちゃいます?」

「入る」

即断。

Vol. 11 安善《あんぜん》、超えてる

開店直後、午後3時の安善の銭湯、平日の女湯に当然お客さんはいない。番台にいるべきおばちゃんは、だだっぴろい脱衣場でテレビを見ています。ずっと見てます。ロッカーには「超えてるキャバレー　クインナイト」とか、「ないミシンがある店!!? 鶴見で唯一のミシン専門店」とか、もう、糸井重里なんか数億フィート超えているようなコピーの広告が貼ってあります。まさに超えてるコピー。

ちなみにクインナイトは「貴女の個性とナイトタイムを生かして下さい」とのことでアルバイトを募集していますが、時給は600円以上だそうです。この広告が何年前のものか知らないけど、夜の仕事だけあって高い……んだよね？

そして、クインナイトシールの貼ってあるロッカーを開けると、そこには私物がパンッパンに詰まっていた。

はずれ。

クジなんですね。その下のミシンのところを開けたらカラだった。当たり。

さて、テレビを見てるおばちゃんの動向を若干気にしつつもすっぱだかになり、いざ入浴となりますが、この浴室がすごかった。

かつて私たちは、日本堤《にほんづつみ》でアールデコ銭湯に入り損ねているのだけど、それを補ってあまりある正八角形の独創的な浴室。壁には定番の富士山！　なぜかタイルには中華模様（ラーメンどんぶり模様）！　浴槽がなぜかどまんなかに配置されてて、まんまるい！　その真上の天井は一段高くなってて、まるい天窓があって！　天井部分は白いペンキ塗りの木！

ぜんぶが、ぜんぶが愛《いと》しすぎる。わたしは湯船に入りたいだけで、体は洗わなくてもよかったんだけど、わたしがカランでお湯を出してたらさっきテレビに夢中だったおばちゃんがふいに戸を開けて、「あっちならシャワーがあるよ」と浴場の隅を指して説明！　親切！

それにしても、まんまるくて狭い浴槽に対してカランの数が多すぎです。全盛期はさぞこの浴槽がドキッ！　女だらけのスシ詰め入浴大会、となっていたことでしょう。

かなり熱めの円形お風呂にたったひとりで浸かって、けっきょく上がるまで誰も来ず、ひとりじめです。レモンの薬湯らしくて、お湯はまっ黄色。

安善の超えてる銭湯・驚異の内部

浴室は八角形
天窓から漏れる光
やはり富士
まんなかに円形浴槽!!
薬湯
大謙遜
まぁ、古いからね・・・

大満足でお風呂を出る。わたしはこの八角形をはじめとするすばらしいデザインを絶賛したくて「ここあの……八角形で……ステキですね……（語彙《ごい》が貧困）」とおばちゃんに話しかけてみると、「いや、こんなもんでしょ」と非常に謙虚というかあんまりな反応です。

さらに「いつからやってるんですか?」と聞くと、

「まあ……（ため息）、古いからね……」

いやいや、わたしはべつに「なんちゅうボロい銭湯じゃ」という意味で話しかけたんじゃないんですよ。本当に敬意を示しているのに！

そのあたりで、やっと次のお客さんが来ました。

「きれいな靴がおいてあったからね、誰が来てるのかしらって」

「あ、どうも」

「いやね、きれいな靴がおいてあるもんだからさ。誰が来てるのかと思ったら」

「ああ、ええ」

わたしの靴を複数回ほめてくださった、「4歳から60年ここに入ってんのよ、昔は下水で遊んで親に怒られた」という、見た目には70歳くらいのふくよかなおばあちゃん登場です。「寒いから襟巻きして来ちゃったの」と、水色の襟巻をアピール。キュ

私の靴をほめてくれたおばあさまに写真を撮らせてほしいと言うと、
そでをひっぱってまで顔を隠す
イヤーッもう写真なんて恥ずかしいッイヤッイヤーッアッハッハダメダメッキャーハハハ
超かわいい♡

ートです。

そのうちに自然と、おばあちゃんと銭湯のおばちゃん2人によるこの店のプレゼンが始まった。

「ここに入りに、鶴見から歩いて来る人もいるわよねえ」

「いるいる。湯めぐりおばさんね」

その登場人物に一瞬こころ惹《ひ》かれたが、話題はすぐ次にうつる。おばあちゃんいわく、

「ここ入ったら起きない（よく寝られる）よ。もうぐっすり」

それを受けておばちゃんも誇らしげに、

「ここは薬湯やってるからね。お湯に色がついてる。ほかのところ行ったってさ、お

湯が透明でしょ?」

ちーがーうー! ここの銭湯の売りは八角形と円形の建物なの!! 薬湯なんてうちのそばの竹の湯でもやってるの! おばちゃん、もっと自分の良さに気づくんだ。君はそんなもんじゃない!

「黒木さん来ないね」

「あの人ね、昔くるぶしケガしたの。知ってる?」

「知らないわ」

「それでいまそこに水がたまっちゃって。あの人、これたくさんでしょ(おそらく自転車をこぐ仕草)。だからかもしれないね。それで来れないんだって」

若干もどかしいプレゼンに続いて、わたしは黒木さんについての重要な情報も手に入れました。この界隈にとっても詳しくなったと思います。


銭湯から出ると、ちょうどスルギくんも上がったところだ。

スルギくんいわく、

「タバコ吸おうとしたんスけど、禁煙の貼り紙があったんで『タバコ、ダメなんスか?』ってさりげなく店の人に聞いたら『え? そんなことないよ』って言うんですよ。『でもここに禁煙って……』って言っても『それは喫煙が体に悪いってことじゃないの？』って言うとるんスよ!!　禁煙なのに!!（爆笑）」

独創的な浴槽のデザインに愛着もなく、タバコにも頓着せず。これは「超えてる銭湯」です。それにしてもスルギくんのテンションが上がっている。

ふとそばの電柱を見ると、そこには「タバコのポイッ捨厳禁」と書いてある。

「ぽいっすて（笑）」

「いや、これは送りがなの『て』もないから『ポイッス』ですよ。ポイッス厳禁。ポイッス！　ポイーッス!!（いかりや長介のマネ、そして爆笑）」

スルギくんが入浴ハイでまたトリップ状態に戻っています。いや、これは、さっきおばあちゃんの言った「起きない、ぐっすり」につながる精神作用かもしれない。ハイテンションのあと、おそらく爆睡。安善の銭湯あなどれじ。

酔い（?）を覚ますために、ゴウンゴウンの道をまたまた歩く。しばらく進むと、「野原プラスチックス」の工場が。ああ、さっきの「プラスチェックス」の原因はここか！　ささいな謎をいちいち氷解させてくれる街です。

けっきょく2駅分歩いて、武蔵白石という駅からまた電車に乗り、せっかくだから終点まで行ってみることにした。浜川崎という駅を過ぎるといよいよ右も左も大型工場ばかりになってきて、化学のにおいがしはじめます。

終点の扇町駅を降りると、どっちに進んでも工場へつながりますが、駅前にはお店が2軒だけ見える。いままでごはんを食べるところなどまったくなかったので、さすがにおなかがすいています。

2軒のうち、食堂だと思ったところは労働者用の簡易宿泊所で、食事だけ取るのはムリとのこと。しょうがないからそのとなりのコンビニというか、田舎《いなか》にある雑貨店みたいなところに入りました。

そのお店には、「フレッシュショップ」と「レストハウス」と「ビジネスホテル」という3つもの名前が掲げてある。まあここのコンビニ的な部分は「フレッシュショップ」だとして、この建物の上の部分が「ビジネスホテル」だとしよう。「レストハウス」はどこにあるんだろうか。

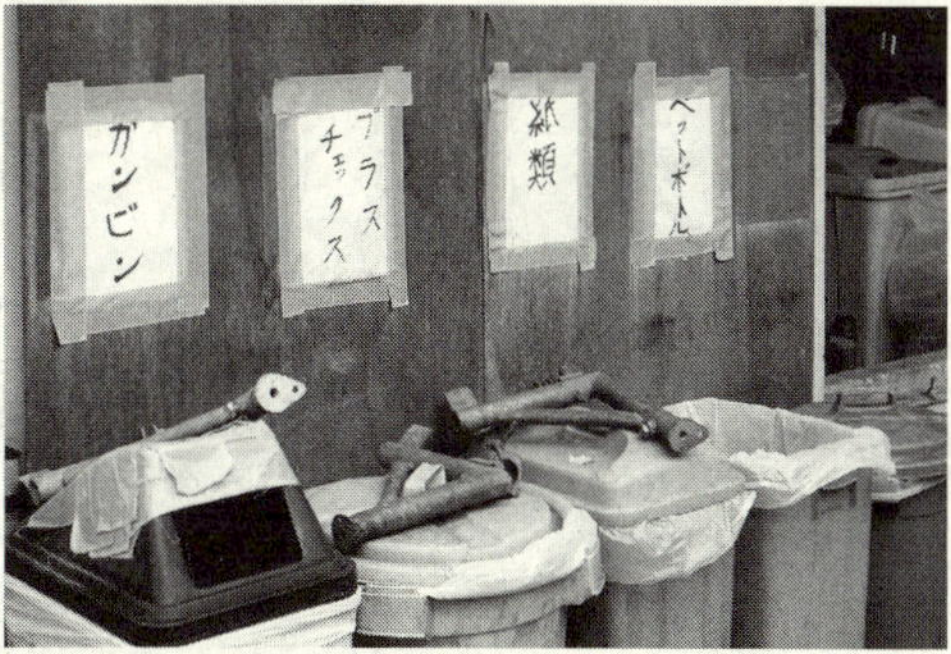

野原プラスチックスにつながる伏線。

ポイ――ッス!

Vol. 12

扇町《おうぎまち》、遠慮は敵だ

とりあえず「フレッシュショップ」と思われるところに入ると、いきなり油にまみれた鉄板が置いてあります。ここでやきそばなんかも焼いてくれるらしい（店のおっちゃんの気が向いたとき限定。とにかく鶴見の人は気分次第なのだな）。やきとりも豊富に売っています。ここ、思ったよりもしっかり食事が取れそうじゃん？

雑誌コーナーは、7割方がエロ雑誌です。しかし、ゲイ雑誌が堂々といちばん前に差してあります。ゲイ雑誌をふつうのコンビニで見たことなんてない。このへんの工場勤務者のなかに確実な固定客がいるということだ。なんとオープンな世界。東京なんかより一歩進んでいます。「超えてる」んだよ、やっぱり。

ところでおっちゃん、外の看板の「レストハウス」って何なんですかね？

「あ、店の奥で食べられんのよ。いま電気つけてやっから」

おお。あの、奥にある薄暗い、集落の自治会館の会議室みたいなところがレストハウスだったのですね。

電気をつけてもらうと、部屋の隅にはなにやら店の古道具が積まれ、テーブルにソースのしみがあります。そりゃーしみぐらいありますよね。やきそばにソース使ってるんだからよ。

私たちはそこで、フレッシュショップ側で買ったやきとり、唐揚げ、ビールを、取材の〆《しめ》として2人で楽しみました。「……あ、うまいスね」「こんな早い時間にビールも、いいよね」歩き疲れ、トリップし疲れて口数も少なく。それは、平日午後4時55分のことであった。

数分後。

続々と、精勤で汚れた作業着の漢《おとこ》たちが入ってくる。あ、終業時間か！

彼らはめいめいにビールやパック酒、菓子類を持ちこむ。仕事が終わるとここってこんなに混むのか。ここにいていいのかな、私たち。10席くらいの部屋に、最終的に私たちのほかに5人来ちゃいました。

彼らは、「こいつら何者?」という視線を私たちにチラと落としながらも、受容はしてくれている様子。私たちもとっくに酒が入っているし、肉体労働をいましがた終えたという共通点がある。堂々と居座らせていただきます、先輩方。

先に入ってきた2人は友人どうしのようで、ボソボソしゃべっていて、すぐとなりにいるのに言葉が聞き取れない。「……のう！」「……でのう！」という語尾ばかりしっかり聞こえるので、広島出身と勝手に決めつけた。2人の広島さんとする。

その次に入ってきたのは、ハンチング帽に金のピアス、よく日に焼けた50くらいのおじさま。もう一人は、赤い顔でずっと笑顔の推定40歳。

ハンチングの彼はよくしゃべる。サーファーらしく、どうもリーダー格のにおい。そのお相手は、サーファー氏の話にひたすらえへへ！　えへへ！と体をゆらしながら笑ってあいづちを打ち、オウム返しをする、蛭子《えびす》さんをさらにたるませたようなサスペンダーのよく似合う御仁。広島さんの会話は聞き取れないので、興味は当然アンバランスなこちらに向かいます。

「おれ、ここで飲んでばっかりだから、かあちゃんにまたギャンギャン言われちまうよ」

「言われちゃう……っふ！　えへへ！　えへへ！」

「昨日も7時に（ここが）閉まって、いつもの店行って、カラオケ行ったら9時半になっちまってよ！」

9時半で、怒られるほど遅いんスか！　……と、よっぽど口を挟みたかったけど、まだまだ会話を聞きつづけたいのでグッと我慢です。

「えへへ！　俺っ、俺はー、俺はなんにも言われねえよ、うふふ」

「おめえ、伊集院はひとりもんだろうが！」

「うっひゃひゃ！　えへ！」

伊集院氏、臨界点を超えたうれしさを感じると体が揺れてしまう。しかし伊集院という名（おそらく本名）、できすぎだ。

ずっと笑ってばかりだった伊集院氏がふと席を立ち、なにかと思えば気を利かせてポテトチップなどを買ってきた。しかし、サーファー氏は手をつけない。なんだ、この関係。

「あのな、品川ナンバーのベンツはヤクザなんだよ。湘南ナンバーなんか乗ってたら、ナメられて寄せられるんだぞ」

「うっは！　えへへ、寄せられる……」

「それにしても秋山さんは腹立つよなぁ」

「えへへ、腹立つ……ふっふ」

「俺ぁ秋山さんのベンツに10円玉で傷つけてやるかと……ハッハハ」

「10円玉で！　うふふ！」

そのとき突然、広島さん2人が私たちをまたぐ形でサーファー氏に声をかけた。

「おう、さ、財布いいな、あ……そのメーカー、のう」

「お……おう」

サーファー氏の財布はルイ・ヴィトンでした。確かにヴィトンは「いいメーカーの財布」である。私も同意です。またここで口を挟んでもよかったが、サーファー氏の反応がそれほどでもなかったためやはり踏み込めない。スルギくんもタイミングを計りかねている。くやしい。どうにか斬り込みたい。

その後にまた一人入ってきた。伊集院氏の奥に座り、ひとりちびちびと酒を飲む。

特に誰ともしゃべらない。

私たちにときおりチラチラと視線を向けながらも話しかけられないでいるサーファー氏、話しかけるタイミングをまったく同様につかみきれずにいる私とスルギくん、話しかけたもののいまいち話が進まなかった広島さん、最初からなにも交流する気のなさそうな、最後に来た人。……この自称レストハウス、ひとつのコミュニティのようで、相当なボリュームの「遠慮」に包みこまれている！

しかしそれをさらに、伊集院氏のたえまない笑いが包みこんでいるよ！　伊集院！　あなたの役目は君が思っている以上に、その、アレだよ！　アレなんだよ、言葉が出てこねえよ！　うふふ！　ああもう、楽しくてしょうがないよ。仕事が終わったら酒よ。そんで与太話よ。のう。

しかし、しかしだ。私たちはそのあと用があったため、20分ほどで退席するしかなかったんだ。それまでにいくらでも話せるチャンスはあったはずなのに。ああ、いまいましい「遠慮」め！

部屋を出るときに、ついにサーファー氏が「お？　帰っちゃうの？　紅一点だったのに」と初めて話しかけてくれたのだが、その突破口だけ聞いて私たちは去った。なんてもったいない、悔やまれる鶴見の夜。あのままあそこで私たちは伊集院氏のえへへに包まれて、サーファー氏のかあちゃんの話が聞きたかった。

殺風景な工場街の姿だけでも十分にデートになるというのに、もう少し切り込んでいくとこれほどの深みを見せる鶴見の町よ。デートスポットとして合格点なのはもはや疑いもない事実。むしろ鶴見の度量の広さを考えたら、浅野駅で結婚式をして、二次会はここのレストハウスでサーファー氏も伊集院氏（正装はサスペンダー）も呼んで、豪快にはっちゃけるくらいしないと割に合わない。

あーでもあそこって7時で閉まるんだっけ。

Vol. 13 舞浜《まいはま》、夢以外

デートには、ときにサプライズが必要。女の子はもちろんベタなデートも好きだけど、そのなかに時々、ぅわぁ♥っていう驚きと感動がほしいものなの。

それでね、私なりのサプライズというものを考えてみたんです。

たとえば舞浜で。東京ディズニーランドやディズニーシーがあり、ふつうにデートするだけで十分に楽しい、ベタなデートスポットです。でも、そこでさらにあっと驚くステキなサプライズを用意されたら、きっと彼女の心はますます彼に近づくはず。

「コモディティ化したIT企業群におけるリーディングカンパニーでビジネスアライアンスのソリューション担当チーフとしてコンセプチュアルに働くオレも、部内のコンセンサスを図って今度リフレッシュ休暇が取れそうさ。アサミ、メンタルヒーリングを求めて舞浜に行かないか？」

「えっ本当!?　アタシ、ディズニーランドに久しぶりに行きたかったの！　ケンくん大好き！（舞浜ってディズニーランドのことよね？　前半がよく分からなかったけど、きっとディズニーのパレードか何かのことを説明してたのよね)」

そして、晴れた日曜日にケンくんとアサミは車で舞浜に向かいます。首都高速を浦安で降り、ふとほほえみかけてくる彼。つられてほほえみ返す彼女。しかし車はディズニーランドの駐車場に入らず、ぐんぐん道を進んでいきます。「え？　この先に何があるの？」驚くアサミ。

彼は、南国風の街路樹の並ぶ太い道路のわきに車を停めて、外に出ました。周りには車も走らず、人っ子一人いません。思わず彼女も外に出ます。

「え！　ケンくん、どうしたの？」

「オレ、舞浜に行こうって言ったけど、ディズニーランドに行こうとは言ってないぜ」

「……どういうこと？」

「アサミ。舞浜に行くけどディズニーランドに行かないデートって……（ウインク☆）どうかな？」

「…………」

「びっくりした？　どうだい、サプライズだろ？」

サプライズ!!（ビンタの音）

ケンくんはふられてしまいました。ケンくん、いったいどこがいけなかったのでしょう？

回答：ケンくんにいけなかったところなど一つもない。10：0でアサミ側の過失です。私だったらケンくんにほれなおすね。

舞浜駅って実質的にはほとんど東京ディズニーリゾート（TDR）のための駅ですし、確かに舞浜といえばTDRなのですが、舞浜でデートだからってTDRに入らなきゃいけないなんて誰が決めた。あえて夢の国には屈さず、夢の国以外の部分で楽しみを吸ってみることもできるはずです。

というのもね。わたしはかつて、舞浜で釣り人を見たんだ。

わたしも友だちと喜び勇んでディズニーシーに行ったことくらいあります。ディズニーシーに行くには、舞浜駅から降りてすぐそばの、夢いっぱいのモノレールに乗ります。しかしその時、夢で覆われた車両の中に、わたしは大きなほころびを見ました。その車両だけは、ほころびからすごい勢いで空間がめくれて今にも夢から覚めそうでした。

メルヘンチックなネズミ形の窓を背景にひとりで座り、釣り竿を持つ中年男性の存

♡ 夢（と、へり）マップ♡

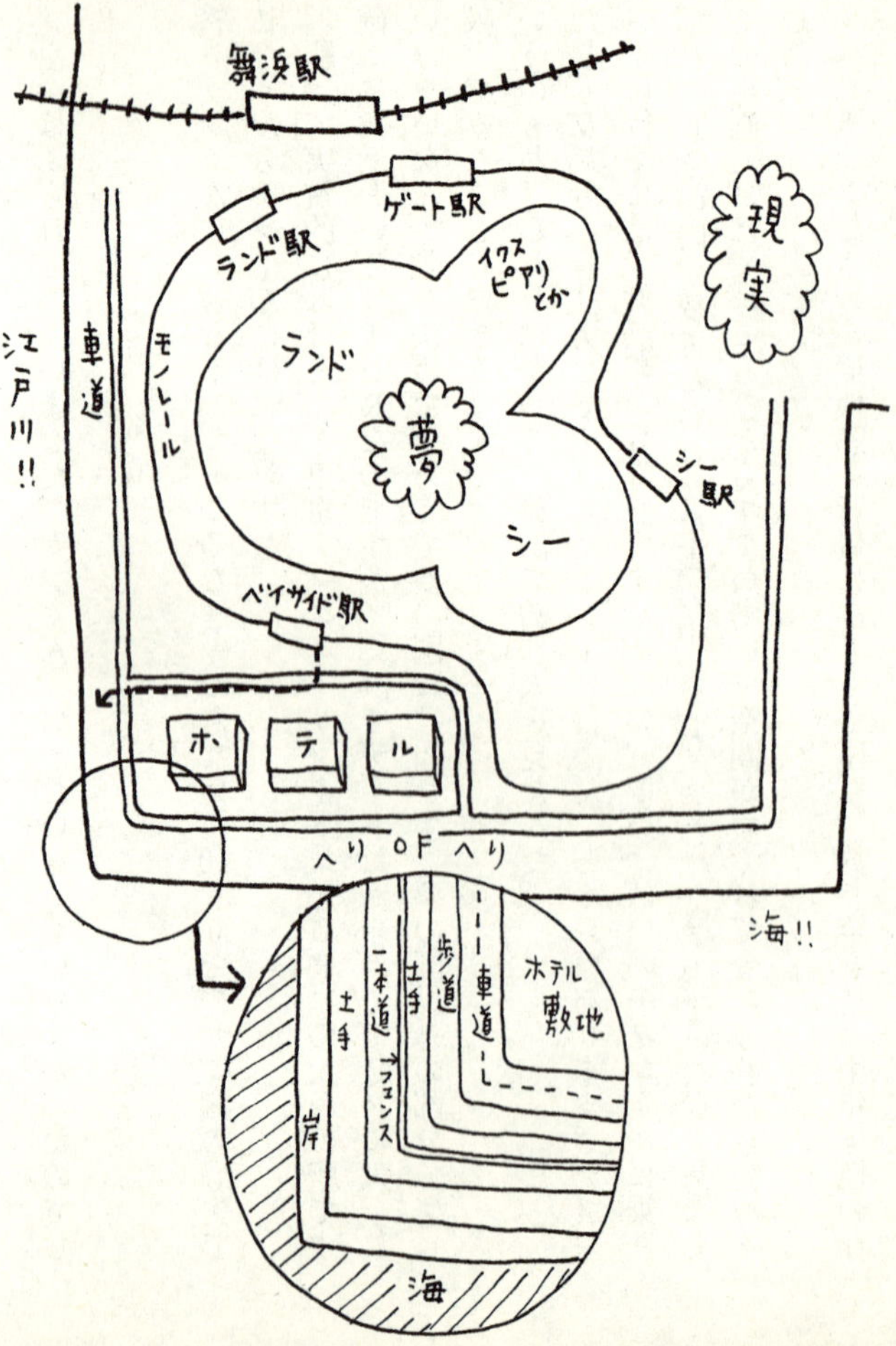

舞浜駅
ゲート駅
ランド駅
イクスピアリとか
現実
ランド
夢
シー
シー駅
ベイサイド駅
江戸川!!
車道
モノレール
ホテル
へり OF へり
海!!
土手
一本道
土手
歩道
車道
ホテル敷地
フェンス
岸
海

在。ガニ股の足もとには、勇ましい筆文字で何やら書かれた発泡スチロールの箱。

釣り人……？

どこをどう取りつくろっても彼を夢の国のキャストと思うことはできない。

彼は、ディズニーシーの手前の、ホテルに近い駅で降りました。いま思い返しても異様な風景、もしかしてあれはまぼろしだったのか。いや、夢の国をものともせず我が道を行く現実の求道者だったにちがいない。私もあの求道者のように、舞浜に行きながらあえてTDRに目もくれず、自分の楽しみを見つけてみたい。今回の探索には、そんな意図もありました。

私たち3人（私と担当のスルギくん・シンエイさん）は舞浜駅を降り、まず存在感の極めて薄い舞浜駅『北口』に出てみた。おそらくTDRに来た人は気づきもしない、夢の国とは逆側にある改札口です。

ほう、サッカーボールをかたどったオブジェなどが申しわけ程度に置いてあるんだね。

しかし、逆側の夢の国の存在感にたたきつぶされて、その意味なんか考える気にもならない。あとは広大な自転車置き場と高架道があるだけで、人はいない。これはいつもの殺風景だ。慣れた風景で心の準備運動を済ませ、とりあえず覚悟を決めてディ

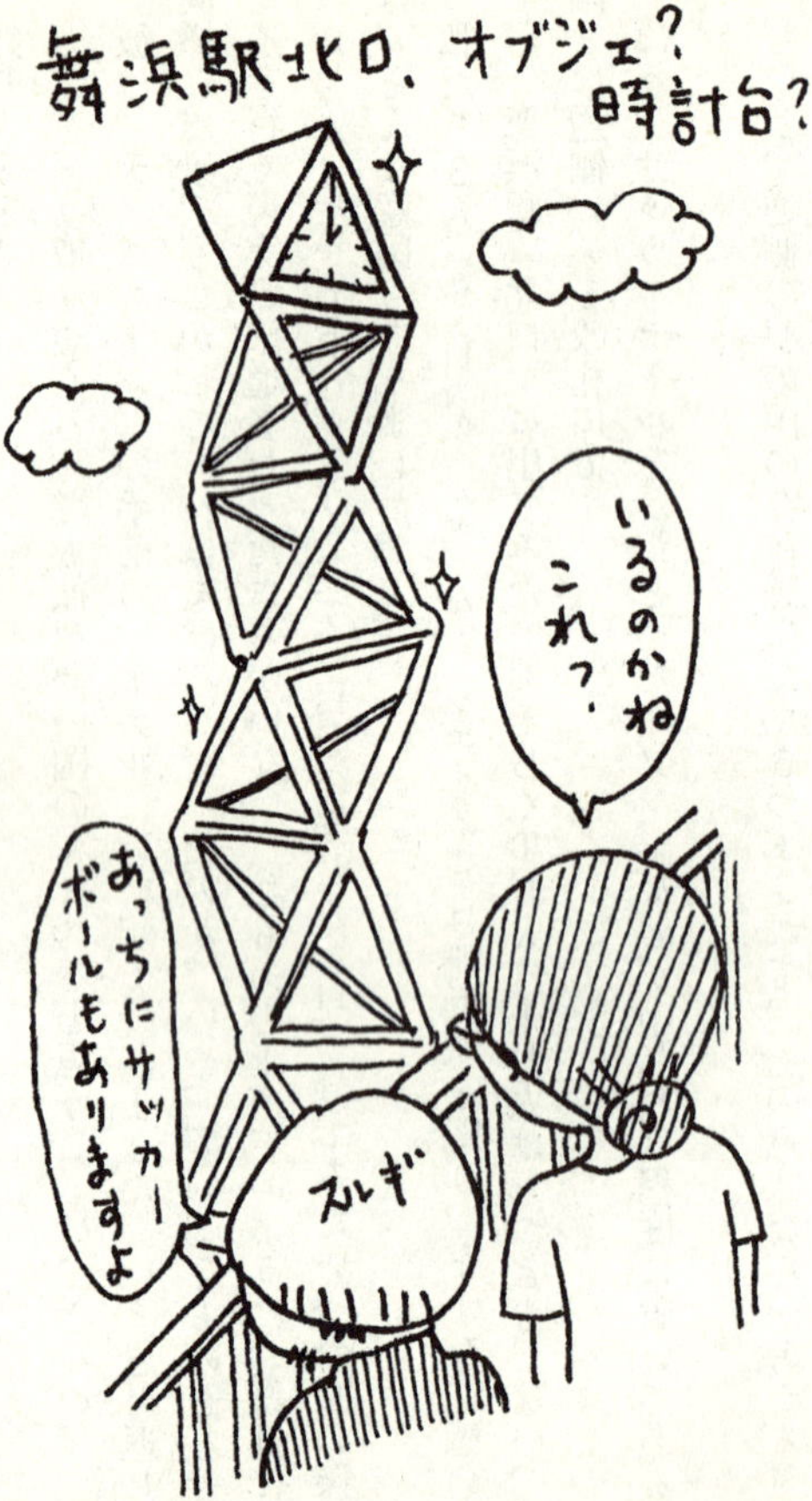
舞浜駅北口、オブジェ？
時計台？
いるのかね
これっ、
あっちにサッカー
ボールもありますよ
スルギ

ズニー側の出口に戻る。

夢の国を前にして浮き足立つ皆さまを一瞥《いちべつ》し、意志の固い我々は例のモノレール「ディズニーリゾートライン」に乗るのだ。これは「ディズニー」と冠しているものの、決してまだ夢の国の内部ではないはず。あくまでも、ディズニーランドやシーの外周を回る交通機関、釣り人も乗る単なるモノレールであります。とはいえ、やはり車両の中は夢いっぱいのカップルと家族連れと、耳がでっかくなっちゃった系のネズミ形の窓。これだけでも夢の国に半身浴くらいしている気がします。

さて、舞浜駅からすぐの「リゾートゲートウェイステーション（長い）」からモノレールに乗り、もうだいぶ夢に漬かってニヤニヤしはじめたスルギくんを制すように、私とシンエイさんは夢に屈していない同志を乗客の中に探す。しかし、あのときの釣り人は見つかりません。

このモノレールは、いちいち駅名が長いので略しますが、ゲート（舞浜駅）～ランド～ベイサイド～シー～ゲートと、四つの駅をぐるぐる回っている。このなかで、いちばん夢から遠いのは当然「ベイサイド」、すなわちホテルのあたりの駅。かつての釣り人も降りたその駅で私たちは降りた。

駅を降りると、さっきの舞浜駅の喧騒が嘘《うそ》のような、まったく人のいない道路が延びていました。数軒の巨大なホテルが山のようにそびえ立っていますが、おそろしいほどに静かで現実味が薄い。空は広い。

ここ、思ったより超よくない？

わたしたちは変な高揚感に包まれながら、おそらくあの釣り人も向かったはずの海へと向かった。まるっきり人がいない、日陰もない道路を。海風があたる。遠くで芝刈りの音。ごくたまに通る車に、ここが現実だということをかろうじて確かめる。そしてどんどん夢の国の外側へ。

土手が見えてきました。これは、夢の国のへりだ。この土手の向こうは江戸川河口。人が踏み固めた段々から土手の上にあがると……海が見える！　水鳥、対岸の町並み、遠く霞むお台場、広い河口から先へと広がる海。誰もいない海！

舞浜に行ってあえてTDRに行かない、なんて言ってみたけど、違うよこれは。そんな天邪鬼な視点じゃなくても、舞浜の「夢の国のへり」は十分に楽しい！

Vol. 14

舞浜《まいはま》、へり主義

わたしは昔からねえ、パンはへりが好きだったんです。

1斤のパンをカットしていった隅っこの、全部が耳みたいになってるところ。あるいはカステラをカットした隅っこのかたいところ。母が切り分けるとすぐに、喜んでそこをもらっていました。

休み時間も校庭で元気に遊ぶことなく、かといって教室で読書にいそしむでもなく、学校の敷地のへりのところにいた。田舎《いなか》の学校のへりは民有地と同化しはじめていて、シダ植物が繁茂していたり、古い木材が捨てられて腐っていたりする。そんな中に2〜3人でとぼとぼ歩いて行って、苔むした丸太で遊んだり、パイプのへこみで遊んだり、フェンスのすきまを見つけたり。うるさい先生にはときどき叱《しか》られながらも、私たちは常にへりにいた。

だから。

へりは真ん中より楽しいはずなんです。みんながうっかり見落とすへりのほうが、要素の密度が濃い。TDRは「真ん中」の引力があまりにも強いから、なおさらみんな「へり」に気づきもしない。舞浜に来てTDRに入らないデートは、つまりTDRのへりを味わいつくすデートなのだ。無人の光景と海を見て気づいたよ。子どもの心を取り戻せるのは、むしろへりだ。

そんなわけで、私たちは舞浜のへりへへりへと進んで来たのだ。

土手にのぼって見えた、誰もいない海。護岸工事で少し殺風景になった岸と、土手周りをめいっぱいに覆っている植物。夢の国の外枠に来たつもりが、ここにはまたふわふわした別の夢が広がっていました。むしろへりだけに、夢と現実がいい具合でブレンドされて洗練されている。おもわず3人は絶句。しばらく、「うわ〜」「おお〜」としか言えない。

「ちょっと、ここめっちゃいいじゃないスか！　別れ話ができそうやわ」

彼女のいないスルギくんがなぜか別れ話を妄想するほどのロケーション。誰もいない海では2人の愛を確かめたくなるものですから、こんな吹っ飛び方もやむをえません。

土手の外側にはフェンスが張り巡らされているものの、そのひとつがきれいに切られ、めくられています。むりやり破った形跡はない。

「立入禁止ってどこにも書いてないですもんね……？」

「入っていいよって感じの開き方だよね」

良識ある私と良識ある雑誌編集者は責任をなすりつけ合いながら、その切れ目からフェンスをくぐった。

こうして私たちがたどりついたのは、ディズニーランドの外側の広大な駐車場の外側のモノレールの外側の道路の外側のホテルの外側の、もひとつ道路の外側の土手の外側のフェンスの外側の道、でした。

ここまで「へり感」あふれる場所がほかにあるだろうか。「へり感」は、メインの「真ん中」が充実しているほど、大きい。そして「真ん中」を囲む層が厚いほど、大きい。我々はその層のいちばん厚いところに来たのです。まさに、へりの中のへり。というか、へりの外のへり。

フェンスの外には、一本道が延びていました。

幅もせまいしフェンスで仕切られているから、車は通れない。左は高い土手に阻まれてさっきの道路も見えない。右には海が広がっているはずだけど、それももう一つ

勇気がないので夢の外にはおどおど出ます。

の土手で見えないし、元気な夏草が茂っているのでとてものぼれない。そんな二重の土手の谷間に道が延びている。

一本道は埋立地の海岸線に沿っているから、果ても見えないほどの直線。そして完全に無人。すぐ近くにあるはずのディズニーランド＆シーには喧騒《けんそう》が満ちているはずだけど、それも聞こえない。ああしかし、さっきから妙に高揚感があるのは、そこから雑多なものを濾《こ》した純粋な人々の気持ちだけが伝わってくるからだ。

そんな高揚感と草いきれで満ちているこの空間。視界には空と草と道、それだけ。夢の国に入っていないのに、どんどん何かのパワーが……いわば夢ポイント（YP）が、貯まっていく。

「ここ、ヤバい」「ヤバいよ」「すごいっすね」

小学生のような感嘆詞しか出ません。さすが「へり」です。この道を行進してるのはアラウンドサーティー&フォーティーだけど、これは少年少女の、夢のようなひと夏の冒険なのだ。ここはボクたちわたしたちの秘密基地だぞ。この道の先には死体があるんだ。（株）オリエンタルランドの幹部だって、まさかランドの外にこんなリアルジャングルクルーズが潜んでいるとは知るまい。シナリオにないデートをするなら断然こっちなんだよ。草を荒っぽく薙《な》いで進みましょうよ。葉を折り取り笛を作りましょうよ。遊び疲れて土手に寝ころびふと2人は無言になってどちらからともなく手を握りましょうよ。

ただ、若干残念なのは、ひとりのアラフォーがやはり、あの頃のピュアな気持ちはどこへ行った？　社会に揉《も》まれてお前も薄汚れた大人になっちまったんだな……ってことです。つまり、しばらく進むとわれわれはまたフェンスの破れ目を発見し、シン

ジャングルクルーズ@舞浜へり

こんな道、興奮するに決まっとる

エイさんはいち早く「いやあ……この先はもう何にもなさそうだし、出ますか」と言ったのだ。

「ま、そうスね」

そしてボクたちのひと夏の冒険は終わった。


芽生えた童心をとりあえずしまっといて、内側の土手に戻る。なぜかこんなところで奔放に犬を散歩させている男性、なぜかこんなところを幼い娘を後ろに乗せて自転車で通り過ぎる男性。こんな夢の国の外のゆかいなキャストたちとすれちがいながら歩き、またさっきの駅に戻ってきました。

考えてみれば、このモノレールもTDRの真ん中ではなく、周囲をめぐっている。言わば「へりのモノレール」です。もしかしたらTDRも実は、へりの楽しみを知っているのかもしれません。へりモノレール（もう、愛称にしましょう）にはなんと一日フリーパスもあるのです。これはまさに「へりを回ることを楽しもう」と推奨している証拠ではないか。

当然一日フリーパスを買っている私たちは、またへリモ（愛称をさらに縮めてみました）に乗って、今度はシーのほうへ向かってみる。眼下で働くスタッフは、へリモが通るとなんと笑顔で手を振ってくれます。なんだかとってもうれしいや。私たちはかなりYPを稼いだので、心が洗われているんだ。

シーの駅で下りると、目の前にはもちろんシー（＝夢・真ん中）への大きな入口があるけれども、私たちはもちろん道路（＝現実・へり）へと抜ける小さなゲートのほうへ歩いてゆかなければならない。ゲートを抜けるともう夢の国ではない。ここがドリームとリアルの境目です。

ゲートの先は、さっき海際で歩いたような太い道路でした。しかし、さっきと何かが違う。

Vol. 15 舞浜《まいはま》、へりの夢、分離した現実

へりも行きすぎると、ただの別個の空間となる。これは重要な教訓です。

さっき歩いた、舞浜のへりのホテルの裏にある海際の一帯。そこは、へりならではの良さが凝縮された、夢と現実のはざまの絶妙な空間でした。

しかし、ディズニーシーからゲートを抜けてその先の道路へたどりついたとき、私たち3人は言いようのない違和感を覚えた。空が、何かおかしい。さっきの広さがない。

これは抽象的な感覚ではない。具体的に何かが邪魔しているような気が……お、そういえば黒い線で空が分割されている……。

「電線だ！　電線見えちゃったよ！」

思わず口走る私。

「うわ、電線いままでなかったんスね……」

私たちは、そのことに気づいてさえいなかった。定説。夢の世界に電線はない。

さっきから「ヘリモ」に乗り、舞浜のベストオブへりで夢と現実のギリギリの境目を楽しんでいた私たちだが、思い返してみると今まで道路に電線はありませんでした。ホテル側にも、土手にも、土手の外の道にも、空を区切るものは何もありませんでした。

しかし、なんてこった。現実世界では空が電線だらけです。すぐ近くに『浦安市運動公園』があって、大量に原チャリが駐輪してあります。我々がいままで貯め込んだYP（夢ポイント）はその原チャリの乱雑ぶりにもかき乱され、減耗《げんもう》してゆく。電線と原チャリが夢の終わりだ。

そして、待ち伏せされていたかのように大量にトラックが現れ、一気に周囲は車の轟音と排気に包まれる。そういえば、かつて私たちの行くところには常にトラックがいた。ふわふわしていて忘れていたけど、どっちかっていうとこれがいつものデートスポット探索だ。

道を直進して行くと、工業地帯に突入してゆきます。頑健な軍手の男たちが建物の陰からたくさん登場します。住所もド迫力の「浦安市鉄鋼通り三丁目」。なんたる両極端。ドリームから一気にインダストリアルにぶん回されるこの振り幅、これが舞浜なんだよ。さっき蓄えたYPは順調に減ってゆくのさ。

轟音の中で3人は夢気分をすり減らし、なんとなく沈黙しながら歩いてゆく。すると、スルギくんが不意に「あのコンビニ……行くべきじゃないスか」と電柱を指さしました。

ただ「コンビニ→」とだけ書かれた標識が貼られています。非常に気になる。

謎めいた、名のないただの「コンビニ」に一縷《いちる》の望みを託し、我々は追った。標識に沿って右折。ちょっと進むとまた「コンビニ←」。また進むと「コンビニ→」。ゲーム感覚で少しYPを回復しながら、巨大なプレス工場と驀進《ばくしん》するトラックの間をこそこそ歩いてゆきます。

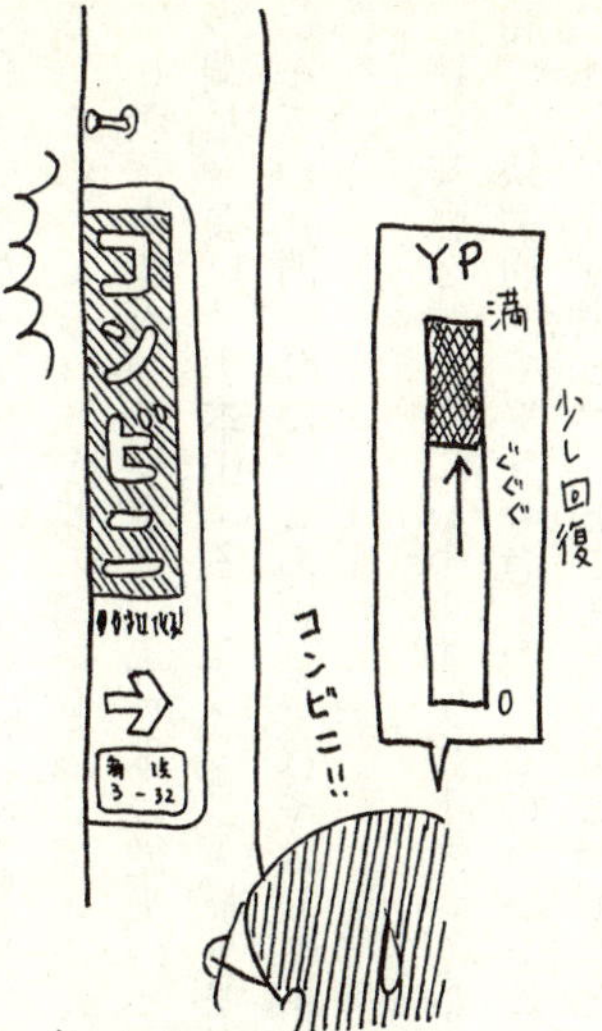

ある意味集客力抜群の看板ではなかろうか

あ、あった。

どのブランドでもないただの「コンビニ」。営業は朝7時から夜7時までとストイック。プレハブよりはややしっかりした造りの、しかし堅固そうには見えない建物です。

店先にはなぜかちょっとメル

ヘンチックなテーブルとイス数脚が用意されていて、食事ができるようになっている。これってちょっと夢の国を意識しているんだろうか？
しかし中に入ってみると、エロ本は従来のコンビニの倍、そして軍手の取り揃えが半端じゃない。山本山（252キロ、日本人最重量力士）並みに迫り来る現実感でメルヘンなんてかき消された。この調子ではやはりYPがかなり消費されてしまいます。

特に文脈を読まずにいつも唐突にトイレを借りるスルギくんがトイレを借りている間に、鉄鋼通りでワシも考えた。このコンビニのこの感じ、いつもなら見慣れた景色だけど、今回来るべきところは多分こっちじゃない。そう、ここはもはや舞浜のへりではなく、へりとは分離した別の場所です。もう少しへりの近くに、夢の瀬戸際にいないといけない。YPがゼロになったら死にかねない。早足でシーのほうへ戻らねば。

ぐるりと回ってシーの裏側に着くと、裏からもシー（夢）に入るゲートがありました。私たちがそこからまた夢のへりへ戻ろうとしたとき、前方20メートルに、なんとこちら（鉄鋼通り・現実）へと向かってくる男女がいるではないか。
君たちはきっとシーを楽しみ、満YPでここに来たんだろう、しかし、若気の至り

これが「コンビニ」だ!!
殺風景
このへんだけ妙にメルヘンぽい
ほんとに店名がわからん
たばこ
スルギ
シンエイ
YP
0
満
判断保留
中に入ったら一気に下がったけど

で変な冒険心を出しちゃダメだ。こんな罠《わな》に引っ掛かると、へりからもはみ出して現実のブラックホールに引きずり込まれるよ。

彼らは途中で引き返した。彼らに絶対見せちゃいけないもの、それは電線です。

そんなわけでおぞましい現実世界を離れ、やはり夢のへりへ戻ってきた私たちは、夢の国からチロチロと染み出してくるものをＹＰ

回復のためにいやしく拾ってみました。みたびヘリモに乗って、ディズニーランド前の駅へ。そしてランドの外のおみやげ屋に行き、スルギくんがドリーミーパワー全開のイラスト付きおみやげ袋をゲット。何を買ったかはともかく、この袋を持って歩いているだけで、現実の人間に夢パワーを誇示できます。

そしてディズニーランドは、なんと園内に入る前の、いわば「へりの中でもいちばん内部に近いところ」で、荷物チェックがしてもらえるのです。夢の国ともあろうものが、危険物や爆発物など、痛々しいほど現実感あふれるものをチェックするはずがありません。ここではもちろん、あなたのかばんに夢はありますか？　というチェックが行われています。

ですから、ランドには入らずへりに身を置いたまま、私たちは最後の記念に荷物チェックだけしてもらいました。３人とも夢はあったとみえて、特に叱《しか》られることもありませんでした。ねずみくんやあひるくんに連行されることもなく、ホッとしました。

こうして私たちは、舞浜でＴＤＲにいっさい入らず、ただヘリモに乗ってぐるぐる回っているだけで、なんとなくディズニー的な高揚感（ＹＰ）だけは味わえることを発見したのです。夢の国から染み出てきた何かだけで潤されるなんて、舞浜ってほんとにお得。舞浜のへりは日本最高のへりといっても過言ではなかろう。へりから一歩踏み外すと重量級の現実（電線や鉄鋼）が待っていますが、それも若い2人にとってはいい経験かもしれません。

Vol.16 日《ひ》野《の》、暑い

唐突に「日野」です。

中央線という路線は東京において一定の意味を持つ路線なんです。文化的な、サブカルチャー的な意味で。

中野＝秋葉原とはまたちがった意味でのオタク文化圏。高円寺＝夢追う若者・音楽・古着の街。西荻窪＝骨董屋・カフェ・おしゃれ女子。国分寺＝美術大学……ほかの駅にも、それぞれ何かしらのイメージがあります。

夢を秘めつつあてもなく上京した若者はたいがい中央線沿線に住み、その駅に染まりながら時に同棲し、また性格の違う駅を転々としながら時に同棲を解消し、中央線ヤング残酷物語として青春の後期を送るのです。

しかし、中央線って、延々と山梨のほうへ延びてるんです。東京で終わりじゃない。ずーっと西へたどっていくと、だんだん各駅のカラーがよく分からなくなって、ぼんやりしてくる。

国分寺の次、西国分寺……ま、西って付いてるんだからオマケみたいなもんだろ。次は国立《くにたち》、一橋大があるハイソな街。その次は立川、風俗街もあるわりとゴミゴミした商業地。その次、日野……。日野？

いちおう「日野市」という市もあるわけだし、どこかのオマケ的な扱いでもない。しかしこのイメージの少なさ。中央線的な存在感が何もないです。エッジィな中央線ヤングだって、日野がどこか分かる人のほうが少なかろうよ。

さりげなく前から立川クン（たぶん気のいいヤンキー）の隣にいる日野クン、地味だけどもしかしたらかっこいいんじゃない？　と、草食系男子には目がない私はつい気になってしまったの。芸人志望がいたり、ミュージシャン志望がいたり、休み時間に黙々と文学全集を読む女子がいたりする濃い人ばかりの三年C組のなかで、日野クンは異色。ぜったいデートにつながる何かが埋もれているはずなのよ。

で、軽く調べたんです。

そしたら、日野って、何にもない街じゃなかった。土方歳三の出身地で、新撰組が好きな人たちにはとても有名な街でした。「ひの新撰組まつり」なんてやってるし。なんかそういう、ふつうに観光地的な盛り上がり方をされるとちょっと萎《な》えるんですけどー。都内なんだから、村おこし的な波に安易に乗ってほしくないんですけどー。

さらに、日野自動車もあるらしい。大企業です。トラックとか、バスとか、大型車を作ってるところ。

ああ、何もない街であってほしかったので、これはくやしい。日野クンはいわば、わりとオタクくさい歴史マニアであり、大型車を乗り回すワイルドな男だったのだ。ボーっとした害のない草食系男子を勝手に想像していたのに、どうやらほんとの日野クンは毎日のランチをコンビニのデラックスカルビ弁当とコーラで済ましていそうな感じです。

いやしかし、歴史マニアでトラック乗りの男だったら、それはまた別の楽しいデートができるはず。草食系男子の妄想は消しましょう。

さて、妙に見晴らしのいい日野駅ホームで午後1時。私と担当のシンエイさん&スルギくんは眺望にさわやかさを感じつつも、しかしその日は酷暑であった。取材日は真夏で最高気温は33℃。さすがに日野クン、ワイルドだぜ。こんな日に炎天下をぶらぶら歩くなんて死に直結する。

まず日野の街中を歩きだすと、ふと地域の交流センターみたいなところが目につきました。我々はそこに非常に興味をひかれたので、すぐに入りました。

正確に言うならば、地域の交流センターみたいなところの冷房に非常に興味を引かれたので、すぐに入りました。

全員根性がないんです。高校球児じゃないんです。1回表でまず休憩。

冷房がしっかりきいた「日野宿交流館」の中で、夏休み真っ盛りの小学生の群れに交じり、床にじかに座ってラムネを飲みながらぐうたらする成人3名。ほんとうにダメだ。この状態で仕事中だと言い張れるんですか私たちは。こういった20代30代が日本の弊害と言えよう。

12帖くらいのフローリングのスペースには、地元の小学生男子が7人ほど。推定6年生の5人は、自宅以上にくねくねになって、全力で脱力しながらゲームをしてくつろいでいる。フロアの奥にはなぜか取ってつけたような駄菓子屋さん。私たちはここでラムネを買った。スペースの隅っこでラムネの音をカラカラ立てて、大きいおともだち3名（平均年齢32歳）は妙な存在感を放っていたことでしょう。壁には「大さわぎ禁止」と書いてあります。私たちには大さわぎする元気はないからだいじょうぶ。

これじゃ、日野はただの「暑くて人をダメにする街」になってしまいます。さっきの擬人化で出てきたワイルド日野クンが、暑苦しい自分勝手トークで女の子をいやが

暑いから
しょうがない
みつを
(嘘)
まち
いまち日野
0%
0%
モチベーション
0%
0%
0%
0%
スルぎ
ふあぁ

らせているさまと容易にリンクする。これではデートが始まらない。どうしましょうね。

「……日野自動車に行きます？」

誰からともなく言いだした。

そうだ、日野クンはただの暑苦しい男じゃないはず。日野自動車で働いている様子を見れば認識も変わるよね。

「そう……します？」

むりやり行き先を決めてみたことで、全員の腰が少し持ち上がりました。

「でもまあ、もうちょい夕方になって涼しくなってからだよね……」

こうして私たちはしばらくの間、くねくねの6年生と、なぜかバケツに布を張った古式ゆかしいスタイルでベーゴマをやる低学年の男の子をながめて夏休みを体けんできたので、とてもおもしろかったです。スルギくんはベーゴマにちょうせんしたけどうまくまわらないので、わたしはもっとがんばろうとおもいました。でも、日野じゅく交りゅうかんのかんちょうのあっちゃん先生がおしえてくれたので、わたしはちょっとまわりました。ベーゴマはすごいおもしろくて、「ここに来てよかったなあ。」と、おもいました。たのしかったです。

偉人伝を読むお友達ならきっと大さわぎしない。

危ない。完全に小学生と化した頭を切りかえるために3人は気合を入れて猛暑の屋外へ飛び出した。超暑い。でも駅に行ってバスに乗る。日野自動車の大工場へ。

Vol. 17 日《ひ》野《の》のへり、そして日野クンとの邂逅

日野自動車本社の大工場は駅からちょっと離れているうえ、坂の上にあります。工場方面に路線バスが出ているので、我々は迷わず冷房のきいたそれに乗る。そういえば、日野自動車はバスそのものも造っているのだった。こんなふうに冷房を浴びながら目的地まで移動させてくれる機械を造れるなんて、日野クンのことを見直さざるをえません。

もはや日野クンは、地域の擬人化キャラではありません。我々にとって、日野自動車で働くみなさますべてが日野そのものであり、日野クンなのです。私たちは、働いてる日野クンが見たい。油に汚れたつなぎを着て、額に汗して大型車を組み立てる日野クンを見たい。そうすれば、暑さでつぶされたモチベーションもあがるはず。

バスはすぐに「日野自動車前」に着きました。

あれ。ちょっと予想と違う。

正門がものものしいです。警備員の詰め所があるし、セキュリティガードが固い。

入地《いれじ》駅のテロへの警戒ぶりに比べると数百倍固い。

「これ、入れないッスね……」

さっそくモチベーションは落ちた。

日野自動車に電話して、きちんと講談社の名のもとに手続きを踏んで工場に申し込みを入れ、正規ルートで見学させてもらうべきだと？　甘ったれたことを言うんじゃないよ！　私たちは33℃の気温のなか、思いつきでここに来ているんだからな！

さらにガッカリすることには、みんなつなぎを着ていない。

定時で仕事を終えて続々と正門から出てくる大勢の日野クンたちのなかに、つなぎ姿を見つけることができない。意外にも、みんなワイシャツにネクタイだったり私服だったり。そんな日野クンたちが束になって、駅に向かってずおおーと歩いてゆく。自動車工場にわざわざ来たからには、日野クンにはつなぎを着ていてほしかった。あるいはせめて「作業着の下にネクタイ」でいてほしかった。思い描いていたあの日野クンはどこへ。汚れたつなぎははるか遠く幻のなか……。

ガードの固い正門からのぞいてみても、工場らしき建物の中は全くうかがえない。つなぎで働く日野クンなんてどこにいるやら見当もつかず、とりあえず高い塀に沿っ

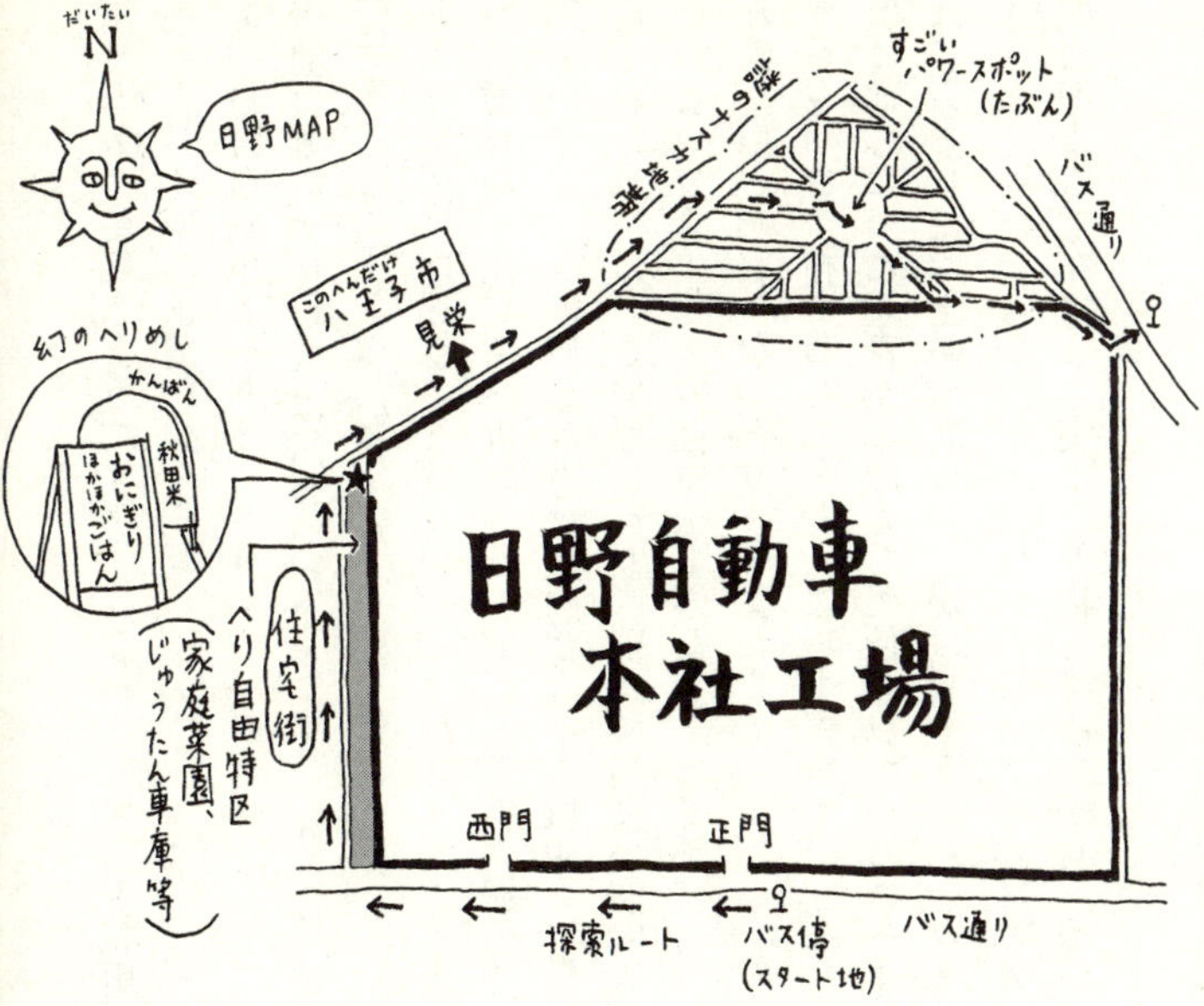
N《だいたい》
日野MAP
すごいパワースポット（たぶん）
謎のナス畑地帯
バス通り
このへんだけ八王子市
見栄
幻のへりめし
かんばん
おにぎり
ほかほかごはん
秋田米
住宅街
へり自由特区
（家庭菜園、じゅうたん車庫等）
日野自動車
本社工場
西門
正門
探索ルート
バス停
（スタート地）
バス通り

て進んでみる。

　正門、西門（ここもガード固し）と来て、工場敷地の隅まで来てしまいました。ここは工場の南西の角に当たります。

「……どうします？」

　シンエイさんの口調がだるい。暑さは少しマシになったが、成果の見えない日野歩きにさすがに3人ともうんざりしてきた。

　このまま工場の塀に沿って歩いて行くと、バス通りからそれてただの住宅街へと入って行きそうです。こんなふうにずっと日野自動車のへりを歩いていたって中に入れる望みは薄いし……。

あ、日野自動車のへり？　へりか！

以前に舞浜で私たちは気づいたんだよ、へりには何かがあることを。この連載、「死にそう」に続く第二のキーワード。それは「へり」。ここもへりだ！

そうと気づけば迷うことはない。胸を躍らせて大工場のへりを歩け。

バス通りから住宅街へ折れると、道路と工場の塀の間にはなぜか細長い形で土地が余っていて、そこの使われ方は家庭菜園やら車庫（屋根ナシ、地面は土）やら、はじける自由があふれてる。さすがはへり。帰属感の薄い空間の可能性は無限大さ。

「いいよいいよー！　雰囲気出てきたよ！」

「なんかいい感じになっとりますよね！」

テンションも持ち直してきた。よい兆候です。

奥に進むにつれ、青空車庫として使われているスペースにじゅうたんや毛布が敷かれはじめました。土の地面に、じかにじゅうたん。ワイルドさの中のやすらぎ。そしてまったくお店はない。タバコ屋一つない。サバイバルだ。

泥に埋まる毛布やよく実った作物を眺めながら、ついに工場の北西隅に到達しました。と、同時に、その曲がり角にお米屋さんを発見。初めての店だ。おにぎりも作って売っているみたいです。舞浜のへりでは何も食べていない。となると、これは連載初の「へりめし」！

「あーごめんなさいね、おにぎりは今日売り切れちゃった」

へりめし、大人気……！

くやしいけどしかたがない。気づくのが遅かった私たちのミスです。このサバイバル地帯では売り切れて当然だろう。

空腹を興奮でまぎらわせながらさらに日野自動車の北側のへりへと回る。正門が南なので、こちらは完全に裏側です。

どうやらこの道は日野市と八王子市の境界になっているらしい。と同時に、塀と道路の妙なすきまはなくなり、そこから先の塀にはゆかいなイラストが描かれています。

「……これは」

全員がピンと来た。これは見栄だ。日野クンは八王子側に向けて見栄を張っている。

日野のなかでは家庭菜園をやろうがじゅうたん式車庫があろうが構わない。しかし、八王子にだけは「日野って楽しいよ！」ってところを見せておかないといけないんだよ！　そりゃ八王子には知名度では負けるさ、でも、日野クンだってがんばってるんだ。

それにしても、「へり」パワーでいつの間にか持ち直した私たち3人は、気づけば広大な日野自動車の敷地のへりをすでに4分の3周していた。

敷地の最北部に面した住宅地はなぜか道が放射状になっている。完全に日に焼けて道の形しか読み取れない街路看板は、まるでナスカの地上絵です。クモの巣のような複雑怪奇な道路の間には、余ってしまった変な形の土地があり、そこにはなぜか祠《ほこら》が設けられている。

放射道のど真ん中には円い広場があり、夕暮れの空気もあいまってとてもオカルティックな雰囲気。へりの力をひしひしと感じながら、広場のベンチでひと休みしていた、そのときだった。

「つなぎっ！　つなぎがかかっとりますよ！」

急にスルギくんが叫んだ。驚いて2人はスルギくんの指さすアパートの1階ベラン

唐突な遭遇
つなぎ!!
シンエイ
スルギ
日野クン!!
HINO

ダを見る。

ＨＩＮＯ……!!

確かに、背中に「ＨＩＮＯ」と書かれたつなぎがベランダに干してある！　すっかり忘れていたよ！　そうだ、私たちはつなぎを探していたんです！　すなわち働く日野クンを！　つなぎを着て精力的に働く、ちょっと暑苦しいけどワイルドな日野クン。本当にいたんだ。

もう、十分でした。

私たちは、日野自動車

の東側のへりは残して去ることにした。へりのパワーに当てられすぎたスルギくんは「日野には土地が余りすぎておる」「余った土地には神がいらっしゃる」「祠は『余り土地の神』を鎮めておる」などと口走りはじめていたので、頃合いもちょうどよかった。

日野クンのつなぎを見られただけで、私たちの心はおだやかに満たされました。働く本人を見られなかったことはむしろよかったのかもしれない。日野クンは幻想と現実のはざまにいつづけてくれる。

へりのパワーを十分に感じ、日野クンがただの幻想じゃなかったことも分かった今回のバーチャルデート。満足度ははかりしれません。

Vol. 18 野田《のだ》、〝和デート〟はここでキマリ!

「和」が見直されている今日この頃。今回は、オトナな2人のための「和デートコース」を徹底紹介!!

軽快なコピーで始めてみました。

そもそもこの連載は誰に向けたものなのかというと、たぶん働き盛りでそこそこカネがある独身男性(女に飢ぇ系)が対象なんだと思います。東京いい店やれる店的なアレです、建前上は。今回はその基本の建前に立ち返り、「和デートコース」を紹介します。

女子が和に弱いのはウソではありません。古民家改築カフェで、抹茶味のスイーツをたのんで写メ&ブログにアップ。着物が着られる人をクールだと思い、着付けを習って自分の写メ(首から下)をブログにアップ。お茶とかお花とかに興味を持ちだして写メ。そのへんのオーエルつかまえりゃみんなこんな感じです。

で、和デートコースといえばすぐに京都が候補に挙がるでしょうが、少し待ってほしい。それはちょっと短絡的ではないかと思うのです。みんなが思いつく時点で、もう京都は人であふれかえってしまって立錐の余地もないわけですよ。

ともかく、京都ではない和デートスポットを、予算もアタマに入れながらわたしは追求した。その結果、まだ注目されてない和デートスポットは「野田」ではないかと思うに至りました。

千葉県野田市です。関東以外の人にもよく分かる説明をすると、千葉県の、左上のほうの細長〜くなってるところがだいたい野田です。

外国人が飛行機で日本に降り立つと、外に出た瞬間に醤油のにおいがするなんて言われる。つまり日本のかおりは醤油のかおりなんですよ。野田はキッコーマンの工場が並び、水道から醤油が出ると言われる街（ウソだけど。言われてたらいいなあ）。醤油に満たされたこの街こそ和デートスポットではないだろうか。

野田市の中心にあるのは「野田市駅」。なぜか「市」がつく変な駅名。その野田市駅に降りると、その瞬間から醤油のにおいがする、と聞いたことがありました。これはさっきの私の捏造小噺《ねつぞうこばなし》「水道から醤油が出る」とは別で、本当に聞いたことのある話です。

いやー、そりゃいくらなんでも言いすぎじゃないのか。誇張ではないかね。もし本当だとしたら、まさに日本を代表するような街ではないですか。仮にこの話が真実であったなら、野田が和デートスポットとして今後もてはやされることはもはや間違いあるまい。

今回は私、担当スルギくん、シンエイさんと3人そろって、野田市駅で現地待ち合わせとなっていた。わたしは少し早めに東武野田線に乗り、のどかな風景を眺めながら野田市駅に到着。さあ緊張のドアオープンの瞬間です。どうだ？　におうか？

……においます！（オーロラビジョンにでかでかと○が出て、満員の会場から地鳴りのようなどよめきが）

誇張じゃなかった！

野田市駅、降りた瞬間にほんとうに「和のかほり」（＝醬油臭）がします！　ほんとうにいい街でした。

〈野田篇・完〉

……もうこれだけで元が取れたので〈完〉にしてもいいんだけど、せっかくだから街歩きのことも書きましょう。

先に着いていたスルギくん、あとから来たシンエイさんともに「におう!」「におうよ!」と、あいさつがわりに言葉を交わします。春に大学合格を喜びあう友人どうしのような結束感が生まれました。これはきっとデートでも2人の雰囲気がよくなることでしょう。

駅前は妙にスカスカのロータリーで、東京近郊ではめずらしいくらい手つかずの昭和風味です。小ぎれいな感じがまるでない。東武線沿線で育ったというシンエイさんは、なつかしさにため息を漏らす。

「西武線ではこれはありえない、東武線だからこうなんだ」

できの悪い息子を嘆くようなその口調には愛情がたっぷりだ。

真っ正面には工場のサイロ状のタンクがあり、そこには六角形のまんなかに「萬」の入った荘厳なキッコーマンマークがバッバーンと輝いています。キッコーマンマークは野田の市章です。それはウソですが、候補には入っていたらしいです。これもウソです。

せっかく醤油の街だから、私たちは工場見学としゃれこんだ。駅のまわりはほとんど醤油工場や倉庫。その間を縫う道にはゴウンゴウンという音を立ててトラックばかりが走ります。ああ見慣れた風景。どうも私たちは、狙《ねら》ってもいないのに歩行者に優

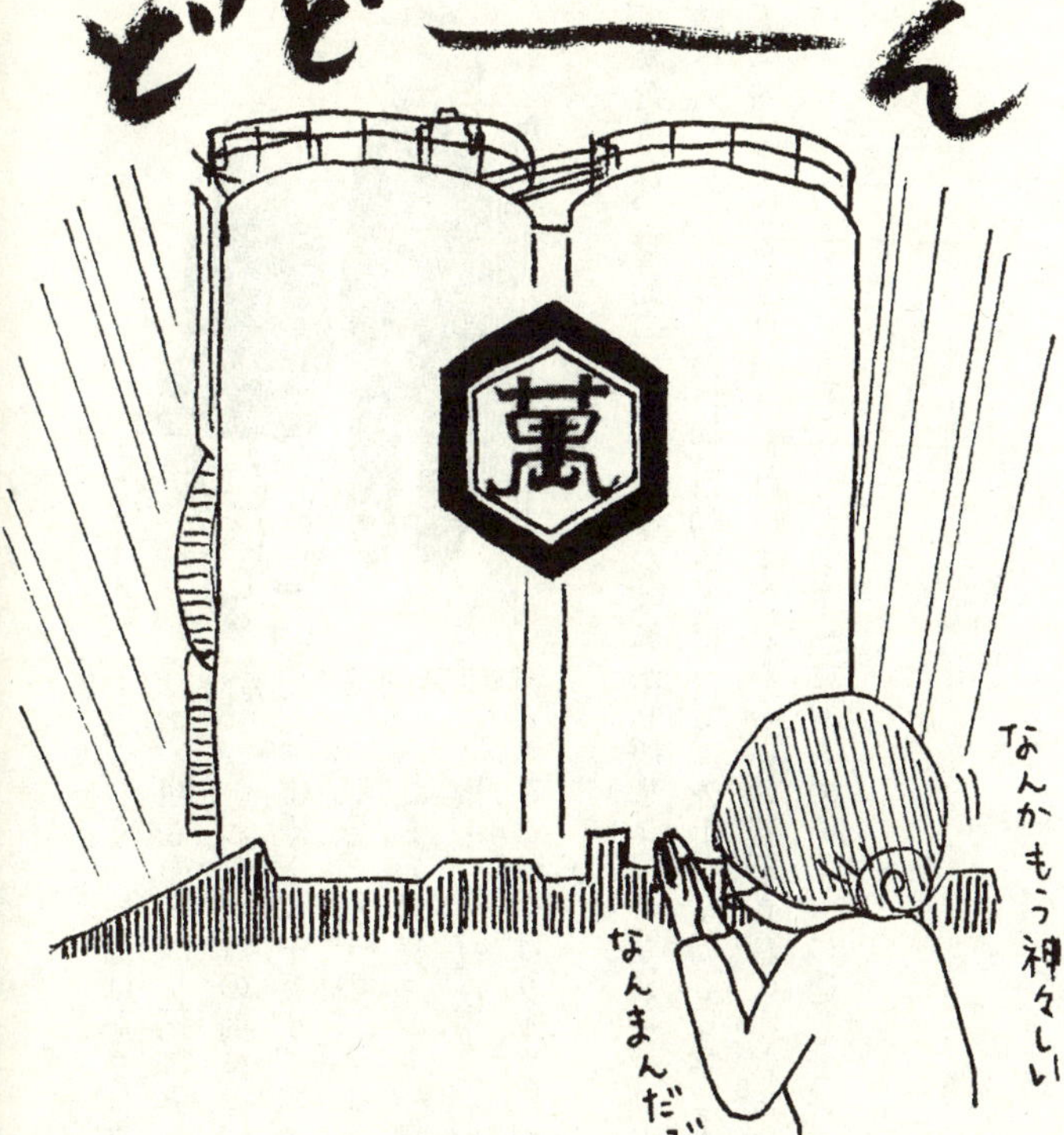
どどーーん
萬
なんかもう神々しい
なんまんだぶ

野田市駅からまず見えるもの

野田リアルデート
このスウェットがなによりいい。
幹線道路で歩道ナシ。危険。

しくない道ばかりに来てしまう。今回もやっぱり死にそうだ。
われわれの前には、高校生がなかよく下校中です。男子の明るすぎる茶髪、女子のスカートの下にはだるだるのスウェット。郷愁あふるる風景……これはデートではないか！　ここはやはり本当に和デートスポットなのだ。

さて私たちは、醤油のにおいになかば鼻が麻痺しながらも、キッコーマンの工場に足を踏み入れた。いつかの日野自動車と違って、アポなしでも見学は大歓迎ムードです。工場内はすごくきれい。きれいすぎるくらい。若干きれいすぎるきらいがある。きれいすぎて……あれ、もしかしたら本当に万人のデートに適しているかも……。いいのか、これで。

Vol. 19 野田《のだ》、拒否されてこそ

順々にキッコーマンの工場見学コース（＝デートコース）を回っていくと、最後におしゃれカフェが登場する。その名も『まめカフェ』。せんべいに醬油をつけて自分で焼いたり、３種の醬油の「きき醬油」もできる、２人の仲を深めるのに適したスポットです。

平日だからお客さんは私たちのほかに１組……なんと、またもデート中のカップルである。老夫婦がまぎれもないデート中でありました。野田、和デートスポットとしての先物買いのつもりだったが、平日だというのにすでに２組のデートに遭遇です。せんべい焼きアトラクションを楽しみながら３人で呟《つぶや》く。

「なんか……ふつうに楽しい」「……そうスね」

楽しいことはいいことじゃないか。しかし何だ、この微妙にくすぶる思い。

平日の昼間ですでにデートが２組。となると、休日の野田は当然カップルだらけだろう。実はここって、近隣のみなさまにとってはありきたりなデートスポットなんじ

ゃないだろうか。「クリスマスイブは野田にホテルを取ってるんだ」「うわぁ♡素敵！」というやりとりは千葉県北西部の男女の定番なんじゃなかろうか。さっき「建前上デートスポット」なんて言ったけど、野田はとうの昔から本音のデートスポットだったのかもしれない。我々は時代におくれを取っているのか。

記念に醬油の小瓶をもらってキッコーマンを出る。旧市街の通りに入ると、重要文化財級の建物が点在しています。観光地としても十分で、もはや野田はデートスポット以外の何物にも見えない。

ところで、野田にある醬油工場はなにもキッコーマンだけではない。キッコーマンほどの規模ではないが、醬油の街だけに醬油工場はほかにもあるのです。古い街並みを完全なデート気分で歩きつつ、一応私たちは2軒目の「キノエネ醬油」に向かっていました。

お、来ました和（醬油）の香り。物件の近さは鼻ですぐ分かる。工場の三角屋根のてっぺんに「きのへ子《ね》」と書いてあるのがかわいい。しかし、近代的でデート大歓迎スタンスのキッコーマンと違い、キノエネの工場は風情のある黒塀に囲まれている。見るからに堅固で重厚な造りです。これは難敵だ。見学欲が一層刺激される。

敷地内に入ってみると、むかし私が通いかけたそろばん教室のような事務室に、おばさまがひとり。さあスルギくんを前方に押し出します。

「あのぉ……見学ってできないんスかね？」

「ごめんなさいね、見学はできないんです」

さあ来たこれだよ！　やっぱり私たちのデートはこれでなきゃさあ。

いや、本当に風情のある工場ですもの、見れるもんならそりゃー見たいです。でも、アポなしで行ってやっぱりダメ、これがリアルなデートなんですよ。さっきキッコーマンで感じたくすぶりの正体は、受け入れられすぎたことへの違和感だよ。

とはいえ、せめて商品は見てみたい。

「あの、商品はここで買えますか？」

「ここにはないです。卸《おろし》が多いので一般にも出にくくて……。でも、愛宕《あたご》駅（野田市駅の隣の駅）のそばのお店には委託してますから、確実にありますよ」

おばさま、ありがとうございました。

さあ、見学がダメだったぶんを何かで取り返さなきゃいけない。となると、当然「へり」だろ！　私はさっき何と書いたか。「風情のある黒塀」があると書きました。

瓦!!
輝くマーク
子《きのへ》
トタン?
緑色の木枠
トタン
ブロック塀
へり!! へり!
いいんすかそれで…
黒塀と 子《きのへ》 マークが
同時にフレームインする
ベストスポットは
見つからず…

黒塀、まさに美しきへり！塀はまるで武家屋敷のような黒木の塀から年季の入ったブロック塀、そして青いトタンの塀と、場所によってさまざまな顔を見せる。そして、ところどころに貼ってある「きのへ子キノエネ醬油」の琺瑯《ほうろう》看板にキュンとさせられる。塀越しに見るトタン造りの工場や瓦屋根、道をまたぐ配管群のなんと美しいことか。これら自体が醸造された作品のようです。やはりデートはへりに限るとの確信を得た次第。

さて、デートスポットとしてのキノエネを十分に味わったので、今度はキノエネの商品も手に入れたい。我々はおばさまに教わったお店へと急ぎました。

愛宕駅そばの某店は、見た目には平凡な酒屋兼雑貨店。ご主人に商品のありかを聞き、私は勢いよくキノエネの「かつお節だし入り土佐しょうゆ」を握りしめました。が、その瞬間、「キッコーマン」の製品も容易に私の視界に入った。

そうだよね。一般流通品だって置いてるよね。でもやっぱりここは、聞いてみなきゃ。

「キッコーマンとキノエネと、ご主人としてはどっちが好きなんですか?」

ここにやらせは一切ない。緊張が走る。

「やっぱりキノエネ醬油だねぇ」

よし！　期待どおりの発言ゲットだぜ！

「キッコーマンはちょっとしょっぱいんだよねぇ」

ご主人、私たちもキノエネ派なんです！　味はともかく、へり視点で。

ということで、野田は、オーソドックスなデートを楽しむならキッコーマン、ディ

ときどき現れる看板
子
きのへ
キノエ木醤油
ときどきにサビている
グッズがほしい!!
※「子」は子《ね》丑《うし》寅《とら》…の「ネ」です。

ープに（へり的に）楽しみたいならキノエネなのです。和デートスポットとしてすでにメジャー（？）なだけあり、2通りもの楽しみ方ができる町なのでした。醤油だけで。

ちなみに、キッコーマンでシンプルな「醤油」をもらったのに、買ったキノエネの商品は「だし入り醤油」だったので、味比べは勝負不能であった。

野田市駅を出てすぐのリアルデート。

Vol.20

歌舞伎町《かぶきちょう》、上京はしたけれど

シーンは新宿某ビルの屋上から始まる。

スルギ「……なんでボクTOKYOにおるんやろ」

能町「私も……」

2人、手すりに凭《もた》れて、向かいの雑居ビルの7階あたりをぼんやりと眺める。傾きかけた陽が2人を照らす。目は合わせない。

スルギ「ボク、上京した日にここに来てたら、まちがいなく次の日に摺木《するぎ》（スルギくんの故郷）に帰りましたよ……。なんでこんなすさんだ生活しとるんやろな……（タバコをふかす）」

能町「私も上京早々にこの景色を見たら、一生歌舞伎町には足を踏み入れなかったと思うな。それなのに、どうしてこんなことに……」

2人は歌舞伎町のとあるビルで、屋上に上がらせてもらったのだ。いや、これは上がらせてもらったのではない。故郷を出て都会に暮らす人々の郷愁の念が一体となった、見えざる手による超自然的なお導きによって私たちはここに来たにちがいない。

歌舞伎町某ビル。私たちは、建物の奥にある人気《ひとけ》のない階段をのぼっていった。のぼってものぼっても、各階は鉄扉で固く閉ざされていた。のぼると、鉄扉。そして階段。そして鉄扉。

このダンジョンのゴールはどこだろう。異様な圧迫感と緊張感が私たちを苛《さいな》む。階段を何度のぼっただろうか。

「き、消えた」

不意に、いままで踊り場にあった、【↑6・5↓】などという階名標がなくなりました。いよいよこの無限ゲームの裏面に来たらしい。

しかし、裏面に入っても鉄扉は続く。果たしてこのゲームはどこまで続くのか。またひとつ階段をのぼる。どうせまた鉄扉だ……いや、明るい！　光だ！　ゴールです！

屋上へのドアは、鍵がかかっていないどころか開けっぱなしでした。

同じくらいの高さのビルに囲まれた、申しわけ程度に植物が置いてある異空間。誰もいない。錆びつくした煙突風なもの、複雑にからみあった灰色のパイプ群、上空の広告塔を支える無数の鉄骨……何もかも寒々しい。手すりもほとんど錆びている。

どこへつながるか分からない壁伝いの非常階段はかなり危なっかしい。この階段はおそらく、本来はお人よしゆえに都会のひずみによって地獄を味わい、追い詰められてうっかり借金取りを殺してしまった犯人（温水洋一《ぬくみずよういち》等。斉藤暁《さいとうさとる》も可）が刑事から逃げる（その後、足を踏み外して落ちる）ためにあるのです。私たちだって、つい「新宿に疲れた水商売の男女ごっこ」をしたくなるってもんです。

隅から眺めれば、やや広い通りをはさんで歌舞伎町の街並みが見えます。しかし周りの建物にも高さがあるから、全景を見渡すというわけにはいかない。屋上だというのに開放感が感じられません。向かい合わせにある雑居ビルは、どれもこれも、7階あたりの高さになるとどんなテナントが入っているのかまるっきり分からない。通りに面した側がくもりガラス（というより濁りガラス）や内容不明の看板に覆われていて、まったく中が望めません。

内容が分かるのはすべて見事にサラ金の看板ばかり。おそらくさっきの犯人（温水洋一等）はこれらの誘惑に負けたのだろう。内容不明のフロアでは、濁りガラスの向こう側で胸に包丁が刺さったパンチパーマが5〜6人死んでいてもなんら不思議はな屋上にはやっぱりコレだね!!

温水洋一(等)の
飛び降り用非常階段

※温水さんはいませんが
この階段は実在します

い。むしろ当然と思える。

スルギくんと2人で、ちょっとグロテスクささえ感じる風景の中にどうにか安心できる場所を探してみます。

「あ、あそこに囲碁センターみたいなのありますね……あそこは大丈夫でしょう」

「まあ囲碁はできないけど……」

「あのビルの『××クリニック』ってのはどうスかね」

「まずいと思う。何科なのか何にも書いてないし、たぶん中で人死んでる」

「うわー！　あそこ『空室』って書いてありますよ！」

ギャー!!　空室って書いてあるだけで恐ろしい。絶対誰かいる。遺体とか。

私も東京に住みはじめて実に11年、そりゃあ歌舞伎町で呑《の》んだことだって何回もありますよ。でも、この高さに来て初めて分かりました。私は歌舞伎町に居場所がない。

そういえばキャバ嬢雑誌『小悪魔ageha』で、歌舞伎町のリンちゃんも「アタシは野良犬。ここは私たちの本当の目的地ではない」って言ってたっけ。リンちゃん、貴女のことばはもはや格言だ。快晴の真っ昼間に貴女の気持ちが分かったよ。ここを居場所にできるのはいったいどんな人たちだろう。低いところにいては分からないこともあるのだ。大都会には、このくらいの高さでこそ分かる恐ろしさがある。

「こう見ると、都会って怖いんスね……」

上京1年半のスルギくんは私よりもおびえています。私もいまさらながら東京の怖さを知ってしまった。遅すぎた。私は東京砂漠のサバイバーとなれるのか。さみしさは募る。頼れる人がほしい……！（だからここでデートすべきなんだよ！　女子のさみしさにつけこむように）

新宿の殺伐ぶりを、刺すように肌に感じさせてくれる場所。歌舞伎町某ビル屋上。こんなに高い場所だけど、ぜひ夜景よりも昼景を2人で見ていただきたい。歌舞伎町で馳せろ郷愁。

でも場所は教えない。

謎だったのは、駐車場としか
思えない白枠。屋上なのに。

スルギくんにはツボだったらしい（それも謎）

Vol. 21

アルタ裏、林家＆三平コンツェルン

諸君は毎日元気に、平日正午にアルタ前に集合しているか。「笑っていいとも！」というタイトルロゴのバックにコンマ数秒間映るために集合しているか。

あそこが、待ち合わせスポットとして全国的に有名な新宿アルタ前です。当然、デートの待ち合わせでも幾億回と使われています。アルタ自体を知らなくても、「アルタ前」はアルタよりもはるかに有名（ちなみに、たぶんアルタはショッピングビルです）。

そんなアルタ前ですが、「アルタ」というビルがある以上、アルタの裏側もあるのです。となると、あれだけ騒がれる「アルタ前」に対して、アルタ裏には何があるのか当然気になります。気になりますよね。ね。

ということで、今回はアルタ裏をデートスポットとしてみることにしました。前回の歌舞伎町からひきつづいて新宿界隈でございます。

待ち合わせから少し遅れたわたしがスルギくんにメールをすると、「コンビニサンハチキューで待ってます」というメールが返ってきました。そんなコンビニ知らん。

アルタ裏につくと、たしかにそのコンビニはあった。私の知らないあいだに、コンビニ界の勢力図は大きく変わっていたのか。地方にある「酒屋兼業・ハートフルショップ山田」的なものならともかく、ここは新宿駅徒歩数分です。一等地に、聞いたことがないコンビニとは何事か。

周りを見渡すと、ちょっと異様な風景に気づきました。

「この一角に並ぶ看板、『はやしや』と『三平』にまつわるものばっかり」

「はやしやと三平……林家三平？　何か関連あるんスかね？」

三平酒寮、レストランはやしや、sanpei store……偶然とは思えません。

『新宿サンパーク三平本館』という看板のうえにはなぜか「389」という数字が。

その瞬間、電撃が走った。

《コンビニサンハチキュー＝389＝サン・パー・ク》

このコンビニも三平系か！

実は、私は以前から「三平ストア」の存在だけは知っていました。三平ストアは、ほかにも都内に何店舗かある古いスーパーです。しかしアルタ裏にこれだけ林家と三平が集積しているところを見ると、ここが三平コンツェルンの本拠地と見てまちがいあるまい。俄然、興味は林家＆三平に移る。

力と量で圧倒
(5F)レストランはやしやへどうぞ
ゲームの後に食事とドリンクをどうぞ
5F レストランはやしや♡ 本日のランチ
チキン南蛮… ¥630
ライス・スープ・ドリンク付き♡
5F レストランサンパーク
メニューいろいろよりどりみどり (はやーさ)
(5F) レストランよりお知らせ 特別サービス!! PM4時より
日替り定食 ¥750
(6F) 日本料理 三平
5F レストラン はやしや
6F 日本料理 はやしや
ハートマークが気になる
店名が違う
ひー

「とりあえず『本館』に入りましょうか」

本館は、「新宿サンパーク三平本館」という名称からは中身がまったく想像できないが、地下1階2階は日用品や食料品のスーパーマーケット、おなじみ「三平ストア」でした（数行前で登場しているのでおなじみということでおねがいします）。

ほかに三平の勢力があらわなのは、1階（サンパークディスカウントショップ）、5階（レストラン）、6階（日本料理）。2階から4階までは三平との関係が不明ですが、ゲームセンターやビリヤード場のようです。

特筆すべきなのは、5階と6階に関して店の名前が自由すぎることです。いろんなところにある看板の店名に統一性がない。

5階のレストラン：「5Fレストラン（無名）」「レストランはやしや」「レストランサンパーク」

6階の日本料理：「日本料理・大衆割烹はやしや」「日本料理はやしや」「日本料理三平」

5階と6階にはそれぞれ一店舗ずつしかない。つまり一つの店にたくさんの名前があるのだ。なんと自由な。ルールに縛られた都会の戦士達に、自由とは何か、と問題提起をしている。

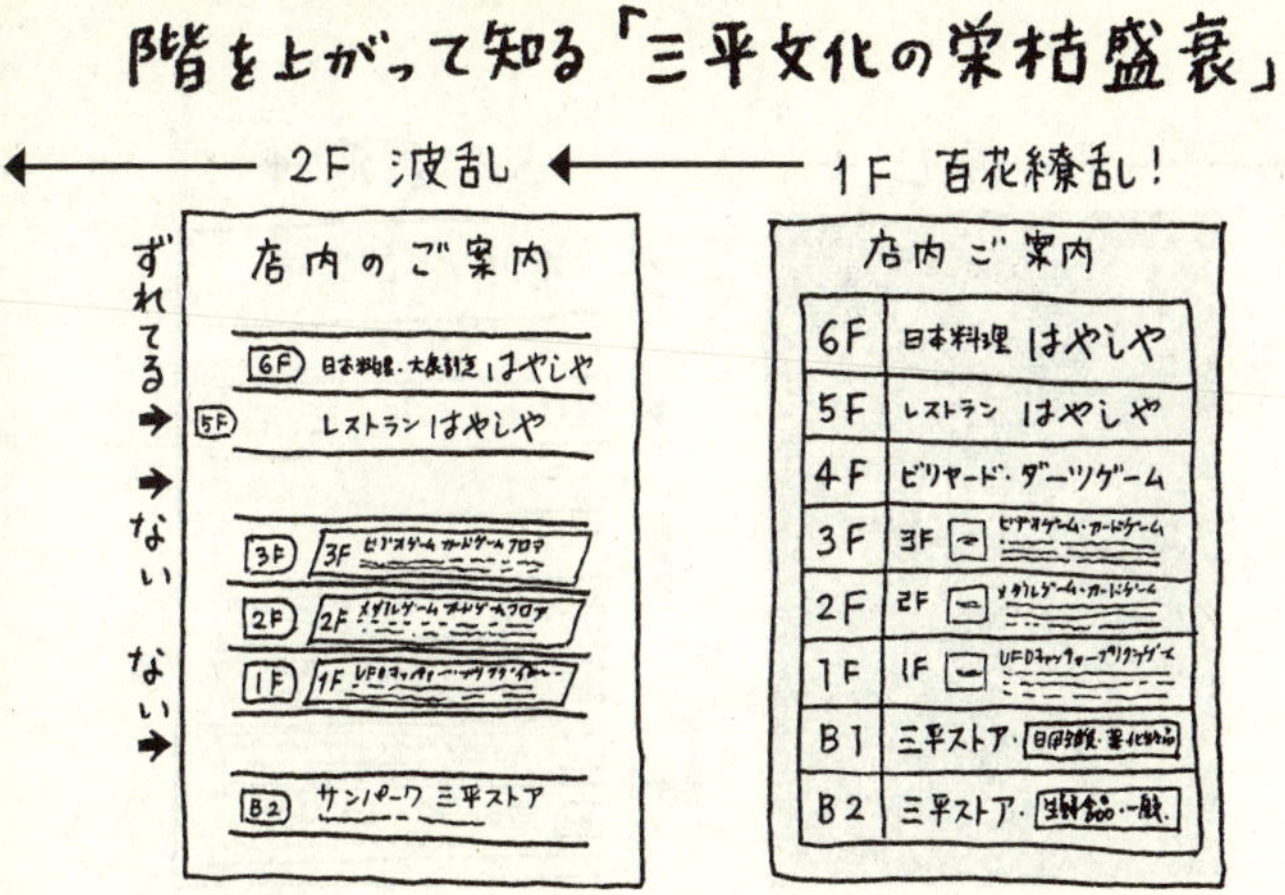

1階の入口には、5階レストランによる本日のオススメ「チキン南蛮」のサンプル（というか本物）が置いてあります。周りをいろどるのは、模造紙にマジックで書かれた、テンションはちきれんばかりの宣伝文句。『ライス・スープ・ドリンク付き♥』『おいしいものいっぱい！』『ゲームのあとに食事とドリンクをどうぞ！』

6階・日本料理の看板に貼りつけてあるのは、なぜかひじきの煮物や煮豆など、地味すぎる小鉢の写真だけだ。一押しの料理はないんか。ここは皆があこがれる大都会、新宿。そこに、クリーム色の模造紙と糊《のり》で貼った写真。おしゃれ☆とは無縁なこの堂々たるたたずまい。人

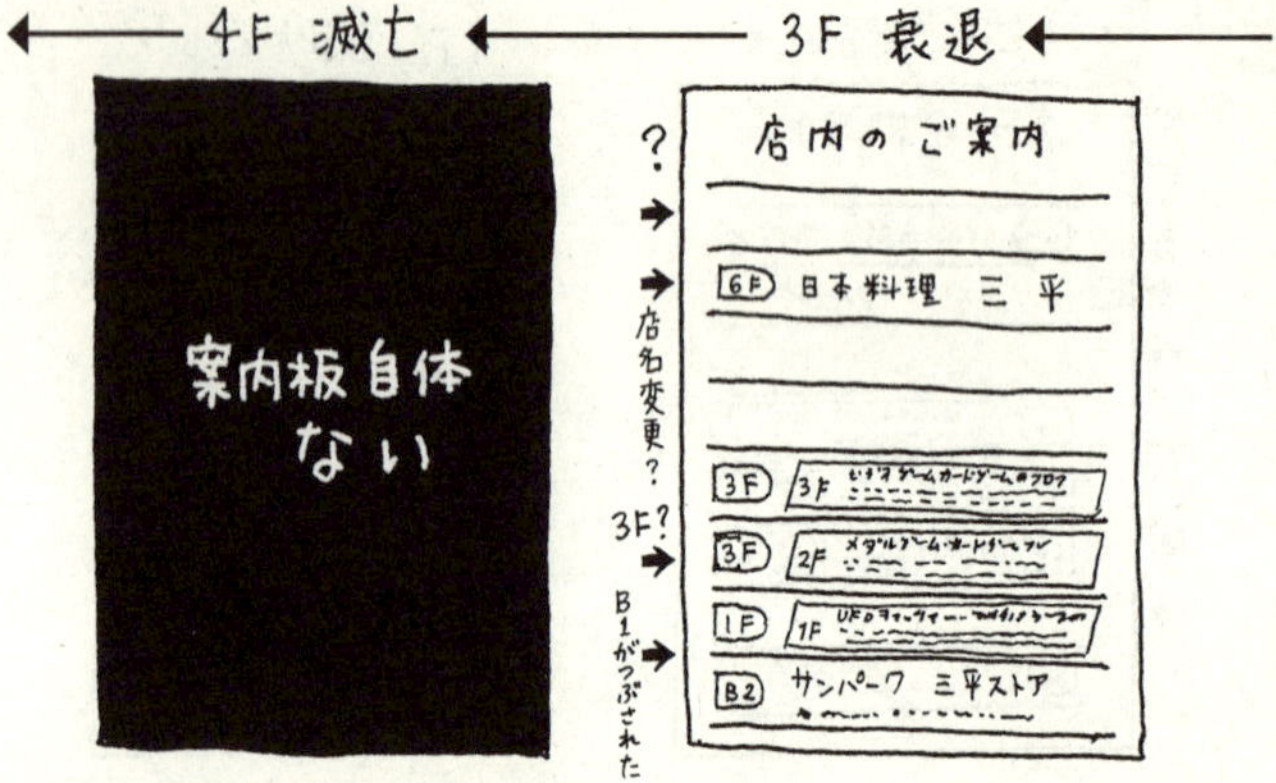
4F 滅亡
3F 衰退
案内板自体ない
店内のご案内
?
6F 日本料理 三平
店名変更?
3F 3F
3F?
3F 2F
1F 1F
B1がつぶされた
B2 サンパーク 三平ストア

目をはばからぬこの勢い。ぐっと期待は高まります。よかろう、私たちもぜひ5階か6階でごはんをいただきましょう。

ところで、当然皆さまは来週にでもここにデートに行くことと思いますが、その際に注意があります。それは、5階や6階に行く際、必ず階段を使ってほしいということです。

階段脇の、各階に何があるかを示した案内板。この三平本館は、階段でのぼっていくにつれてその案内板がだんだん荒廃していく。せっかくのデートなら、それをぜひ味わっていただきたいんです。階段をのぼるにつれ各階の店名は自由自在に変わり、「3F」が2つになり、人心は乱れ民《たみ》はうろたえるであろう。レス

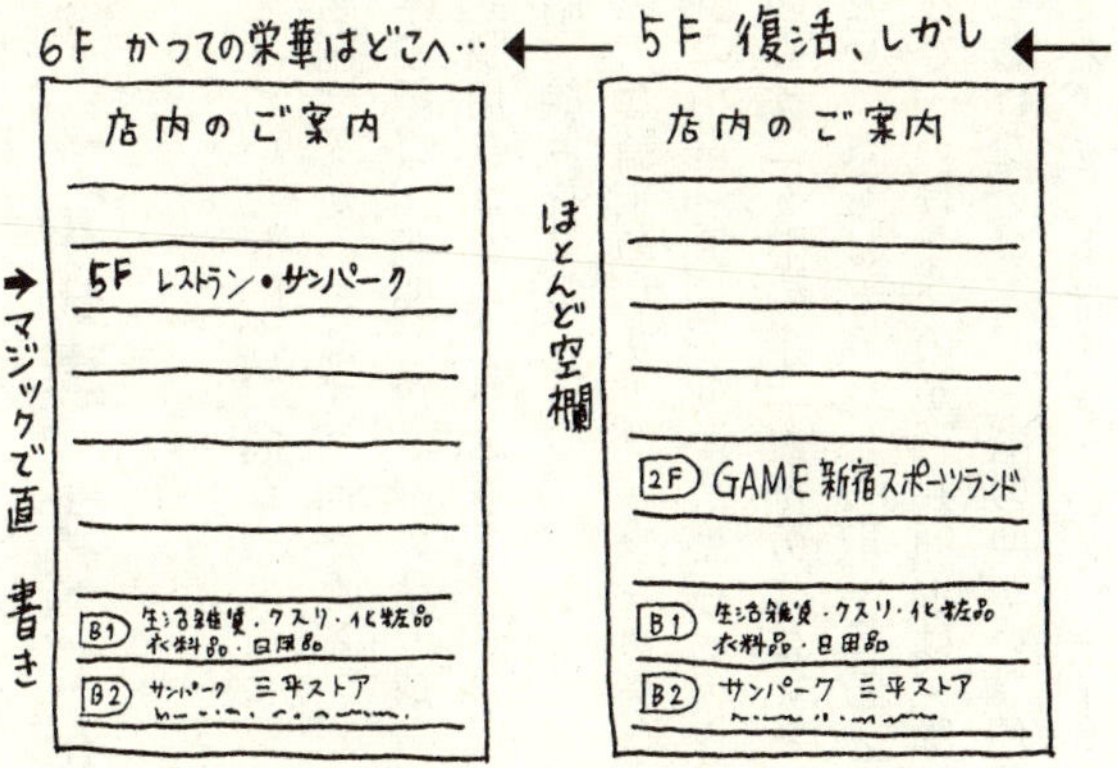

6F かつての栄華はどこへ…
5F 復活、しかし
店内のご案内
5F レストラン・サンパーク
マジックで直書き
B1 生活雑貨・クスリ・化粧品 衣料品・日用品
B2 サンパーク 三平ストア
ほとんど空欄
店内のご案内
2F GAME 新宿スポーツランド
B1 生活雑貨・クスリ・化粧品 衣料品・日用品
B2 サンパーク 三平ストア

トラン手前の4階ではついに案内板そのものがなくなる。4階自体、妙に薄暗くて得体がしれない。

　このまま私たちは荒廃した未来の地球に行ってしまうのでは……。

　この恐怖を乗り越えられるカップルだけがレストランにたどりつけます。エレベーターになんか乗るな。

　さて、息を切らして試練（というか階段）を乗り越えた私たちは、5階のレストランで一息つくことにする。……と思ったら、5階はレストランだけじゃなかった。

Vol.22 アルタ裏、すべてを赦《ゆる》す三平

たどりついた5階は、向かって右にレストランがありますが、奥にも進めます。ほかに店舗はなかったはず。何があるのだろうか。

【探索の結果、判明した5階の余り成分】

・配膳用ワゴン（2台、邪魔そうにいいかげんに転がしてある）

・暗い絵（汚れている）

・巨大な騎士のレリーフ（古くて黒ずんでて大きくて怖い）

・謎の和室（壁にある引き戸の先にあり、内装が廃墟としか思えない。無人）

このように5階の余った部分にはいろんなキャラクターがお待ちしておりますが、いったいこれらはどういった取りそろえなのでしょう。こんな材料からなにか結論を導かなきゃいけないのか。共通項は「廃物っぽい」というところだけです。

申しわけないけど、5階のゆかいな仲間たちはこの際いったん死んだものとして切り捨てる。私たちは生きているレストランはやしや（別名「5Fレストラン」）（別名「レス

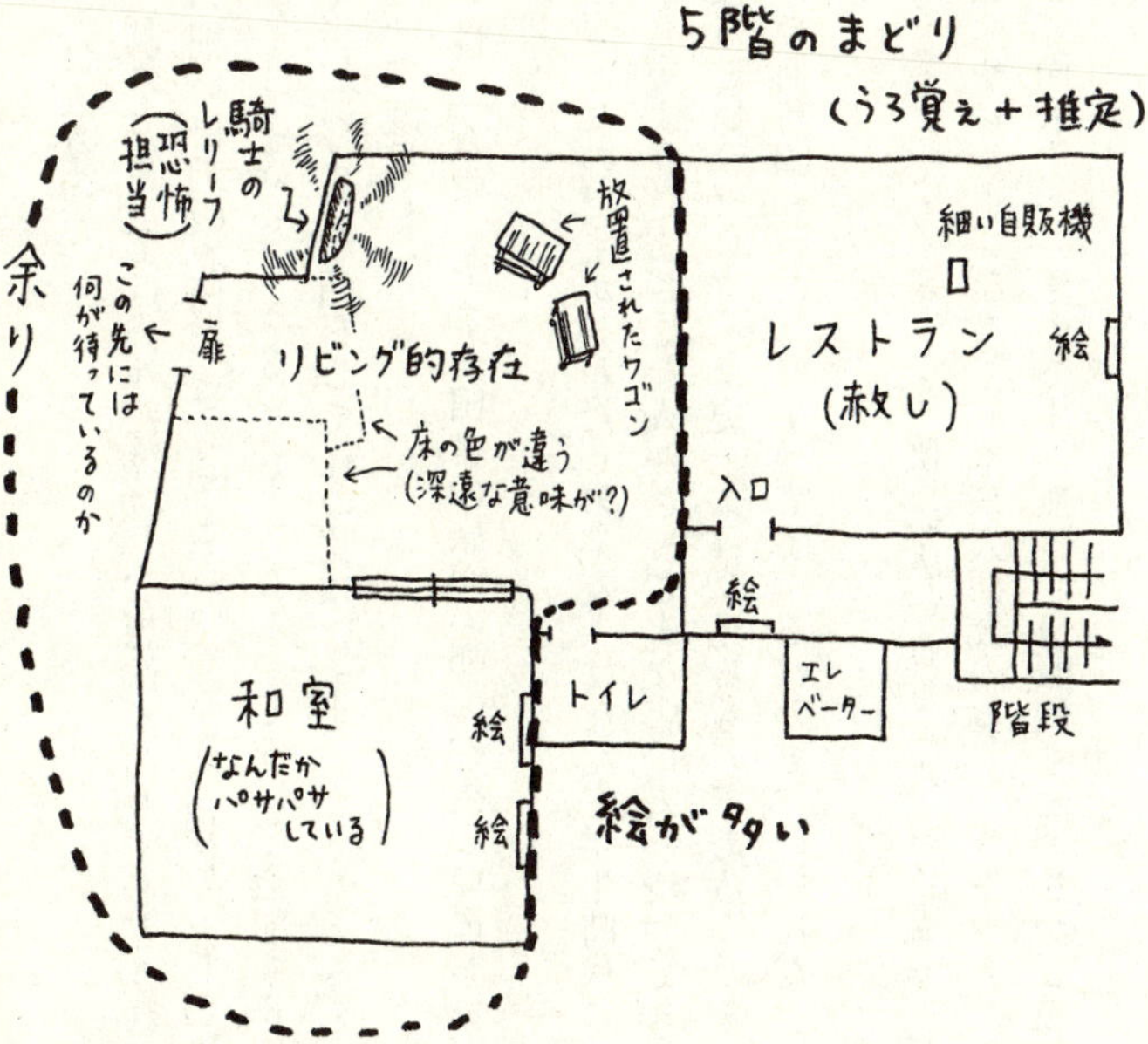
5階のまどり
（うろ覚え＋推定）
騎士のレリーフ
（恐怖担当）
放置されたワゴン
細い自販機
レストラン
（赦し）
絵
余り
この先には何が待っているのか
扉
リビング的存在
床の色が違う
（深遠な意味が？）
入口
絵
トイレ
エレベーター
階段
和室
（なんだかパサパサしている）
絵
絵
絵が多い

トランサンパーク」）に入るのだ。

はやしやは、意外と言っては失礼だけれど、想像よりもずっときれいでした。店内にはジュースの細い自動販売機がさらっと置いてある。分かってくれ、アレです、「細い」自販機なんです。ビールもジュースも入ってるけど全部で6品くらいしかないヤツ。あれが当然のような顔をして柱の脇にいます。よく考えるとレストラン内にあるのは変です。二度見した。

店内のにおいは、「食堂」です。田舎《いなか》の旅館の朝の、優しいにおいがします。都会のレストランだけど。

後から聞いたことなのですが、わたしの某友人はなんと学生時代にここに入り浸っていたという。有史よりさまざまな人がさまざまな店に入り浸ってきたはずですが、この店に入り浸るというセレクトは史上まれに見るものであろう。それも、自販機の缶ジュースだけで何時間もいたんですってよ。それって、いいんだ。アリなんだ。優しさあふれすぎ。

ここって、もしかしてものすごく懐《ふところ》の広い食堂（否、レストラン）じゃないのか。さっきの謎の和室やレリーフなんて、本来大都会のおしゃれキッズたちを呼び寄せるためにはさっさと撤去すべきものです。無論、自販機もだ。しかし赦している。君たちもここにいていいんだよ。悩める者はここに来なさい、と。

頭髪少なめのウェイターのおじさまは常にあたまがパンク寸前のようで、わたしはクリームソーダを注文したのですが、ストローが付いてこない。わたしが「あの、ストロー……」と言う「あ」のあたりでもうせいいっぱいになっている顔をこちらに見せて、次にやることを頭のなかでシミュレートしていて、続きを聞かずにすぐに後ろを向いてさっさと行ってしまいました。

わたしは完敗だと思った。ストローなしで飲んだ。彼が優しくないのではない。この店が、せいいっぱいやっている彼に優しいんです。

お客さんはおっちゃん率80%。内70%は「人生でやることをほぼ終えてしまった顔」です。やはりこれも赦しのなせる業《わざ》でしょう。安らぎます。

あとから珍しく、母と子の2人連れが入ってきました。部分茶髪の母はピンク色の口紅で、タバコをバカバカ吸いながら昼からビールをたのんでいます。平日です。

「まあちゃんはハンバーグでいいよね」「うん」

まあちゃんは愛されてると思う。この優しい店に入ってくる母なのだ、どうして愛さないことがあろう。

つづいて、ｍｏｕｓｓｙの紙袋を持った、まったくこの食堂（もう食堂でいいや）に似

つかわしくない小綺麗な女子も入ってきた。確かにあまねく人を歓迎する食堂ではあるが、若い娘さんがひとりで来るとは驚きです。しかし、我々は彼女の注文を聞いてすぐに納得した。彼女は「チキン南蛮」を頼んだのだ。すなわち、1階に置いてある「本日のランチ♥チキン南蛮」にひかれて入ってきたのです！　あのサンプル（本物）の効果、絶大だ！

彼女はもちろん宮崎県民でありましょう。彼女の故郷を愛する心が、はやしやの「すべてを赦し受容する愛」と見事にシンクロしたのだ。

窓からは、こないだ探索して郷愁

つのらせてしまった歌舞伎町のビル群が見える。私たちは微妙なメニュー「カレースパゲティ」などを食しながら、はやしやの大いなる愛に包まれていました。

「宮崎出身の彼女も、ここに赦しを求めてきとるんですよね……」

「新宿も殺伐ばかりじゃないんだね……」

連載開始以来、お店の固有名詞を出してデートスポットとしたのはおそらく初めてではないでしょうか。つまりそれほどよい場所だったということなのです。林家と三平コンツェルンは、殺《や》るか殺られるかという新宿砂漠のど真ん中で、今日も地球上の生きとし生けるものすべてに安らぎと赦しを与えつづけております。新宿でうっかり郷愁を募らせたなら、ここに来て心の平安を得るがよい。細い自販機の缶ジュースとかで。

ちなみに故・林家三平との関連は知らない（調べてもいない）ので、各自自習。

Vol. 23 田端《たばた》、ナントカ倶楽部的なアレ

山手線でいちばんおだやかな駅をご存じか。それは、田端駅なんですよ。ただし、南口限定。

田端駅は大きな崖のそばにあって、北口は崖の下にある陸橋の上に、南口は崖の中腹から崖上にのぼれるようにむりやり造ってある。北口は幹線道路に面していて広く、そこにはタクシーが地の果てまで連なっています。さらには最近は駅ビルができてしまい、スタバまで入ってしまいました。これからの田端は恵比寿(と書いてオシャレと読む)化などを狙《ねら》っているのでしょう。へっ、いつまでもそうして届かぬ夢でも追ってればいいんじゃねーの？　北口にはもう特に私から申すことなどございません。好きにするがいいさ。

ですから、田端駅的にはこれからどんどん北口を推してくるとみられます。その気持ちは、南口へとのぼる階段の蹴込みのところに貼ってある大量のシールにもよく表れています。

「タクシーのりばはこっちにはありません!!」「都立駒込病院に行きたいなら今すぐ引き返して北口に行きなさい!!」「トイレは北口にしかありません。南口にトイレなどない!!」

こんな感じのお知らせシール（心情をおしはかって少々誇張しました）が大量に、乱雑に貼ってあります。必死だ。客が南口の階段をのぼりきる前に阻止してやろうという気概が伝わってくる。しかし私はそこをのぼってやる。悪いね、私は知ってんだ。田端クンのステキな部分は、ほんとは南口にあるってことを。

南口には、改札機がたった2個しかありません。崖の中腹なので、この時代に駅前に車すら入ってこられない。

駅を出たところは石畳。駅舎はオレンジの瓦屋根。小ぢんまりしていてかわいくて、まるで山あいの小駅です。ここが大都会東京だとはとても思えません。田端よ、北口に背伸びさせちゃいけません。あなたの本質は南口のような優しさなのですよ。

南口の良さはそれだけではない。ここが山あいの小駅ならば、崖上から低地を見渡せばのどかな田園地帯が広がっていたり、雄々しい渓谷美が堪能できたりするでしょうが、この駅から見える谷底には何本もの線路による鉄色の大河があるだけです。高架の上には新幹線の線路もあり、大河の向こうには一生渡れないような断絶を感じる

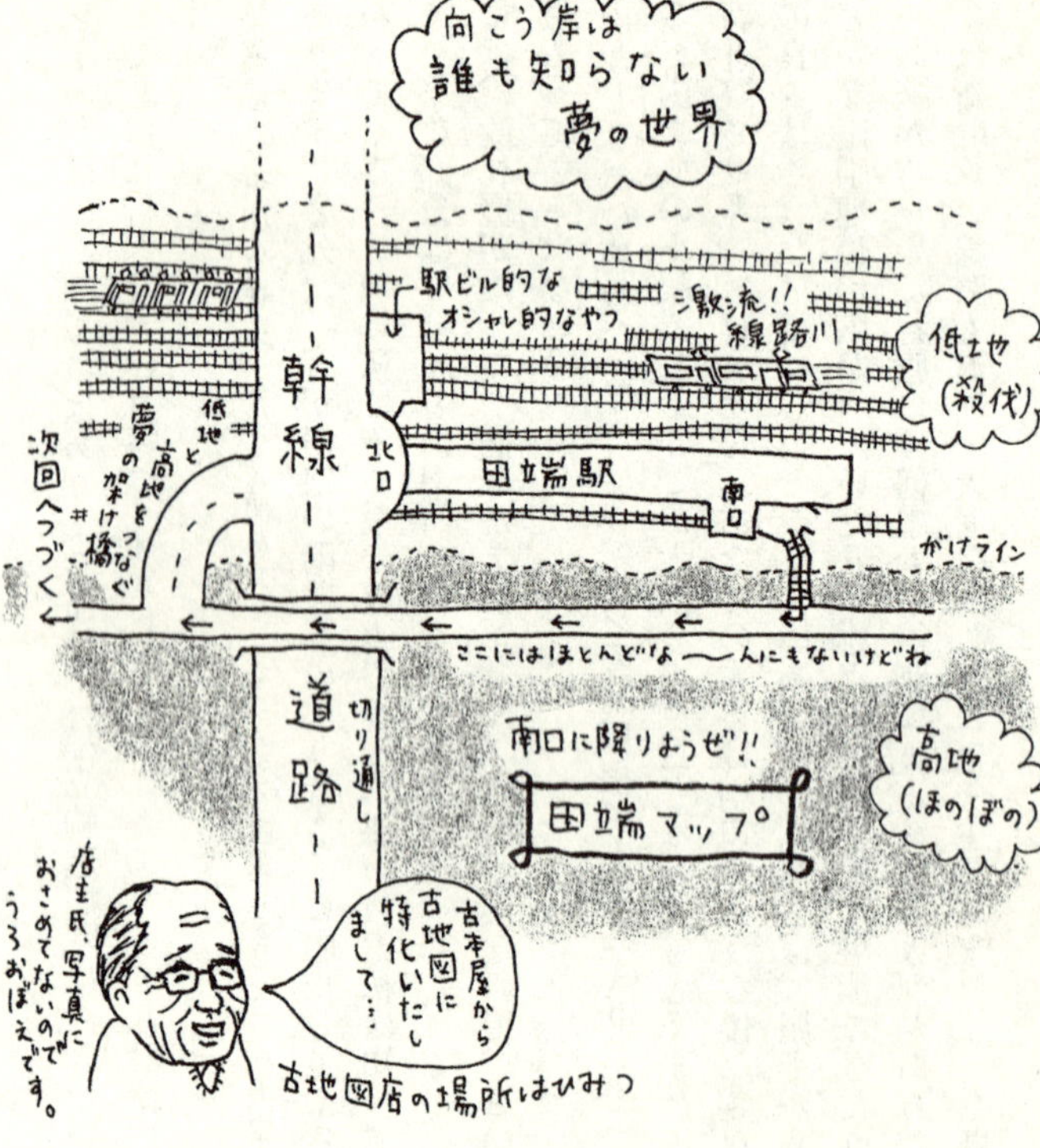
向こう岸は
誰も知らない
夢の世界
駅ビル的な
オシャレ的なやつ
激流!!
線路川
低地
(殺伐)
幹線
北口
田端駅
南口
がけライン
低地と
高地を
つなぐ
夢の
架け橋
次回へつづく
ここにはほとんどな〜んにもないけどね
道路
切り通し
南口に降りようぜ!!
田端マップ
高地
(ほのぼの)
古本屋から
古地図に
特化いたし
まして…
店主氏、写真に
おさめてないので
うろおぼえです。
古地図店の場所はひみつ

（実際は北口から陸橋を渡ってふつうに行けますが）。

見えない向こう岸はきっと楽園だ。こんなふうにさりげなく都会の殺伐ぶりをすべりこませてくるところが小憎い。

初めて田端に降り立ったスルギくんは、大都会の中の妙なほのぼのぶりに期待どおり驚いています。一方で私はここに何度か来たことがあるから、新鮮味は特にない。取材で感じる新鮮さで考えるなら、この連載はむしろ『スルギくんの東京新発見』みたいな感じにするべきではないでしょうか。ためしにやってみますか。

（田端駅南口をバックにスルギくんがひとり、センター位置に）

毎度おなじみ流浪の番組『スルギ倶楽部』でございますが、え〜おなじみなんて言いながら、実は新番組！　……というわけでですね、いつも能町さんがデートスポットてゆーて好き勝手に東京近郊のいろんなとこに行っとりますけど、ボク実際、東京来て2年目なんで、能町さんより全然東京を知らないわけッス。だから正直ね、毎回取材してて、能町さんよりもボクのほうがめっちゃ新鮮味を感じとるんですよ。だからボクがレポートしたほうがいいケースも正直あると思うんスよね。

「いや〜ここは何度来てもいい……（とつぶやきながら能町登場）……あら？　スルギく

ん？」

またわざとらしい登場やねへっへっへ、能町さん。

「いや、たまたま散歩してたら久しぶりにここにたどりついて」

ま、そんなわけでスルギ倶楽部の初回は「スルギの東京新発見～はじめての田端駅」なんスけど、いやーめっちゃほのぼのしとりますわ。うちの実家（香川）のほうにもありそうっスわ、こういうとこ。能スポは「死にそう」がテーマですけど、「スルクラ」はほのぼのやってもええんちゃうか。

階段をのぼって崖の上に出ると……あ、昔懐かしい駄菓子屋があるじゃないスか。なんか買ってみましょうよ。すいませーん――。

――調子に乗って本当につい駄菓子を買ってしまいました。露骨にタモリ倶楽部のオープニングをパクってみたものの、単に内容が薄い旅番組になりそうなのでやっぱり「ほのぼの」はナシだと思う。番組は打ち切りに。

さてと、駄菓子屋のあたりはごくふつうの住宅街。お店も特にない。ふと気づくといつの間にか1時間以上経《た》っていて、私たちはそれぞれ古地図を2枚ずつ手に入れていた。

あれあれ、田端で宝物探しでしょうか？

ない。この連載にはほのぼのもなければメルヘンもない。単に途中に古地図専門店があったからなのです。住宅街の間に不意に現れる、おどろおどろしい字体の「古地図」という看板。

前後左右を収納が埋め尽くしていて店内はとても狭い。店主氏は頑固一徹という感じでもなく、馴れ馴れしすぎる感じでもなく、適度に親しげで教養ある人あたりのやわらかいおじいさまで、私はいっそこういうおじいさまになりたいなどと思いながら胸キュンを頂戴《ちょうだい》し、ついついお店に長居してしまった。

「昭和30年くらいの東京のが欲しいんですよね、地名が古いまんまの……」

「昭和の頃だったらね、このへんかな。これなんかどうでしょう、目黒区」

「あ〜でも昭和ひとケタはちょっと……もうちょっと後がいいんですよねぇ」

会話がまるでレコードマニアと博識な店主のような関係性だ。あふれる教養と大人の落ちつき。あれ、結局これではタモリ倶楽部的なアレではないですか。それはそれで好きだけど、この連載ってそういうテイストだっけ？

南口には何もないから北へ行け、と、とにかくうるさい。

Vol. 24 田端《たばた》、おじいちゃん or 新幹線 or DIE

　私たちはまさに中古レコードをあさるように、ザクザクと古地図を引っぱり出してはしまい、引っぱり出してはしまい。2人はとっくに、何か買って帰らなきゃ気が済まない状態になっていた。

　そんななか、スルギくんがおもしろいものを見つけました。店主氏も、ああこんなものもあったなあ、と顔をほころばせる。

「あ～これねぇ、伊能忠敬《いのうただたか》よりも前の日本全図ですよ。写しですけども。ほら、ここが本州で」

「うわ、すごいッスね。子どもが書いた地図みたいだけど案外合っとるんスね」

「うらやましい！　私もそれがほしい!!」

「待ってくださいよ、もう一枚くらいあったんじゃないかな」

　そんなこんなで1時間強。私たちは、それぞれ古地図を2枚ずつ買ってしまったのです。お店の名前が伊能忠敬にちなんでいるようなので店主氏に由来を聞いてみると、「ええ、そうですね、おそれおおくもお名前を頂戴《ちょうだい》いたしまして。父が古書店をやってたんですけども、私が古地図好きなもんですからそっちに特化しようということで、こっちに移りまして～」。

「おそれおおくも」にまた1キュンいただく。

そんなわけで、4枚もの古地図を入れた紙袋をぶらさげながら再び田端を歩いていく私たち。なんだい、楽しそうですね。死にそうでもなんでもない、ふつうのデートコースじゃないか。

しかし、デート取材がこんなのんきな感じだけで終わるわけがないのだ。我々は常に殺伐。古地図屋さんで抱えたドリーミーな気持ちを引きずって歩いてゆくと、太い道をまたぐ橋があり、そこからあの愚かにも恵比寿化《オシャレ》を狙《ねら》う北口を遠くに見下ろせます。

高い所にいるだけでちょっとした優越感を感じる。ふふん、南口は小さいけれど、すてきな古地図屋があるんだぜ。どこにでもある駅ビルとは違うのさ。

「水族館もあるみたいスよ」

……え？　それは知らないんですけど。

振り返ると、古ビルの上にハゲかけた『熱帯魚・東京水族館』という大看板を発見しました。しかし、こんな年季の入った雑居ビル風の建物に水族館があるとはとても思えない。

「中、入れませんかね」というスルギくんにそそのかされて入口をのぞきに行くと、開かないガラス戸の奥に貼り紙が見えます。ああ、うっかり興味を持ってきた人に、ここはもう水族館ではありませんよと告げているのだな。……と思いながら、貼り紙に目をこらす。

『ここはダンス教室ではありません!!』

す、水族館と関係ない!?　でも怒ってる!「!!」までつけてかなり怒っている。すみません、ダンス教室だとは思ってなかったので、私たちのことは許してください。

……不条理な怒られ方をしたこのあたりから、どうやらいつもの調子に戻ってきた。

田端の街は、休みの日だけど人があんまりいない。

そういえばさっきからおじいちゃんばかり見るんです。

まずはさっきの古地図屋のご主人。次、真っ暗なのでやっていないのかと思った古

鋭角のあたりの道端で見つけた。青バケツ
開けたら
マズいですかね？
何が起こるん
やろ
マズいでしょ…
「門」じゃなくて
「問」のところに
なおさら
危険を
感じる…
スルギ
でももしかしたら
さっきのせんべい屋
（じいさんだらけ）の
秘伝のサムシング
かもしれない
客
うちのは
うまいぞ!!
ほんとだよ!!
→ほんとに
うまかったです。
せんべいの生地を見せてくれた

本屋はガラス戸に手をかけるとあっさり開き、実はしっかり営業中。奥の和室のふすまのスキマから、電気ストーブのそばに寝っ転がってるおじいちゃん（店主？）の足だけがチラリ。その向かいの豆腐屋さんも、奥でおじいちゃんがテレビを見ているのがふすまのスキマからチラリ。前から自転車でやって来るのはおじいちゃん。途中で寄ったせんべい屋さんはおじいちゃんがやっていて、おじいちゃんのお客が来た。店から出ると私たちをおじいちゃんが追い越していきます。

どこを見ても視界におじいちゃんがスッと来る。そして、ふしぎなくらいおばあちゃんがいない。

そうか、ここは2つとなりの駅が「おばあちゃんの原宿」こと巣鴨だ！　巣鴨におばあちゃんが全部吸い取られてしまったのです。恐るべきおばあちゃんブラックホール・巣鴨。

《結論》田端はおじいちゃんが余る街。


今回見たかったポイントの一つは、湘南新宿ラインがくぐるトンネルの真上の土地に並び立つJR社宅でした。地図で見ると、地下にある線路のカーブに沿って、弧線状にコンパクトな長屋風の社宅が並んでいるはずなんです。その様子はさぞかしキュートではないかと。

しかし、殺風景な社宅群はすでに壊すのが決まっているみたいで、フェンスに囲まれていた。つたまで大いにからませちゃって、廃墟臭がただよいはじめてる。遅かったか。

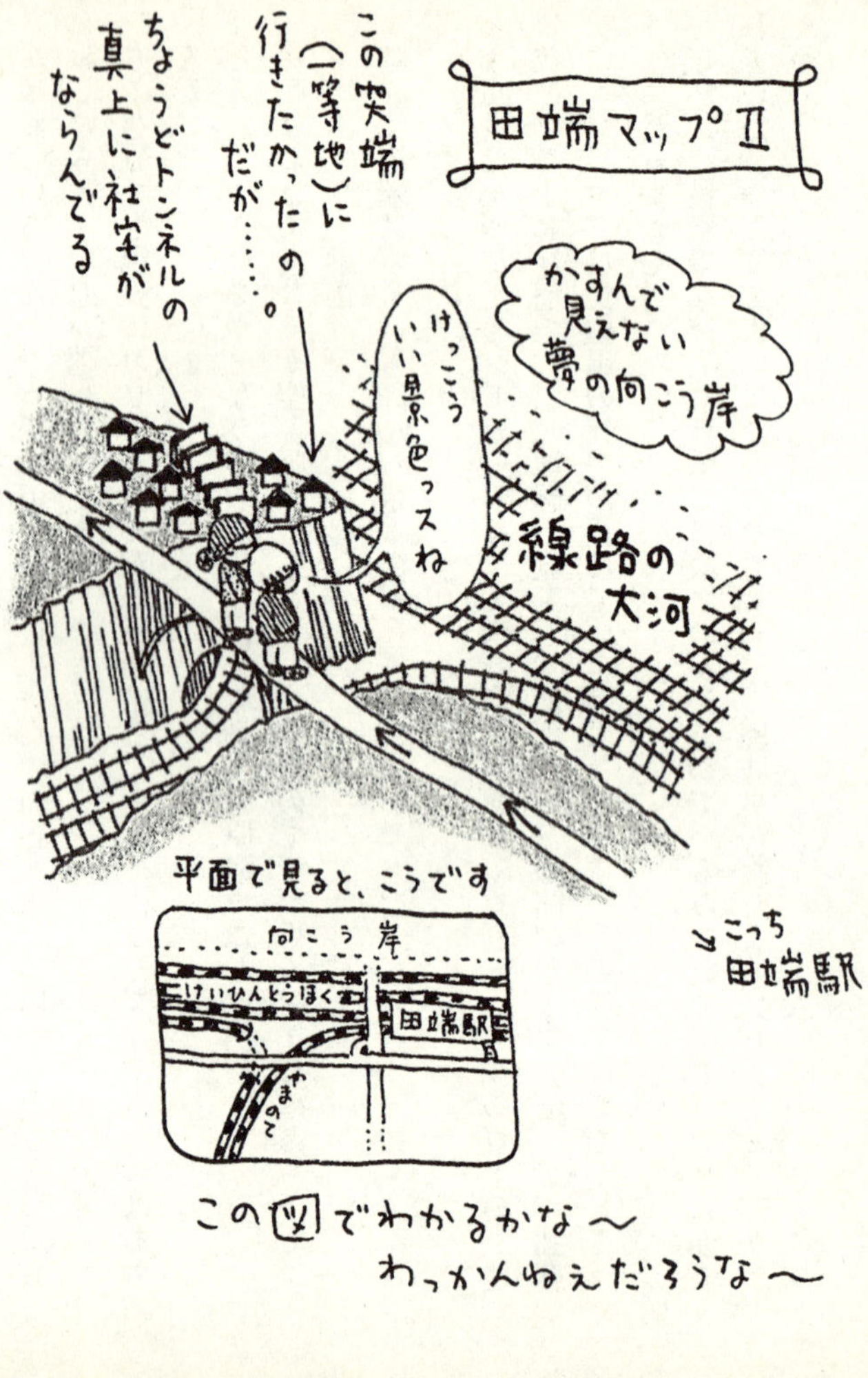
田端マップⅡ
この突端（一等地）に行きたかったのだが……。
ちょうどトンネルの真上に社宅がならんでる
けっこういい景色っスね
かすんで見えない夢の向こう岸
線路の大河
平面で見ると、こうです
向こう岸
けいひんとうほく
田端駅
やまのて
こっち田端駅
この図でわかるかな〜
わっかんねえだろうな〜

このへんは、谷底に山手線や京浜東北線など大量の線路が大河のごとく走っていて、台地を削り取っている。そのせいで、線路に挟まれた土地が鋭い角をなして崖の上にそそり立ち、いかにも死にそうな地形を作っています。

社宅がダメとなれば次はその鋭角のすみっこに行って、雄大で危険な線路渓谷で線路川が合流する景色を楽しみたかったのだけど、そんな土地はどうやら一般的には観光地ではないらしく、ふつうの民家になっていました。敷地内に入れないじゃないか。あんな観光一等地に家を建てられたなんて、悔しい。

しかたがないので、家々のスキマから崖の向こうを眺めるつもりになってみます。

やあ、どこのスキマからも新幹線がチラリズム。

《再結論》田端はスキマからおじいちゃんか新幹線が見える街。

田端についての結論をつぶやきながら、私たちはなおも線路沿いを進む。

Vol. 25 上中里《かみなかざと》、中州ブルーズ

線路沿いの道を歩いて、なんとなく上中里駅（京浜東北線）のほうへ向かいます。右手はあいかわらず、アマゾンリバーのように広く荒れ狂う線路川。操車場のようなものも見えて川幅はなお太い。向こう岸の様子はなお霞む。

そして、さっきからおじいちゃんにさえ会わなくなりました。人間がいなくなってしまいました。ここは東京23区内、それも山手線のすぐそばですよ？

ゆっくりと『モチ坂』（名は標識で知った。ちょっとかわいい）を下っていくと、さっきのおじいちゃん度のバランスを取るように中学生女子の集団が現れた。なるほどこのように均衡を保っているのか。

線路沿いの坂を下りきると、上中里駅に着いてしまいました。駅前にスーパーとマンションがひとつあるほかは、周りは主に線路で、家さえほとんど見当たらない。ここは23区内でも屈指のさみしさを誇る駅のはず。

しかし、さっきおじいちゃんしか見なかった私たちは、駅にどんどん人々が集まっ

てくる様子がむしろおそろしいのです。押し寄せる家族連れ。直線的に素早く歩く若者。これが東京です。

スルギくんは「もうボク都会怖いっすわ」と言い出した。いや、たぶんここは都会ではないです。でも、田端の南口の雰囲気を引きずっていると、上中里でさえ生き抜いていけないのだ。田端の南口はおじいちゃんの口元のごとく、あるいはおじいちゃんが見えてしまうふすまの開き具合のごとく、人々を弛緩《しかん》させるのである。

上中里駅からは、今までずっと夢見てきた大河の向こう側へと渡る長い長い橋がかかっています。ついに向こう岸の楽園に渡れる！

上中里から架かる大きな橋で「線路川」を越えます。長い長い橋の人通りは案外多い。渡った先は、標高が一気に低くなっています。

「輪中《わじゅう》」。中学社会科で出てきた単語を思い出します。堤防に囲まれた土地で、川よりも土地のほうが標高が低いこともある。ここはまさに線路川の輪中です。

しかもここは、線路川の「中州」だ。

この地の南側は、京浜東北線とか新幹線とか、線路が大量に並んだ大河。北側にも、なんかよく分かんないけど線路の大河。ここは南北を線路川に完全に囲まれて、

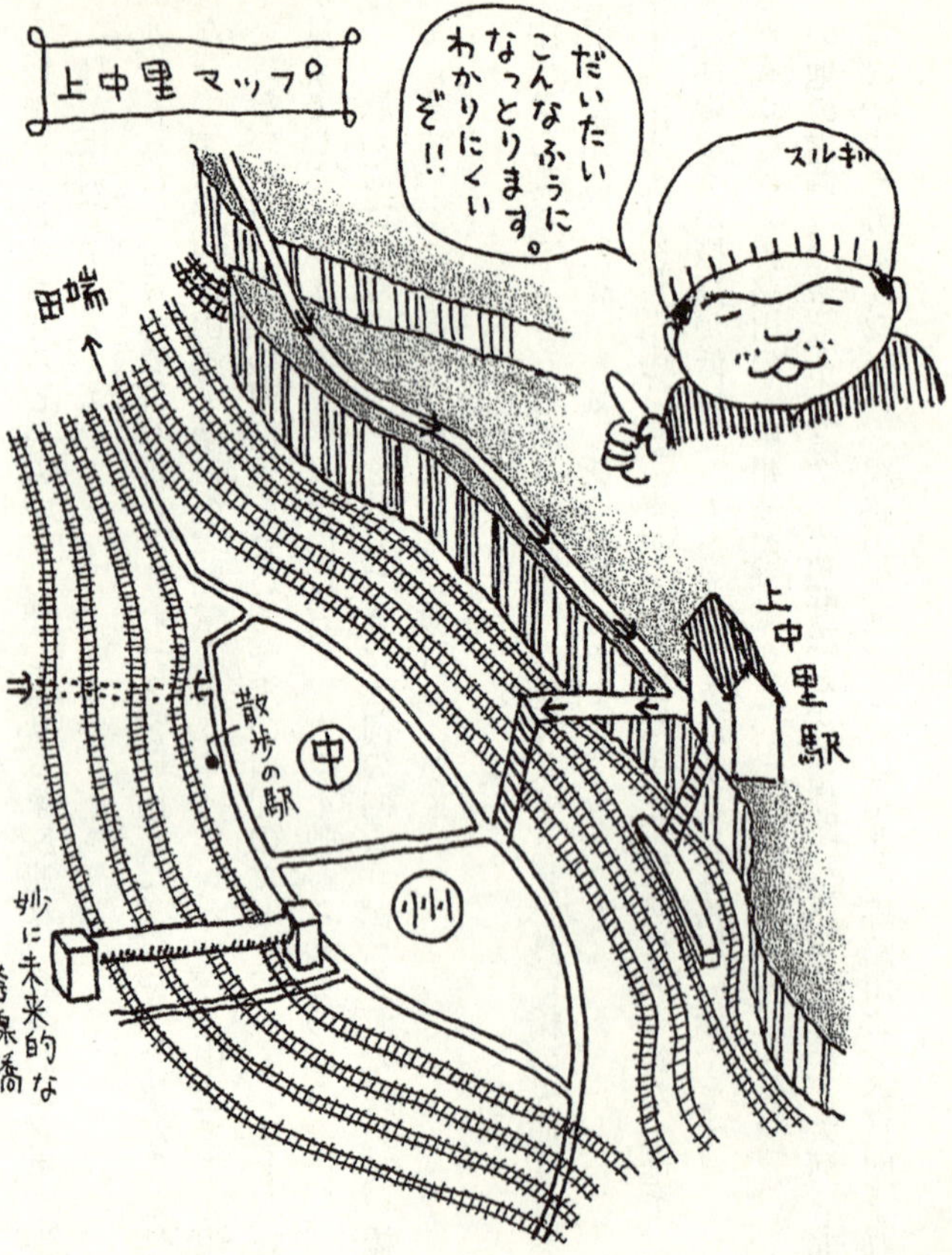

上中里マップ
だいたいこんなふうになっとります。わかりにくいぞ!!
スルギ
田端
上中里駅
散歩の駅
中
州
妙に未来的な跨線橋

取り残されてしまった中州なんです。うっかり線路が氾濫《はんらん》でも起こしたらあっさり飲み込まれそうです。

中州には、田端や上中里に比べたらずいぶんお店がたくさんある。人も多い。でも、低くて狭いところにぎっしり家が立っているせいか、どこかしらモヤッと暗くて不穏です。線路のせいで土地がせまく、少し圧迫を感じるのです。

街角で「ビリヤード&喫茶」と書いてある看板に興味を示した私が、よく見ると「スナック&喫茶」という看板もあることに気づき、あーこれは単にビリヤード台のあるスナックか、と落胆しているそのとき、不意に背後からもの哀《がな》しいギターのフレーズが。これは商店街に流れる音楽か。いや、それにしては生の音の質感がある。ゆっくりとふりかえると、スルギくんが茫然《ぼうぜん》と立っています。その視線が一点を見ている。八百屋の中を。

ギターを弾いているのは、八百屋の主人であった。

誰に聞かせるわけでもなく、彼は店の奥でアコースティックギターを奏でていました。そこにはスルギくんのほかに、犬と猫しかいない。わたしたちを見ても動揺もせずはりきりもせず、指弾きで哀しいアルペジオを奏でつづけます。

「いやー今の人なんて、みんなこんなの弾けるでしょ、バンドやってたりするんだからさ」と50手前くらいの主人は小声で謙遜しながら、弦をつまびく手を止めない。空気に同化しそうな笑顔を浮かべながら、それ以上何も話さない。

中州へ下りる跨線橋から見える空は広い。
三丁目の夕日だね…
そして銭湯の煙突。
こち亀でもありますね…
「ド下町」に来るのは案外珍しいです。

店内にはダンボールの方が目立ちます。商品がそんなにたくさん並んでいない、ちょっと荒れた青果店でバナナの箱から猫が出てきて背伸びをする。夕暮れの低地、上中里の中州で太陽はあまりにも赤い。これがブルーズだろう。ロックでもフォークでもなく、ブルースでもなく、ブルーズ。

あまりに完成された雰囲気に私たちはそこにたたずみ、固まったまましばらく主人のギターを聴いていました。そこで何かを買って主人の手を止めることさえはばかられた。

彼はたぶん、このお店を居抜きで買い取ったんじゃないかな。居抜きの定義は「家具や設備がついたままでの売買」だけど、おそらくここを彼が買い取ったとき、彼の背に積んであるバナナの箱までもそのままだったろう。ダンボールつき、野菜果物つき、猫つきでの居抜きの買い取り。腐るはずの野菜類も、夕陽とブルーズと中州の不穏のまざりあいによってきっと十数年このままなのだ。

中州のブルーズマンは無言で、暗い八百屋の奥でギターを奏でつづけている。この時間を私たちは永遠に咀嚼《そしやく》し味わいたかったけれど、ブルーズマンは人を求めていない。異分子の私たちがいようがいまいが、彼は日常を奏でつづける。

きっと彼は学位持ちで、田端北口にあるようなそれなりの企業に勤めていたけれど、40に差し掛かるころかなあ、なんか、なーんかいやになっちゃったんだよね、田端の北口が。幸か不幸か、まだ結婚もしていなかったんだ。スーツなんかいらないと思ってね。俺に必要なのは、ふふ、こうしてボディもだいぶ薄汚れちゃったけどさ、ギター一本ありゃ日々の楽しみなんて十分なんだよね。冬のことだったよなァ、ふっと魔がさして会社をサボってね、この中州まで散歩に来たら、ここの八百屋の爺ィが品物も並べねぇで、所在なげに店先に座ってやがんの。そう、ちょうどそのミーコがいるあたり。パイプふかしてたっけなァ。つい話しかけたら、もう俺ァ身体《からだ》がダメなんだ、45年やってきたけど、いつ倒れるか分かんねぇから明日で廃業するんだなんてぬかしやがんの。俺、ここ買い取ってやろうと思っちゃってね。すぐ会社に辞表出したよ。いや、八百屋がやりたかったんじゃないんだよ。店やってりゃ、ちったぁコレ(指で輪を作る)が入るでしょ？　八百屋なんて、菜っぱ並べてちょこんと店の奥すわってりゃいいんだから。俺にとっちゃおあつらえ向きの物件だったんだよね。え、爺ィ？　去年ポックリいっちゃった。うん、血のつながりもねぇけどさ、お互い家族もいねぇし、仲よくしてたよ。店はどうなのかって？　そりゃ儲《もう》かってないよ、俺がこんなんだからさ、ハハ。でもね、どうにかなるもんなんだよ。

——こうして彼は田端の北口から、ギターをたずさえて中州へと舞い降りた(はず)。そしてその日から、ひがな一日ギターを弾いて過ごしてる(はず)。物語をありがとう。全部妄想だけど。

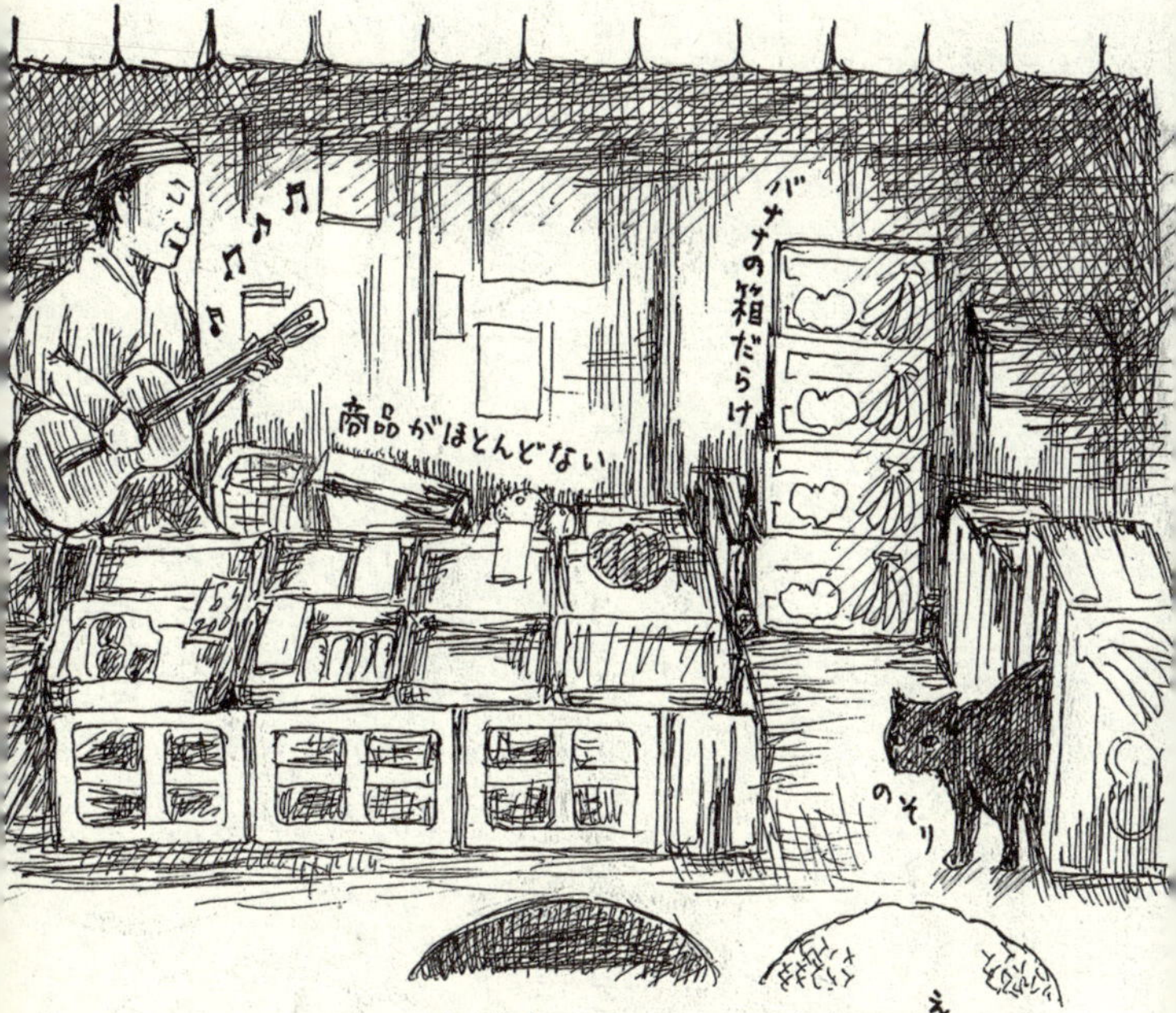
バナナの箱だらけ
商品がほとんどない
のそり

なんだろう　このできすぎた画《え》は

大河（線路）を左手に見ながら、中州をせっせと東へ進みます。日が沈む速度とギターの音のフェイドアウトが同期する。さみしくなりゆく街角に、「散歩の駅・上中21」なる看板が登場しました。

ドライブのときに「道の駅」なるものはいくつか見たことがありますけど、「散歩の駅」とは初めてだね。そういえば、私たちは田端からただの一度も休憩をしていない。なにしろ喫茶店が一軒もなかったんだから。「散歩の駅」にあるものは看板とベンチ一つ、そして「清水園」の茶葉缶で作った吸い殻入れだけだけど、せっかくだから一休みしていきましょう。

駅名の「上中21」とはどういう意味なんでしょうか。看板をよく見てみる。『駅名由来：ここは21番地、そして21世紀にかけました』

かけたか。了解です。私たちはだいじょうぶです。

中州は中州ゆえに、土地が細長い。そこからさらに東に進むと、線路川が両側から迫り来て、どんどん土地がせまくなってゆきます。あたりはだいぶ闇に包まれ、このデートもうそろそろ閉幕のようです。

って、東京でこんなに闇に包まれることってあんまりないよ。何度も繰り返すが、おそれおおくもここは山手線からの徒歩圏。暗すぎる。

大河をくぐって向こう岸の「尾久《おく》駅」へと渡る地下道の入口がぼうっと光っている。地下道には入らずにそのまま中州を進むと、いよいよ灯《あか》りがない。そこに、ド迫力の真っ暗な風呂ナシ（推定）アパートが何軒か並び、そのあとはもう老人ホーム以外何もない。

そのとき、突然体調の異変を感じるのはいつも便意のときだけというはずのスルギくんが、ちょっとおかしなことになった。

「オレいきなりめっちゃ寒くなったんスけど！　こんなん初めてなんスけど！」

「トイレじゃなくて？」

「いやいやいやマジで!!　なんでこんな寒いんやろ！　マジでやばいッス」

このときのスルギくんは切迫した表情でオカルティックなほうに話を持って行きたがっていたのですが、この話にオカルトは向いていないので、基本的には無視しました。そういうのが好きな方は、もしよかったら楽しんでみてください。中州のいちばん東、道一本でかろうじて東側の陸地とつながっているあたりです。

道を斜めに横切る妙に敷地の広い踏切を越えると、田端に戻ってきました。歩き疲れて、人が、社会が恋しい。私たちにブルーズマンの境地はまだ早い。

田端から中州にかけての道行きでだいぶ夢うつつのはざまに迷い込んだ私たちは、世間に迎合できるように体のリズムを戻そうと努めた。田端北口のスタバで。

スタバでは、薄茶色の色眼鏡（サングラスとは呼びたくない）をかけた恰幅《かっぷく》のよい角刈りの中年男性が、豊かな声量かつ魅惑的なハスキーボイスで店員に苦情を述べている。

店に落ちていた紙片を拾い集め
ていねいに組み合わせるとこうなった。

様々に想像ふくらむこの紙片を
捨てた貴方が私は大好きです。

ダストボックスのそばにバラバラに落ちていた紙片を拾い集めて丁寧に組み合わせると、「Ｍｉｓｔ　ゆみ　○　みき　×　ニュ　エンジェル　４０９　■ミ　アヤ　ラブリー　ジュン子・れな　ゆり（■は判読不能）」という文字が読めた。

ああ、私たちは安心したのです。だいじょうぶ、ここは恵比寿《オシャレ》にはならない。

Vol. 26

武《ぶ》州《しゅう》長《なが》瀬《せ》、埼玉代表

今まで私たちは、東京はもちろん、東京以外の県で言いますと神奈川と千葉と茨城と静岡と沖縄でデートしておりますんですね。しかし意外にも、東京のお隣、埼玉県にはまだ行ってなかったんです。盲点でした。関東ではいにしへより「ダサいタマ」などと、何かと虐《しいた》げられがちな埼玉です。早急にデートスポットを探さねばなりません。

で、私は真剣に考えた。埼玉県で最初に行くべきデートスポットはどこだろう、と。その結果。

私がおすすめしたい埼玉のベストスポットは、「武州長瀬」だったのです!

知・ら・な・い!!

うわー埼玉県民でも絶対知らないー! すぐそばに住んでる人以外知らない!!

知名度がないところはポップにしなきゃね。BUSHOO☆長瀬でどうでしょう。ちょっと暑苦しいですかね。いや、アイドルもちょっとダサいくらいの名前のほうが売れるんです。これからはメジャー化のために、BUSHOO☆長瀬で突き通しましょう。なんかTOKIOと関係ありそうだし。

ところで、BUSHOO☆長瀬は確かに知名度が低いですが、某ダーツの旅のように適当に決めたわけではありません。私たちはきちんと目的を持ってデートに訪れたのです。BUSHOO☆長瀬はそれほどの価値ある、埼玉随一のデートスポットです。

BUSHOO☆長瀬（武州長瀬駅）は、東京（池袋）まで1時間ちょっとで着く距離。一応通勤圏。秩父山地も近い、埼玉県の毛呂山町《もろやままち》というところにあります。何がいいかって言うと、話によるとここは昭和30年代、首都圏で超初期に巨大分譲住宅団地ができたところらしいのです。団地と言っても高層のものではなく、戸建ての集合体。きっと古くて味があるのです、家が。道が。そして人が。誰にも注目されずひっそり50年、いまだ現役。

ついでに触れると、武者小路実篤が作った理想郷「新しき村」も徒歩圏にあるのです。ここにも現役で暮らしている人がいます。盛りだくさんな町なのです！

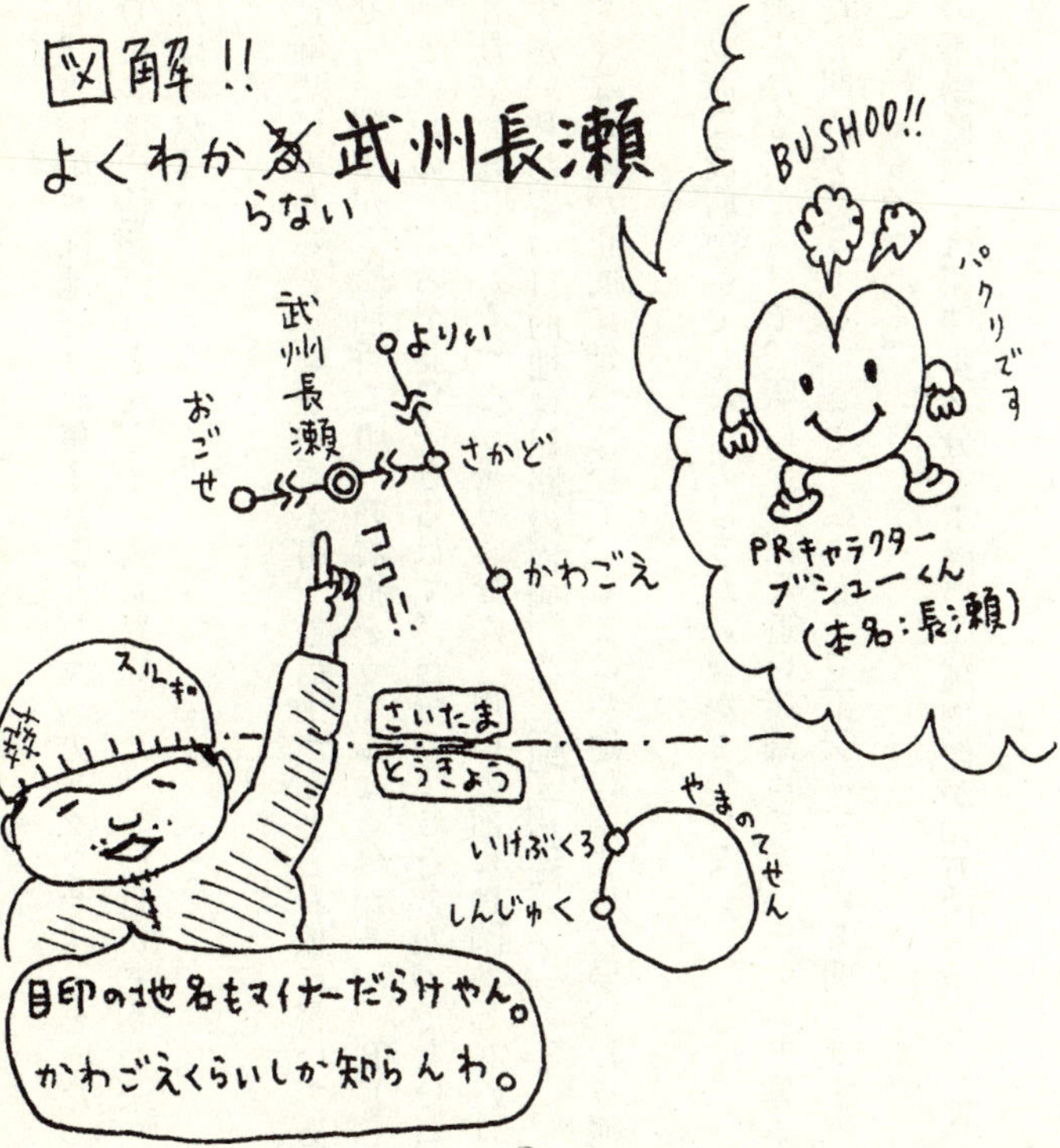
図解!!
よくわかる武州長瀬
らない
BUSHOO!!
パクリです
PRキャラクター
ブシューくん
(本名:長瀬)
よりい
武州長瀬
おごせ
さかど
かわごえ
ココ!!
さいたま
とうきょう
いけぶくろ
しんじゅく
やまのてせん
目印の地名もマイナーだらけやん。
かわごえくらいしか知らんわ。

しかし、古い町や団地好きが集まるようなマニアックなサイトをあたっても、BUSHOO☆長瀬の情報はほとんど手に入らないのだ。いい町かどうか未知数。それなら行ったほうが早い。

武州長瀬駅に下りると「ゆずの香る町、毛呂山」などと看板に書いてありますが、香りません。野田が「醬油香る町」の看板を立てるなら分かるが、BUSHOO☆長瀬はもっとほかのところで勝負できるはず。自分のよさを分かってないね。

この小駅には出口がひとつしかありません。出口の前には閑散としたロータリーがありますが、私たちの目的地は線路の逆側、住宅地「長瀬ハイランド」。踏切を渡るとまっすぐな道路が正面に延びていて、そこは歩道に雨よけのついた立派な商店街です。

いや、立派な商店街「でした」のほうがいいかもしれない。

今や雨よけも穴だらけで、駅にいちばん近い店舗にさえ「テナント募集」の貼り紙が。不安と期待が募る。というか、私にとって不安はすなわち期待です。シャッター通りにこそ輝くものがある。

駅前の不動産屋には駅徒歩2分・1階の店舗物件が10万円で出ていて、「駅近、盛

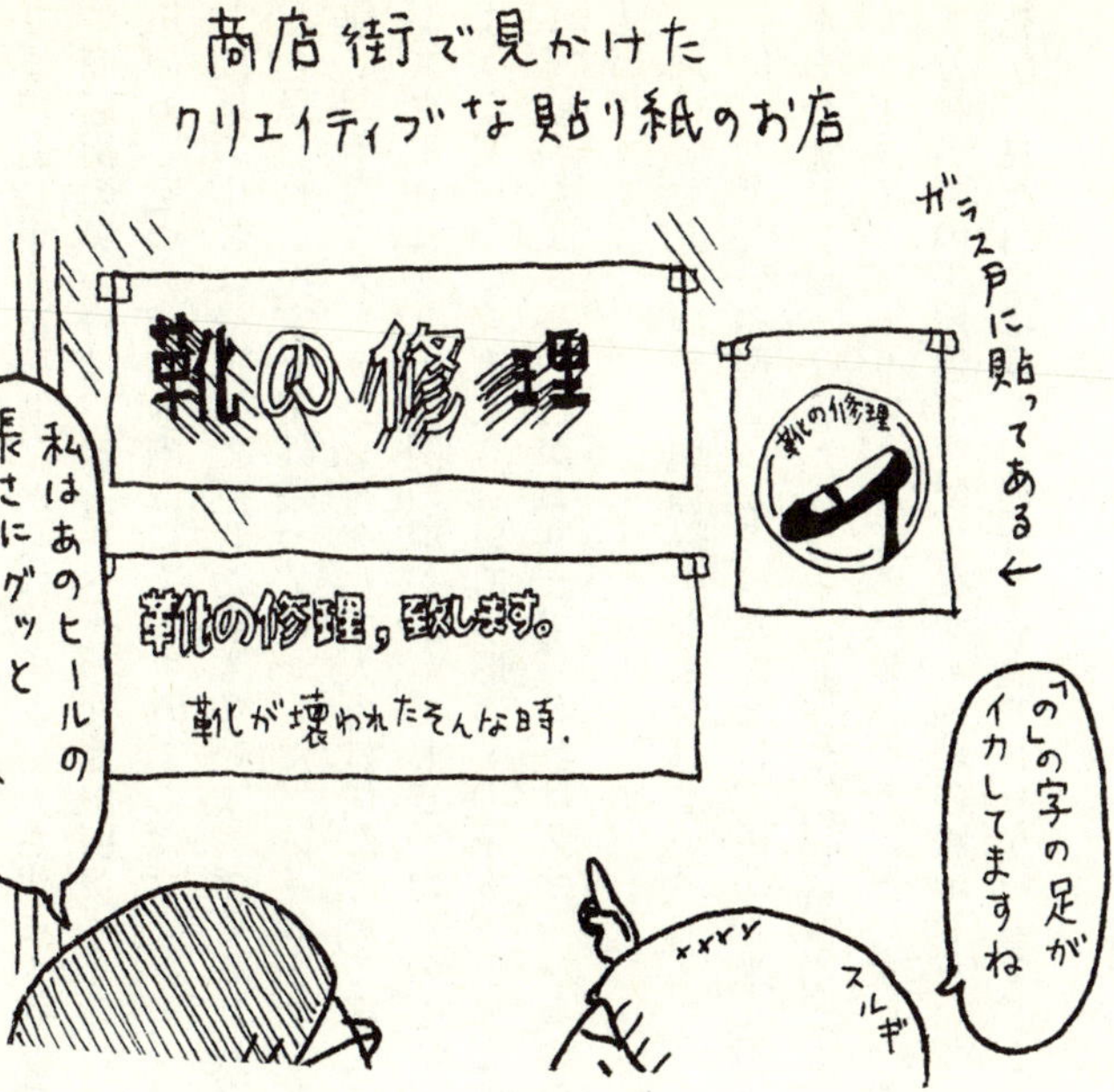
商店街で見かけた
クリエイティブな貼り紙のお店
ガラス戸に貼ってある
靴の修理
「の」の字の足がイカしてますね
靴の修理
靴の修理、致します。
靴が壊れたそんな時。
私はあのヒールの長さにグッと来ましたね
スルギ

業確実!!」と書いてあるのですが……あくまでも個人的な意見ですが、この様子からすると、確実に非盛業じゃないかな。

商店街の道はかなり狭いけど、通行量は少なめなので車はわりと飛ばして来ます。さっきから行き交うのはこの道路事情で鍛えられたドライバーばかり。ほらもう交差点なんか狭すぎてふつうに左折できないから、ギリギりまで右に車体を振りながらスピード落とさずに大回りで左折したよ。テクニカル。

商店街の裏手には、最古レベルの団地が広がっているはず。さっき左折していった車のあとをついて団地内部に入ってみました。

団地の中には最近建て直した家も多いようでそこは残念でしたが、分譲当時に建てたと思われる民家も案外残っていました。メイビー2DKくらいの木造瓦屋根、平屋建て。丁寧にメンテナンスをして大事に住んでいる家もあれば、主を失って木の雨戸がズタボロになり、玄関の扉が反ってしまったものもあり。玄関の鍵穴は宝箱の鍵のような、いかにも鍵穴らしいあの形。どの家も、ひさしの下の漆喰《しっくい》(土壁?)の部分は手で塗ったように凹凸があります。これはデザインなのか、当時の主流なのか。とても粋《いき》です。

期待どおり、いや、期待以上かもしれない。

ひとりでだいぶ楽しんじゃったあとに、後から来た担当のシンエイさん、スルギくんと合流。シンエイさんはすでに商店街の和菓子屋で茶飯のおにぎりを買っています。そうです、こういうところでは積極的に買い食いをするべきです。

分譲当時の平屋建てを愛《め》でながら団地の路地を歩いていると、なんと「売物件」の札が。見た目にはほかの建物とそう変わらないので、きっと築50年程度。もちろん連絡先も書いてあります。超——気になる。これおいくら？

気になるなら問い合わせだ。お気軽にお問い合わせくださいって書いてあるんだし、気軽にいくからね。ノータッチ気味のシンエイさん・スルギくんをシカトして私は携帯を操る。

「あのーいま、物件の前にいまして、売物件っていうのが気になって。はい。住所が、前久保南……値段と間取りだけ知りたいんですけど……」

「新居探しデート」の様相を呈してきました。

飛び出せ、靴の修理！

Vol. 27 武州長瀬《ぶしゅうながせ》、280万でどうだ

「あーあーハイ、それ、かなり古いヤツですよね？」

業者さんは、少し困ったような笑いを含みながら教えてくれた。

「それはねえ、昭和38年築の物件で古すぎるから、建て直すのを前提にしてて、間取りの情報がこちらにないんですよ（笑）。どんな構造かも、ちょっと分からなくて……なんだったら中お見せしますけど」

「あー、いやいや今日はそこまではいいです」

扱ってる不動産屋が間取りを知らないなんて！　しかし本当に買うわけじゃないので、さすがに鍵を開けに来てもらうのは申しわけない。

「だから値段も、実質、土地だけの価格ね。ええと敷地が、2×坪（失念）、建物面積が29平米。で、280万です」

にひゃくはちじゅうまん！

「あ、分かりました。検討してみます……」

いったん電話を切りつつも、BUSHOO☆長瀬で一戸建て！　BUSHOO☆長瀬で一戸建て！　という魅惑の掛け声がリズミカルに私の頭の中でこだまする。

北の原野とか人の踏み入らない山林とかならまだしも、まさか東京の通勤圏（池袋23時ジャストが終電だけど）で、根なし草の私がいま買えちゃう家があるとは思わなんだ。曲がりなりにも、庭付き一戸建てですよ？

「でもねぇ、不便だと思いますよー。お店もあんまりないし、毎日通うとなれば時間もけっこうかかるし、夜なんて真っ暗になるんじゃないですか。リフォームもかなり必要でしょうし、固定資産税も……」

シンエイさんがいつも通りリアリティにもとづいて否定的に入りましたが、軽く無視しました。

「オレ住もうかなあ」

こういうときに、無計画なノリで噛んできてくれるのはスルギくんです。そうです、待っていたのはこっちの反応です。だよね！　魅力的だよね、一戸建て！　今思えばやっぱり、内見《ないけん》をお願いすればよかった。

ちなみに、280万の物件は武州長瀬駅徒歩5分（推定）、商店街至近、コンビニ徒歩3分（推定）、庭付き一戸建て。どうです？　アレが売れても、たぶんまだ似たようなのがゴロゴロあるはず……。

280万の衝撃に揺れながら商店街に戻る。

木枠のガラス戸が閉まったおもちゃ屋さんの中には、日に焼けて印刷の薄くなったおもちゃの箱がほこりをかぶっています。あ、ブロック塀にペンキで「つりプラモ」と書いてあるからつりプラモ屋さんだね、すいません。ガラス戸を開けてみようとしたけれど、鍵が閉まっています。もうやってないらしい。

団地の中にはコンビニがない。妙に美・理容室と中華料理屋が多く、人は少ない。狭い通りには重機がせりだして、今まさに大きな店舗を豪快に解体している。いままでさんざん「死にそう」を見てきた私たちですが、この目で建物の死の現場を見たのはこれが初めてです。

「これはさすがに……悲しいな……」

しかしふと見ると、なんと、シンエイさんが茶飯を買った和菓子屋には行列ができています。そういえば駅前の、ボブ・マーリーのポスターのある理容店はドレッドヘアーを扱っていた。まだここは若い、生きている。だいじょうぶ！

東京通勤圏
280万
壁はトタンに取り替え済
ドアもたぶん新品
売物件
ほしいの!!
やめたほうがいいですよ〜
短髪にしたシンエイさん

商店街を進んでいくと、道路のど真ん中になにか違和感のある形状が見えてきた。道路のど真ん中に円。左向きの矢印看板。

これは、ロータリーではないですか！

さっきからまばらに来る車は、スムーズにロータリーを回転しながら目的の方向へ向かっていきます。ロータリーの脇には、その名も「ロータリー」というお惣菜屋さん。同じくロータリー脇にある公民館は、ロータリーに面した壁がその弧に沿って、まるーくなっている。すぐそばの医院も、円窓《まるまど》のある名建築。

ここはなんでもロータリー基準だね。ほのぼの。

それにしても、駅前ロータリーはどこにでもあるが、交差点ロータリーを日本で見たのは初めてです。十字路のど真ん中に円形を置き、円を左向きに回ることによって、赤信号で止まったりすることなくスムーズに進めるという画期的システム！

しかし、ほかにほとんど見たことがないということは、ロータリーってもしかして団地建設当時は来《きた》る自動車社会に向けての超最先端システムで、でも結局流行らなかった……というものなんじゃなかろうか。飲み物で言うところのタブクリアというか、ビデオでいうところのベータというか。となると、ここにもいくぶん悲しみが宿って……。

魅惑の交差点、ロータリー!!

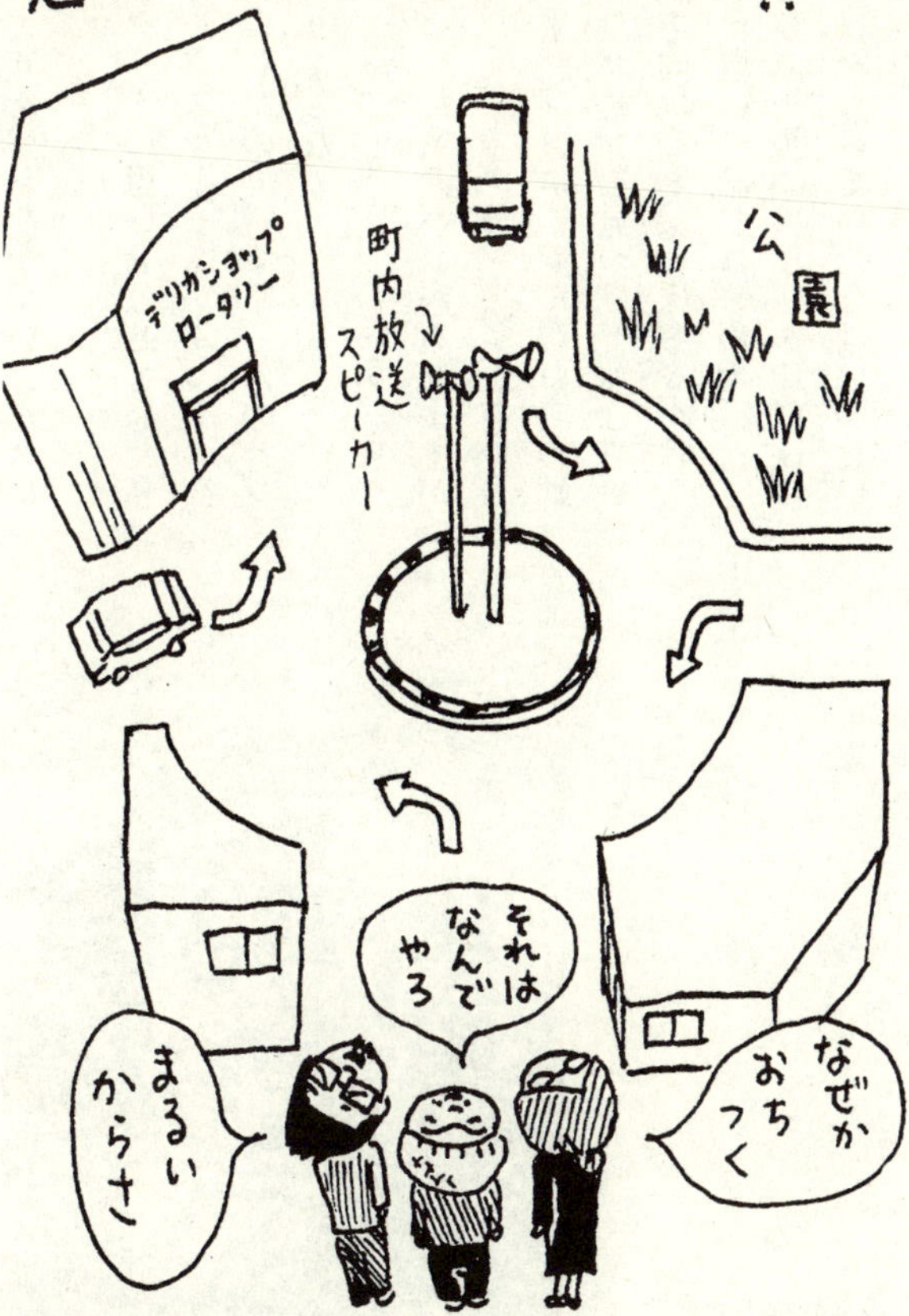
デリカショップ
ロータリー
町内放送スピーカー
公園
なぜかおちつく
それはなんでやろ
まるいからさ

「すいません、おなかすいたんスけど」

ロータリーに思いをはせていた私でしたが、スルギくんがふつうの欲求を口にしたので、すぐそばのパン屋に入りました。

「サカナ」「ホタテ」という、ちょっと謎《なぞ》めいた名のパンがありますが(たぶんハンバーガー的なもの)、おいしそうです。シンエイさんがお店の端にあったサインを見つけておばちゃんに話を向けると、おばちゃんはちょっと自慢げに話しはじめた。

私たちより前に、BUSHOO☆長瀬に目をつけていたのはいったい誰だ。

住民もきっとロータリーが大好き。

Vol. 28 武州《ぶしゅう》長瀬《ながせ》、パブドアの町

パン屋のおばちゃんはうれしそうに話す。

「あのね、桜塚やっくんが……」

「え、来たんですか？」

「たぶんそうだと思うんだけどねぇ。だいぶ前にね、吉本の人がゆうパーク（どこ？）に来て、がんばってくださいねーなんて話しかけたんだけど。そこのサインもそのときの。まだ桜塚やっくんが売れる前だったんだけど、顔がそっくりだったのよ。だから、たぶんそうだと思うのよねぇ。あんなに売れるなんてねぇ」

私はサインを見てみました。桜塚やっくんの名前もなければ、その本名と思われるものもなかったです。このことはおばちゃんには内緒です。

ロータリーに面した公園で休憩し、シンエイさんは茶飯を食べる。スルギくんは「ホタテ」を食べる。茶飯はお店の人のオススメだそうで、文句なくおいしい。

そういえば、さっきから和菓子屋、お惣菜「ロータリー」、ほかにも揚げ物屋な

ど、買い食い推奨のお店が元気です。BUSHOO☆長瀬の商店街ではグルメなデートもできそうです。

脇道を入ってみると、家々の障子がことごとく破れている。この平和な町にいったい何があったんだ、と不穏な気持ちになるが、その先にはもう一つの商店街があった。2つの商店街の間には乱気流でも発生しているのだろうか。

ふと見上げると、「金魚」と書いてある看板。その下には、すさまじい藪で覆われ、柵をロープで厳重にしばりあげて絶対に中に入れないようにした大きな敷地がある。元・金魚屋さんなのでしょうか。それにしてもこの殺伐ぶりはなんだ。覆った植物や柵で中が見えにくいのだが、すきまからのぞくと、いけすのようなものがあるようにも見える。

これは聞き込みが必要だ。

スルギが近くの店の主人にカネを握らせたら、案外あっさりゲロったぜ（揚げ物をいくつか買うついでに聞いてみたらいろいろ話してくれました）。

「あーそこはね、ご主人が（複雑な事情、大幅に省略）だからほったらかしになってるんだけどね」

やけに厳重に閉じてある金魚屋は
まるで本体のない廃墟だ
金魚
中……ようう見えん
池みたいなのが……ある?、
スルギ
個人情報すぎ
ここが閉じた理由は、とても雑誌に書ける内容ではなかったんです……
大人のシンエイさん

情報、聞けすぎ。重すぎ。とても載せられない。とにかく、元・金魚屋で、いまは廃業していることは確からしい。

BUSHOO☆長瀬はベッドタウンのはずですが、こちらの商店街には妙にパブっぽい店が多い。バーでなく居酒屋でなく、スナックでもなく、パブ。じわじわ染み出す場末ムード。

パブをいくつか見ていて分かった。ここでのパブの定義はどうやら、入口のドアの上部がまるくなっていることらしいのです。これをパブドアと呼びます（いま決めました）。BUSHOO☆長瀬にはパブドアの多いこと多いこと。どう考えても2階建てのふつうの民家なのに、1階に唐突にパブドアがあったりする。

ああ、2階には小学生が住んでて、宿題をしてるんだろうな。パブドアから家に入ろうとすると、「ケンちゃん、うちに入るときは裏口からって言ったでしょ！」とママ（2つの意味で）に怒られるんだろうな。

数あるパブ系のお店のなかでも、私たちは「心花」と書いて「ときめき」と読ませる店名の独創性に強く惹《ひ》かれました。BUSHOO☆長瀬パブランキングトップは心花《ときめき》でキマリ。入店してないけどね！

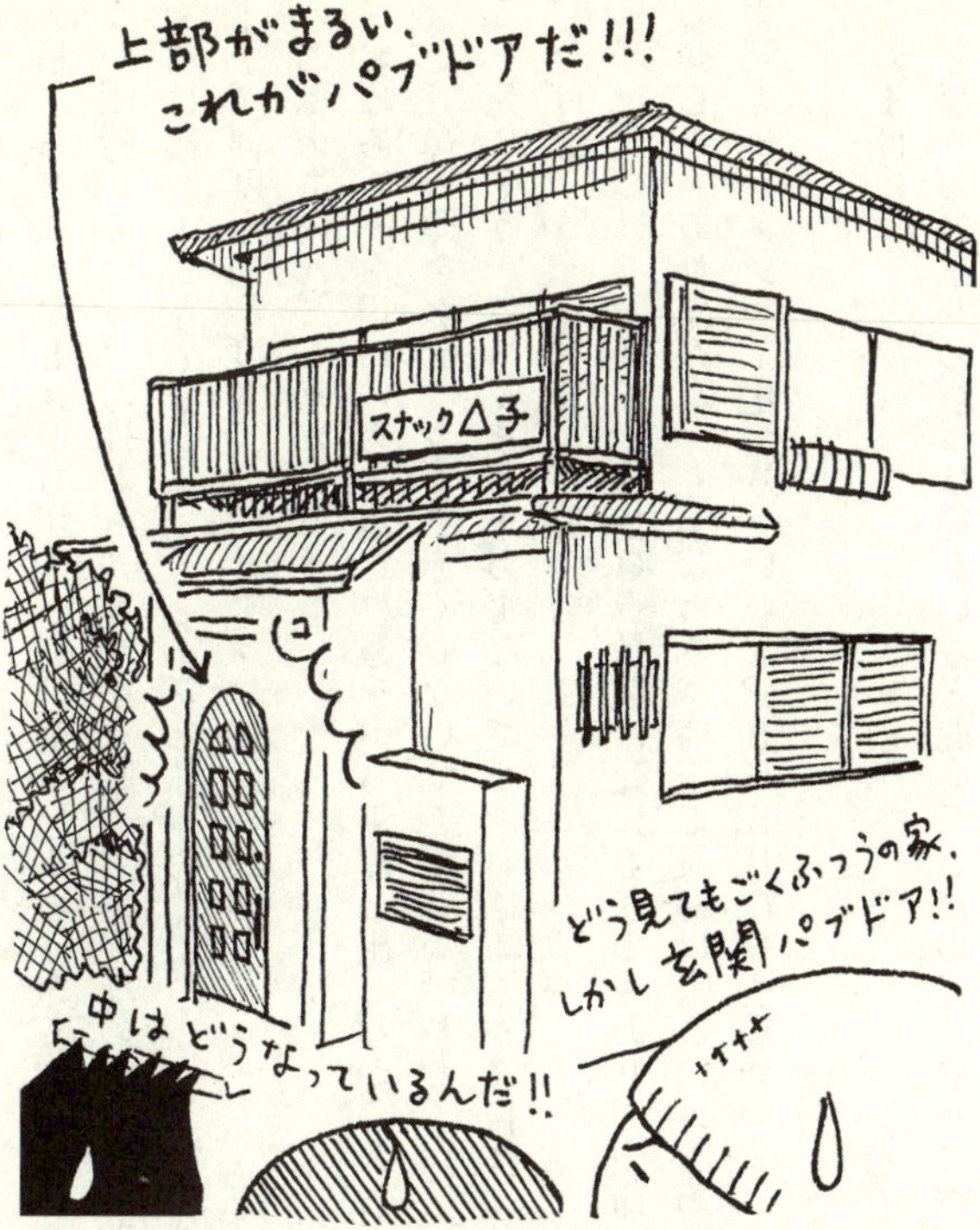
上部がまるい、
これがパブドアだ!!!
スナック△子
どう見てもごくふつうの家、
しかし玄関パブドア!!
中はどうなっているんだ!!

そうこうするうち日が暮れてしまった。ほんとは「武者小路実篤・新しき村」にも行くつもりだったのに、団地部分だけで楽しみすぎた我々です。最後に休憩に寄ったのは、妙にメルヘンな喫茶店。レーシーでファンシーな土曜の午後ですが、お客さんはおじいちゃんとおばあちゃんだけです。

私たちが入ったときからずっと目の前にいるおばあちゃんは、食欲よりも眠さのほうが圧勝している。おばあちゃんが麵を吸う力は地球の引力に完敗。吸っても吸っても口に麵が入らなくて、そのうち眠くなって頭がゆっくりケチャップ方面に軟着陸……。何度も何十度も、ナポリタンに接する顔面。

おばあちゃん、しっかり!!

おばあちゃん、口から一本だけ麵をべろーんと出しながらあおむけで寝ないでください。鼻の頭をケチャップで赤くしないでください。私たちが笑い死にます。そういう「死にそう」はあんまり求めてないです。おばあちゃん自体には「死にそう」を感じたけど。

そんなわけで、BUSHOO☆長瀬は死にそうでもあり、生命力にもあふれ、内見の楽しみもあればグルメも楽しめる、埼玉で最初に来るにふさわしいスポットなんです。もっとメジャー化するといいな、BUSHOO☆長瀬。

おまけに。

となりのとなりの駅には猫がいると聞いていたので、帰りに寄ってみました。しかし、いない。ホームがひとつしかない小さな駅をひととおり見ても、いない。

駅には駅長さんひとりしかいません。駅長さん曰《いわ》く、

「ああ、どこかに行ってるんだろうなぁ」

どうやら駅で飼っているわけではなく、「猫駅長」として観光の目玉になっていることもなく、なんとなく駅のあたりをなわばりにしているだけらしい。自然体。

今日はいないのか……とあきらめたそのとき、音もなく足下《あしもと》に来ていた。人をぜんぜん怖がらないデブ猫です。

「うっしー、うっしー」

駅長さんが呼びかける。

「牛みたいな模様だから『うっしー』っていうの」

おお、今年（２００９年）の干支《えと》にちなんでいてちょっと縁起がいいですね。うっしーの首元をさんざんなでまわして帰りました。いい日でした。

Vol.29 長崎村《ながさきむら》は今日は雨だった

雨が強く降っている。

今日は能スポの取材で、ある街に行くつもりでした。しかし、できればそこには晴れているときに行きたかったんです。今までこういうときってどうしていたっけ？

スルギくんに電話してみる。

「雨ですよ」

「そうですね」

「今までこういうことってあったっけ？」

「そうスねえ。初めてですよね、雨」

そう、私たちの取材予定日には、これまで本当に一度として雨が降らなかったのです。奇跡的な確率です。

「雨……雨ね～う～ん。雨の日だってデートはあるだろうし、考えないと……」

しばらく結論が出ない。ためしに雨にちなんだ歌の地名を挙げてみました。

「……雨の西麻布（85年、とんねるず）」

「西麻布は……うーん、どうスかね？　普通にオシャレそうですよね」

「長崎は今日も雨だった（69年、内山田洋とクール・ファイブ）」

「長崎……？　長崎まで行くんスか？」

「長崎、楽しいよきっと！　勢いで行くにもいい距離」

連載初、『取材当日に行き先を決める』という愚行がなされた瞬間であります。

しかも長崎。さすがは天下の講談社、東京〜長崎の距離くらい、その日の思いつきでひとっとびです。——西武池袋線で、ね。

電話の2時間後にはもう、私たちは西武池袋線「東長崎駅」にいた。

ダジャレですって？　とんでもない！　ここは誰もが認める長崎です。東京都豊島区長崎です。

「長崎は、今日も雨……ですね」

大雨の豊島区長崎でとりあえず言ってみたものの、正しくは「今日も」ではない。

豊島区長崎に来るのは初めてですから、「今日は雨」です。はじめまして、豊島区長崎。今回は一応、本家・長崎県長崎市のほうに敬意を表し、豊島区長崎については「長崎村」と呼ばせていただきます（理由は後述）。

東長崎駅の南口に降りると、車が入ってくるのに苦労しそうなほどの狭い道沿いに、ギュッと固まったような商店街「長崎銀座」がありました。どこの郊外にもあるようなチェーン店だらけの町かと予想していましたが、思ったよりも個人商店が多くて楽しそうなのでホッとしました。長崎村のみなさんありがとう。

しかし、路地にしとしと降りつづく雨のせいでどことなくさみしく、活気と言えるほどのものはあまり感じない。長崎銀座をしばらく歩くと、すぐに商店街の街並みが終わってしまった。ふりつづく雨で体も心も寒い。

「けっこう小さい街っスね……」

「当日の思いつきで来たからこんなもんでしょう」

「ちょっとどこかで休みます?」

アグレッシブではない我々はすぐ休みます。

そういえばさっきからいくつか喫茶店は目にしていました。チェーン店ではない喫茶店も多く、飴色《あめいろ》のムードただよう正統派喫茶店や、やたら広くて食堂のような喫茶店など、バラエティー豊富です。

そのなかで、私たちはいちばん素朴なお店を選びました。

横壁に店名などの文字が書かれていますが、その周りのすきまをすべて埋めるよう

駅のそばにはなぜか
若者っぽい(のか?)雑貨屋、そして
貼り紙。

HCB
当店は×日をもって、東長崎より渋谷に引っ越します。
渋谷進出…!? 無謀ではないのか…?

にあらゆる党の選挙ポスターが貼られ、さらに英会話学校のポスターもバンバン貼られています。無党派で寛大すぎる喫茶店です。もう少しで文字部分がポスターに侵蝕《しんしょく》されそうです。がんばれ！

「デート的にはここだね」

「そうスね」

2人の意見は一致し、ドアを開けようとする。すると、ドアの取っ手に年季の入った手ぬぐいが巻かれてある。にじみでる思いやり。

お店に入ると、三つ編みのおばちゃんがカウンターにいます。お客さんはいません。

テーブルに置いてあるメニューがいきなり気にかかる。

『ニューメニュー　そば／うどん／そうめんセット　サラダ・小ライス・コーヒー or 紅茶付』

「……喫茶店なのにそば、うどん？」

「しかもニューメニュー」

小声で真剣に協議した結果、ニューメニューに挑むのはあきらめることに。結局スルギくんはハンバーグ弁当とコーヒー、私はハヤシライスをたのみました。

商店街でこんなのりものも見つけましたよ。

きょうは
おやすみです
色あせて
ほぼ白目
くすり屋店先にて。
こんなん吉原にもあったわ!!、
めっちゃ顔元気やん!!
エスファイト

テンションの高さ、色あせっぷり、
文句なく「吉原式」です。おめでとう。

おばちゃんはけっこうおしゃべり。長崎村のことを詳しく説明してくれました。そう、ここを「長崎村」と呼ぶのは、おばちゃんの表現だったのです。私たちもそれにならって長崎村と呼ぶことにしました。

「長崎村も変わっちゃってね。さみしくなったよ。ナガチュー（長崎中学校）も統合で無くなって、ナガチューはグラウンドが広いから、そこにスポーツ施設ができるとかなんとか。とにかく子どもは少ないね。お父さんお母さんがおかくれして（※おばちゃんの表現そのまま引用）、その土地に新築して戻ってくる人もいるけどね」

「でも、駅は新しくなりましたよね」

今日降りたとき気づいたのですが、駅舎は明らかに新築でした。

「そうね。新築されたのは一昨年だったかな。南口のほうが先に（駅周辺が）きれいになったのよね。でも落合南長崎駅（都営大江戸線）に人が取られてるから、こっちもさびれる一方」

「でも、暮らしやすそうですけどね」

「そうね、物価は安いよ。でも、北口なんかシャッター通りなんて呼ばれてる。さみしいよね」

そんな話をしているうちに、食事が出てきました。この食事をきっかけに、我々は長崎村の奥深さを知ることになる。

長崎村のお家の階段、植木鉢ラッシュ。

Vol. 30

長崎《ながさき》村《むら》、長崎《ながさき》・東長崎《ひがしながさき》・そして南長崎《みなみながさき》

私だってべつにグルメじゃないですもの。コンビニ弁当だっておいしいと思って食べますもの。カップラーメンだっておいしいと思いますもの。出されたものに文句を言うことなんて、なかなかなかないんです。

しかし、東長崎駅南口の、長崎村について よく語ってくれた三つ編みおばちゃんのハヤシライスだけは、ない。

どんなレストランのハヤシライスよりも、いや、どんなレトルトハヤシライスよりも、ない。いや、あれはそもそもハヤシライスなんだろうか？

そうですね、分かりやすく言うと、「ハヤシ味のおかゆ」。米がおかゆほど柔らかいわけではないけれど、具のないおかゆをハヤシのルーで作った感じなのだ。

ルーの中に、7ミリ立方くらいの肉が一つだけ感じられた（味覚的というよりは触覚的に）けど、あとは何もない。かなり液体に近いルー、それだけ。味はどこかにありそうなレトルトルトっぽい味で、とびぬけておかしなわけではない。でも、具が徹底的に無く、ルーが液体に近い、という相乗効果であんな大変な味になるとは。これは発見です。

スルギくんのハンバーグ弁当はというと、見た目は平凡だったのですが、店を出て第一声、青ざめた顔で「あんなしょっぱいハンバーグ食べたことないッス」。添えてあったごはんまでしょっぱかったらしい。上にゴマ塩がかけてあったのだ。

コーヒーはというと、

「いやぁ、スパイキーでしたよ（笑）」

「スパイキー？　スパイシーじゃなくて？」

「サッカーのスパイクみたいな香りでしたよ……！　泥がついたまま2ヵ月放置したスパイク臭です。スパイキー。ウッハハハ」

元サッカー部の彼のテンションはなぜか上がっていた。

「ま、『ニューメニュー（そば・うどん）』を試さなかったのは正解だったね……」

そういえば、推定50代、なんらかの業をかかえているとしか思えない三つ編み（左右に1本ずつ）のおばちゃんは、ハンバーグ弁当を出すときにまちがいなく「おいしいですよ」と言っていた。

私たちの後から入ってきた唯一のお客であるおばあちゃんには、いっさい注文していなかったのにアメリカンコーヒーが出てきていた。あそこには何か、一見《いちげん》には踏み込めないルールがあるのかもしれない。お店自体は寛大そうで、思いやりがあって……しかし、商品との斯様《かよう》なギャップはいったいなんなのか。

気分を変えて北口に渡ってみます。南口ですでにさみしさを覚えた私たちです。「シャッター通りなんて呼ばれてる（三つ編みさん談）」という北口はどう感じられるやら……。

あれ？

「なんか、明るくないスか？」

「心なしか……元気だよね」

ただ、ちょうど日も暮れはじめて人通りも多くなっている。雨も少し弱まっている。だから、気のせいかもね。

……いや、気のせいではない。通りが明らかににぎやかだし、シャッターだらけで廃《すた》れているような様子はない。北口の商店街は、駅を出ていきなり新しいスーパーがあるものの、それに負けないくらい個人商店ががんばっています。焼き鳥屋の赤ちょ

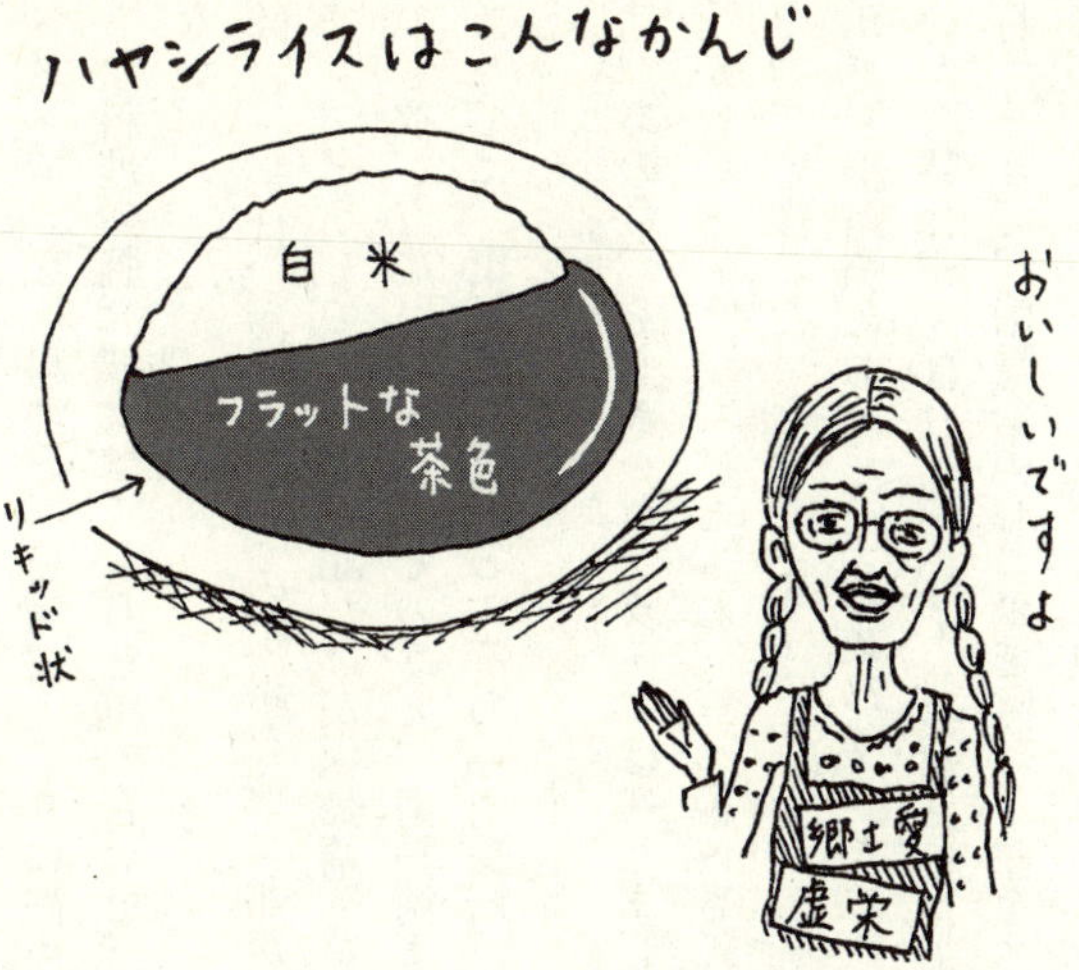
ハヤシライスはこんなかんじ
白米
フラットな茶色
リキッド状
おいしいですよ
郷土愛
虚栄

うちんもそこここで目立ち、店頭で元気に焼いています。古くからの食堂もまだまだやってます。

「もしかしたら南口より元気じゃない？」

「そうスよね……。商店街の通りが何本かあるし」

　三つ編み女史、なぜここを廃れていると……そうか！

「おいしいですよ」のハンバーグ弁当が純然たる塩味だった時点で、私たちは気づくべきだったのだ。三つ編みさんの無意識な虚栄心に。

　彼女が「長崎村」を自虐的に

語りながらも、南口の有利さをさりげなくアピールしていたこと。そして、人にはまずオススメできない料理を、自信たっぷりに勧めること。衰えがちな南口、そして衰えがちな料理の腕。彼女はこれらを重ね合わせ、北への対抗意識を燃やしていたにちがいない。

長崎村一帯は、西武池袋線の線路を境に北が「長崎〇丁目」、南は「南長崎〇丁目」です。どうしても「なぜ北だけが『長崎』を名乗るのか」といった不満が出てしまうのも致し方ないところ。そのうえ、南長崎よりも南に「落合南長崎駅」を造られたとあっては、東長崎に近いところの「南長崎」がいちばんしわよせを受けるじゃないか。

私は、あのね、そりゃハヤシライスは残しましたよ、あの料理は本気でどうにかしたほうがいいと思う、だけどもね、三つ編みさんをはじめ、東長崎寄りの南長崎のことは全力で応援したいと存じます！

なかでも線路際にあった、「創業70年」という傘専門店。傘の専門店なんてなかなかないから特にがんばれ。いっそ「長崎は今日も雨だった」にちなんで、「長崎村は傘の町」として、南長崎中心に傘で町おこしをするといいと思う。もちろん三つ編みさんもがんばれ。ハヤシライスに具を入れろ。北口に負けるな。

南口復権の導火線
傘屋さんの看板
傘
専
門
☎95X-XXXX
タヌキが化けたような傘である。
キュートだ

つい熱くなってデートから完全に外れましたが、長崎村でデートをするときはぜひ南口へ。

……どうしてもダメそうだったら、北口へ。

Vol.31

横《よこ》浜《はま》中《なか》村《むら》町《ちょう》、横浜じゃーん

根岸線の石川町駅でおりて海側に行くと、はなやかな横浜中華街があるんです。ではそこを陸側に行くとどうなるかというと、アレです、だいぶいい感じです。デートスポット的に。

ということで、駅から陸側に向かい、川の南岸を進みます。今回はフルメンバー。小さな商店街をのんびり進んでいくと、月曜の真っ昼間、川の北側に渡る橋の手前の、両際のポールのたもとにはそれぞれおっさんが座っていて、何をしているわけでもない。

簡単にいいますが、街なかで壮年男性がほんとうに「何をしているわけでもない」様子でいるのは、けっこうむずかしいことです。

彼らは熟達者なのです。わたしたちみたいな、ね、世間の歯車が、ひょろっとお近づきになっちゃいけないんだよ。彼らは座って何をしているわけでもないが、寺社の入口の仁王像のように威厳がある。

わたしら自由業名乗ったって所詮《しょせん》アレだろ、わたしなんか来年の今ごろどうせ生きてんだぜ。ふつうだよねー。まーどこにでも転がってる人生ですよ。川の北側には、来月生きてるかどうか分かんないことの威厳がある。橋には山門ほどの重みがある。

この界隈は南側にすぐガケがひかえていて、すさまじい高低差です。コンクリで補強された、何十メートルかの標高差のガケの上にもコロンとした四角い家が載っかっているのが見える。この絶景を下から見るだけでも価値があるというものです。

川沿いに歩き、石川町という地名のところはさらっと通りすぎて、中村町というところに入るとさらにおもしろくなる。

中村町の家々にはときどき石敢當《いしがんとう》が嵌《は》められている。石敢當は沖縄地方でよく見られる魔よけです。細かく波打つトタン壁の家もやけに多い。トタン壁の色と言えば水色や青がおなじみですが、ここにはピンクが多く、黄緑や白などもあってとてもカラフルです。この鮮やかさもなんとなく沖縄を思わせます。

三吉橋というところに来ると、急におばあちゃんのうろつき率が高まる。道幅が広いわりに車があまり来ない通り沿いに、橋の向こうからこちらにかけて商店街が伸びています。

店が閉まりがちな商店街の中で、『焼きそばとおでん』のお店は開いていました。

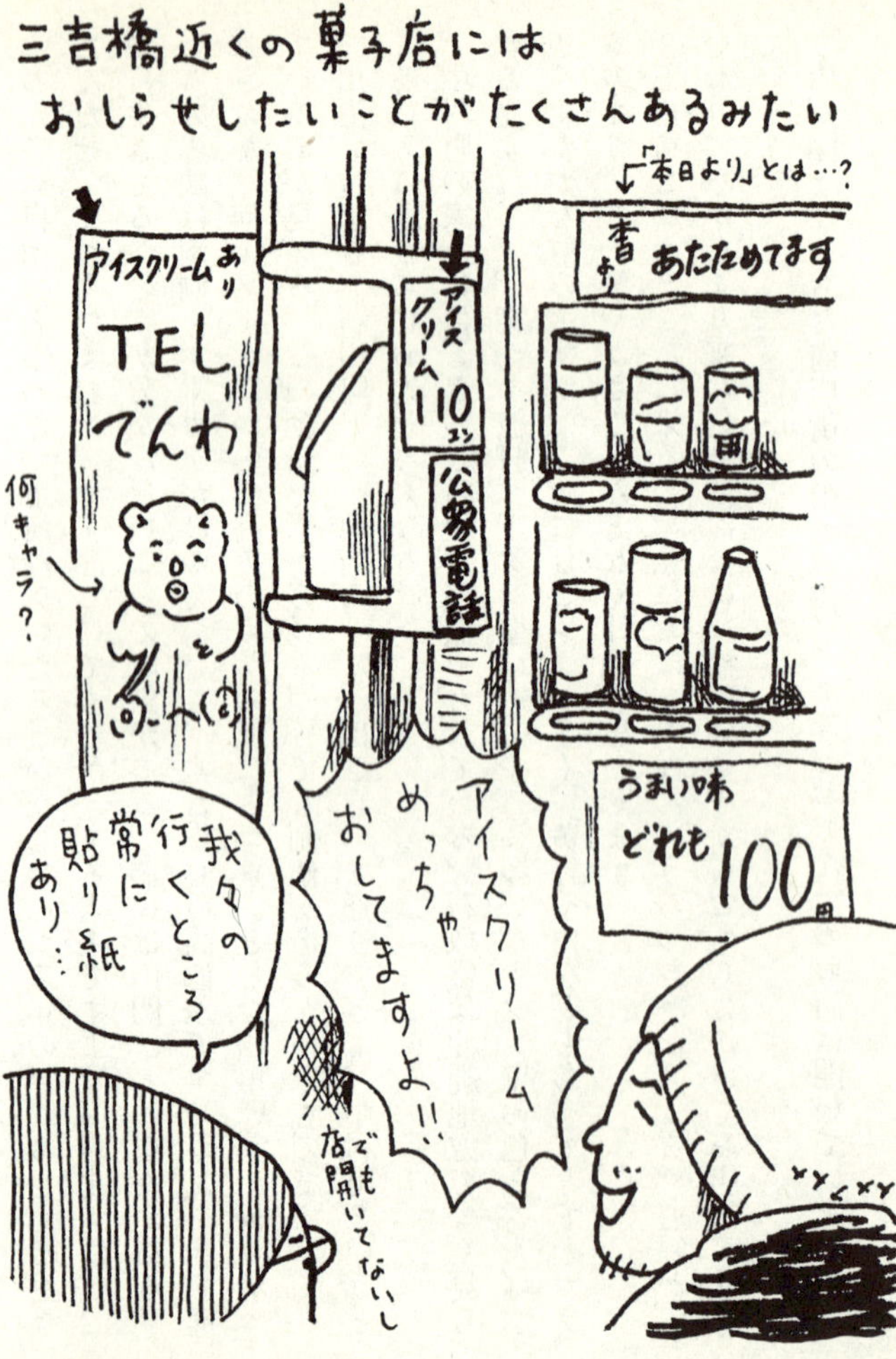
三吉橋近くの菓子店には
おしらせしたいことがたくさんあるみたい
「本日より」とは…?
あたためてます
アイスクリームあり
TEL
でんわ
何キャラ?
アイスクリーム 110エン
公衆電話
うまい味
どれも 100円
我々の行くところ常に貼り紙あり…
アイスクリームめっちゃおしてますよ!!
店も開いてないし

うれしい。焼きそば屋ってなかなかないもんね。

お店にはいると、先客が2人います。奥でスポーツ新聞を読むおじいちゃんと、短髪のおじちゃん。

奥のおじいちゃんは、新聞を読みながらときどきあたまがゆらゆらしている。タバコを持ってる。あぶないよ。この創業50年（推定）のお店が灰燼《かいじん》に帰すよ。気をつけてね。

お店はおばあちゃん2人で切り盛りしている様子。焼そば300円。安すぎ。具は、ポテト・卵・肉を組み合わせで選びます。たとえばポテト＋肉の場合は『ニクポ』とたのむらしい。全部の場合は『三色』。サイズも大中小とあります。ポテトって斬新だと思う。

というわけで、私たちは「三色の小」とおでん数品をたのみました。卵というのは目玉焼きがのっているわけではなく、卵が絡《から》んでいるのでした。これはおいしい。それりゃージェロも来るよね（店内にはジェロの写真があったのだ。片桐はいりのサインも）。

手前のおじちゃんとおばあちゃんは話をする。

「もう娘さんどのくらいになったっけ？」

「中2」

「あらそう―、ずいぶん大きくなった」

「困ったもんだよ。学校も抜け出すわサボるわ、女の子どうしで殴りっこするわ、オレが呼び出されてるんだよ。あいつ高校には進まねぇだろ」

「えーやだねえ、困るじゃーん」

……じゃん!!

いまや関東全域の若者が使う「じゃん」が横浜弁だと聞いたことはあったが、それを本当に聞けるとは。横浜に来た甲斐《かい》があったってものです!「じゃん」を言うおばあちゃんは焼きそば屋にいる!!（それにしてもおじちゃんの娘さん、「困るじゃん」じゃすまないくらいワルいですね）

飲み物には、お酒は一切ない。コーヒー牛乳のとなりに『白牛乳』と書いてあるのが新鮮です。あとはラムネとか、コーラフロートとか、祭りっぽさが出てますね。

私たち3人は、コーヒー牛乳と白牛乳とラムネをたのみました。

「はい、白とコーヒーとラムネね」

牛乳は、「白」なのです。

時間はお昼どきを少し回っているけど、お客はけっこうとぎれずに来る。女性3人

みんな気づいてないけど
タバコが危ないよ!!
ゆら
ゆら
……
三色
にくポテト
にく玉子
ポテト玉子
大400 中350 小300
大350 中300 小250
呼び出されるのも
たまったもんじゃねーよ
あら
困るじゃーん

ガケの上と下をつなぐ道はこんな状態。本当にヨコハマか？

組が入ってきて奥の席に座り、ラムネを注文したら、奥にずっといたおじいちゃんが動いた。

「あ、ラームーネー……」

おじいちゃん、店員だったんですか！　お店にいる間中、店員であるおじいちゃんの言葉は「ラームーネー……」しか聞けず。

さて、焼きそば屋で胃も心も満たされたので、気合を入れて南側のガケをのぼってみることにしました。

Vol. 32

横《よこ》浜《はま》中《なか》村《むら》町《ちょう》の失敗

中村町はガケの下。ところどころに上と下をつなぐ、坂という名の階段がある。罰ゲームと呼んでもいいくらいの険しさです。

焼きそば屋から近いところの『山羊坂』という段々をのぼってゆく途中、広い庭を持つお屋敷があった。このお宅には、階段以外では到達できません。引っ越しも大変だろうし、そもそも建築が大変だろうし、デメリットが大きすぎる。でも、それを補えるほどの眺望があるんだなあ。

私たちが息を切らして階段をのぼっているあいだに、上から郵便配達人が階段を駆け下りてきて、郵便物を入れて、またのぼってゆく。上から来たほうが効率がいいのですね。

『かとう先ぱいLOVE』と書いてある山羊坂の坂名標識を横目に見ながら、また別の坂を下りてみます。

山道のような坂の途中に、今度は年月を経ていい味の出た木造平屋の長屋がありま

人間はどこにでも
住むのです
どこから
行くの？

した。さっきのお屋敷と負けず劣らずの景色なんですが、お屋敷があったり長屋があったり、ここの社会は深い。

ふと足もとの棒に気づく。『平楽北地区急傾斜地崩壊危険地域』の標識が根元から倒れています。ほんとうに崩壊してみせるとはなんてこった。

そんなわけで焼きそば屋や坂道でも楽しみはあったのですが、今回ほんとうに行きたかったのはどこかというと、中村町の隅にある某そば屋だったんですよね。某そば屋、2年ほど前に初めてここに来たときに発見し、その外観に衝撃を受けたのでした。そのときは勇気がなくて入れなかった。

築50年を超えると思われる木造2階建ての建物は錯覚図形のようで、柱も壁もゆるやかに斜めです。寄りかかるのさえためらわれます。1階と2階のあいだがちょっと力を含んでふくらんでいて、花開く前のつぼみのようだ（開いたらすべてが終わる）。

こんな建物の様子は、2人にもいちおう事前に言葉で説明していたんだけれども、たまたま道を誤っていきなりその店の真裏に来てしまった。角を曲がっていきなり「それ」が現れた衝撃に、私たち（というか特にスルギくん）のテンションが急激に頂点へ。

「うっわー！　ほんま、ほんまにっ（笑）、めっちゃすごいッスわコレ!!　めっちゃ斜めじゃないスか!! うわー、ハハハ」

「そうそう、ここですよ!!」

「いや、すごいですねコレ……」

裏口からはすぐ厨房が見える。状況を見渡す能力にたけたシンエイさんは小声だった。しかし、スルギくんのテンションは止まりません。

「地元でもこんなんなかったッスよ!! うわ、ほんま、ありえんでしょうコレは、傾いとるやん、ヤバいやろコレ! ウハハハ!!」

その様子を、V字にひしゃいだ窓枠の向こうから凝視する視線があった。店内で精魂こめてそばを打つ女性(推定65)である。

でっけえ声で建物に向かって感想を述べまくるスルギくんをなかば無視する形で私とシンエイさんはお店の表に回り、引き戸に手をかけようとしたところ、中から戸が開きました。さっき窓枠越しに見えた、三角巾をかぶったおばあちゃんが非常に渋い顔をして立っている。

「あの、いま……やってますか?」

ちょっと雰囲気がまずいが、店はどう見てもやっている。だって、おばあちゃんの肩越しにお客さんが見えるもん。

スルギくん大ウケのそば屋。
これはないやろーウハハハハ
とりあえず離れましょう…
この窓からおばあちゃんは見ていた!!
こんなにゆがんでいるのはデッサンがヘタだからじゃないんだよ

「いま、休憩中ですから。川の向こうのほうにきれいなお店がありますから、そっちに行ったらいいんじゃないですか」

「え……？　えっと……」

「やってません！」

ぴしゃりと戸が閉められた。『きれいなお店がありますから』。

遠まわしに拒否された!!

あざけってるつもりはなかったのに。愛しているつもりだったのに。

いや、もちろんこの建物の古さのことをあげつらう時点で、お店としてはいい気分がしないのは分かる。でも、私自身も、風で揺れる築44年の木造2階建てを愛して住みつづけております し、決してボロさを小バカにするために来たんじゃないんだよ。

私たちが偏屈者なのはこのさいストレートで認める。だから、そういう建物が心から好きだという人種がいることをどうにか許していただきたい……。

「いや、だってあれはしゃーないですよ。あんなんいきなり見たらそら笑いますって!!　だって……」

まだ気分上々↑↑で笑いながらこんなことを言ってるスルギくんだって、純粋にそういうのを愛しているんですから、こう見えて。たぶん。きっと。願わくば。

テンション下々↓↓になった私とシンエイさんは、スルギくんに横目で冷たい視線を送りながらも、「顔は割れてないですよきっと」「割れてるとしたらスルギくんだけだから」「私は別メンバーにしてでも絶対もう一回来ます」と小声で相談しあい、横浜中村町の日は暮れていった。スルギくんはコンビニでヤクザモノの雑誌を買ってますます気分上々であった。

はたして数日後、決心の固かった私は、全く違うメンバー（プライベートの友人）を連れて注意深く某そば屋を再訪するのである。

中村町にて。あーもうこんなにかけちゃって……。

がけっぷち。

Vol.33 横浜中村町《よこはまなかむらちょう》、麺処・目の錯覚

横浜中村町の某そば屋。実に、3度目の訪問なのです。3度目にして初入店。1度目は、遠くから見て存在を知ったのみ。2度目は、主にスルギくんの天真爛漫《てんしんらんまん》な爆笑によってお店の方が不審感を抱き、まさかの入店拒否。そして今回3度目、念には念を入れて担当編集を伴わず、プライベートの友人とともに入店であります。

今回は道をまちがわないよう、きちんとお店の表側から回れるルートをたどる。

改めて見ても、まだお店として現役であることが奇跡的なくらい年季の入った建物です。ボディーがゆるやかに右側にしなだれかかっている。

うーん、だいぶ眠そうな建物です。いや、建物が眠いなんてことはありえない。きっと目の錯覚です。

今回は日曜の昼どき。とりあえず入口の戸を開けてみます。もちろん入口の枠も全体がゆるやかに右に流れている(ように見える。目の錯覚)ので、戸もなかなか開かない(ような気がする)。

先客はひとりでした。オンリー・ア・じいちゃん。店の中も、柱とか窓枠とかいろいろなところの辺《へん》(数学的な意味の)がねじれの位置にある(ように見える)。これは人為的にできるものではない、むしろ自然が作り出したアートと呼べよう。……こんな脳内ナレーションを極力無視し、私は友人とともに「あ〜、おなかすいたー」とつぶやきながら席に着きました。前回の失敗を踏まえて実に自然な様子でふるまえたこと、自分で自分をほめてあげたい。

いきなり、猫が2匹登場しました。店をかけずりまわります。

「こら、タマ!!　タマちゃん!」

ゆかいなサザエさん一家か。

しかし、そこにいるのはおばあちゃんとおばあちゃんとおじいちゃんと、お客のおじいちゃんだけだ。平均年齢が高すぎる。

メニューを見てみる。

「ベンメン」を赤字で訂正して、「バンメン」と書いてある。

ベンメンを訂正して、バンメン。

ベンメンを訂正して、バンメン。

声に出して何度か言えば笑いがこみあげるのだが、変に笑ったりするとまたお店の人に嫌がられるかもしれないのでガマンです。バンメンってなんだ。聞いてみればよかった。

わたしは横浜名物といわれるサンマーメン（もやしと野菜炒めのあんかけラーメン）、友人が五目焼きそばと揚げワンタンを注文。

注文を聞きに来たおばあちゃんは、えりぐりがちょっと汚れすぎです。飲食店なんだから、そのへんだけはどうにかしたほうがいいと思うよ。

そうそう、ここはそば屋だと思っていたら、そばもやっているし中華もやっている総合的な食堂のようでした。お客のじいちゃんが「ここはそばがうまいんだよ！」と話しかけてきたので「そっかぁ、そばにすればよかったなあ」と返したら、「ラーメンもうまいよ！」と。

そっか。よかった。

さらにじいちゃんは、「ラーメン350円。昔からの値段なんだ。ここは量多いぞー」と解説してくれます。確かに安い。常連さんなんでしょうか。うらやましいです。

テーブルにはニスも塗られていず、素朴な木の質感がある。店の隅には洗濯機。その上には「そばの美味《うま》さを創る店」と書かれた額が。水槽に金魚もいます（猫との絡み

不等号は目の錯覚にもとづくものです
（たぶん）

※くりかえしますがデッサンはまちがっておりません

はだいじょうぶか?)。

店をよく見渡してみると、小上がりの引き戸の下の部分は閉まっているのに上の部分には10センチ以上のすきまがあったり、背中の壁がこちら側にしなだれかかってきているように感じたり……いや、これも現実にはあり得ないことなので、目の錯覚です。気にしてはいけない。

まず揚げワンタンが来ました。揚げたてで見るからにおいしそう。そして一口……すごくおいしい！

サンマーメンも、量は確かに多かったけど、食べきりました。わりと薄味で素朴で、おいしいです。

五目焼きそばの具はとにかくでっかく、チャーシューが3枚、ゆで卵の半割が2個(つまり卵1個)、それにしいたけ(大)の半割、ピーマンの四つ割が入っていました。

常連らしきじいちゃんは、おそばが届くと同時に会計をすませ、食べ終わったらそのまま「ごっそさん」と帰ってました。常連、かっこいいぜ。私たちが入った後からも、次々にお客が来る。繁盛しているようです。だって、うまいもんね。

長距離のサイクリング途中と思われる人も来ました。この眠そうな建物(しつこいようですがきっと目の錯覚)に惹《ひ》かれて入ってきたことはまちがいないと思います。

食べおわって、しばらくお腹休めにだらだらしていると、奥の部屋の押し入れに閉じ込めておいたタマちゃんと××ちゃん（不明）にエサをやる時間になったようです。扉を開けるとまた2匹がいきおいよく飛び出してきました。「戸を開けてたら逃げちゃう」なんておばあちゃんが叫んでましたが、案の定、厨房の奥の勝手口から逃げ出していってしまいました。ここはやっぱり基本的にほのぼのした店なのです。前回の拒否は例外だったのだ。

いろいろな部分が斜めでねじれの位置にあるということは目の錯覚として、ここのお店は本当においしいことが分かり、たいへん満足でございました。わたしはまたここにぜひデートで来たいものです。横浜中村町に地震が来ないことを願い。

Vol. 34

辰巳《たつみ》、びるくんとだんちちゃん

都の西北〜早稲田の〜となり〜♪

というバカ田大学（©天才バカボン）の校歌でおなじみのとおり、都の西北といえばバカ田大学です。いえ、早稲田大学です。まあどっちでもいいです。

ではその逆、都の東南には何があるのか。

東南は干支で表すと「辰巳」。東南にはそのまんま、辰巳という場所があるんです。このてきとーな命名からも分かるとおり、わりと新しい土地で、昭和初期の埋め立て地らしいです。人工島がほぼ団地で埋められている地区ですが、団地の造成からもう40年以上たってだいぶいい味が出ています。団地好きの私（たち）にとってはパラダイス。

地下鉄有楽町線の辰巳駅に着くと、2つ出口がありました。かたっぽの出口から出ると、そこは公園だった。だだっ広い公園の中に、地下におりる階段がぽつねんとある。周りには建物すらない。ああうすら寒い。このうすら寒い感じ、連載にとってはいい予感とも言える。

引き返してもうかたっぽの出口から出ると、駅前広場もなく、目の前はいきなり団地の山です。左を向けばそこは東京湾。運河のはるか向こうには、高層高層また高層の新築マンション群が見えます。味のある団地のそばで落ち着いていたのに、あれを見るとその威容にビビりますね。引きます。そしてへこみます。ビビって引いてへこむ。ＢＨＨ。

ＢＨＨなものは見たくないので、団地に集中しましょう。あとから来たスルギくんと合流。今回は2人です。

駅前すぐの団地も築40年クラスで、ところどころ錆びたスチール製のポストが整然と四角く並んでる。かわいい。建物の横には棟番号がペンキで書いてある。これもかわいい。外壁に「玉玉玉」という謎めいた赤文字の落書きがある。これもいっそのことかわいい。落書きはいけませんが。

この地域は、90棟あまりの団地のほぼすべてがびっくりするほど現役で（ふつうこの古さになると建て替えが始まり、封鎖された廃墟同然の建物が増えるのです）、周りに繁茂する植物も元気。団地の1階に詰まっている商店もまだまだ現役で、涙が出んばかりにうれし

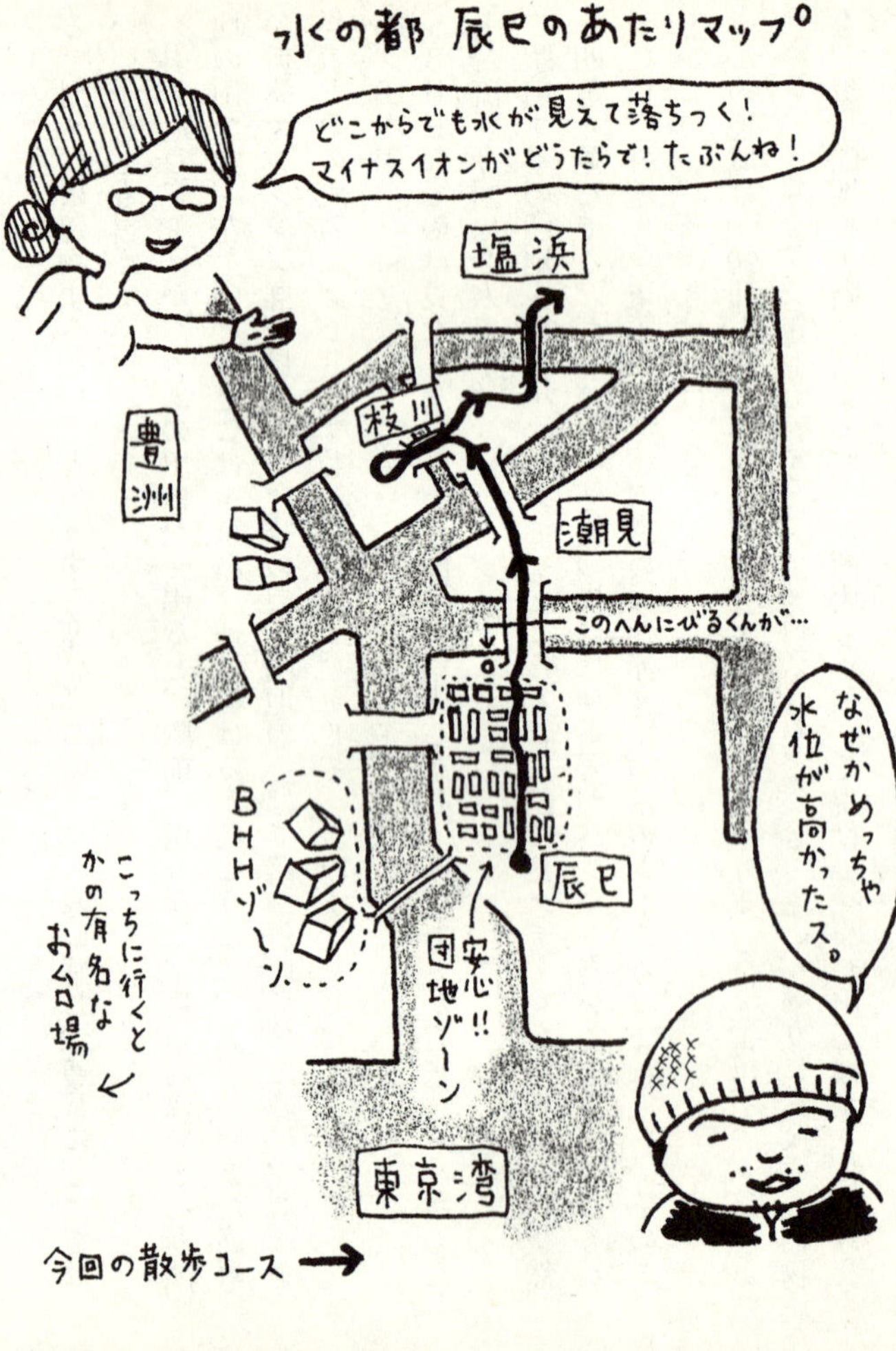
水の都 辰巳のあたりマップ
どこからでも水が見えて落ちつく！
マイナスイオンがどうたらで！たぶんね！
塩浜
枝川
豊洲
潮見
このへんにびるくんが…
なぜかめっちゃ水位が高かったス。
BHHゾーン
辰巳
安心!!団地ゾーン
こっちに行くとかの有名なお台場
東京湾
今回の散歩コース

い。

かつて最新鋭だった建物群は、人の汗がいい具合になじんでいて、ほどよく汚れています。そんな建物のそこここからおばあちゃんやおじいちゃんが湧《わ》き出てくる。おじいちゃんは散歩。おばあちゃんは庭いじり。『男女洋服修理承ります　取りに行きます　電話×××』という手書きの貼り紙が、壁のものすごく低い所に貼ってあります。これ、さては腰の曲がったおばあちゃんが貼ったね。癒《いや》される空間です。

ベコベコになったブロックタイルの地面に、トタン造りの自転車置き場がありま す。そこに殴り書きされた「20号棟」の字はホラーフォント。ホラーフォントとは、スプレーで乱暴に書かれ、インクが引力で垂れ流れてホラー映画調になった書体である。いま命名。

「学校も店もあるし公園もあるし……この狭い中だけで生活が成り立つようになっとるんですね」

「あらためて、団地に住むのもいいものだよねー。地域で子どもを育てるシステムがしっかりしてる。庭スペースも広いし、そこでご近所のつながりもできるし」

私たちが大まじめに団地のよさを語りながら歩いていると、島のすみっこに総ガラス張りの新しいビルが現れました。ガラス一面に、向かいの古びた団地が鮮明に映っ

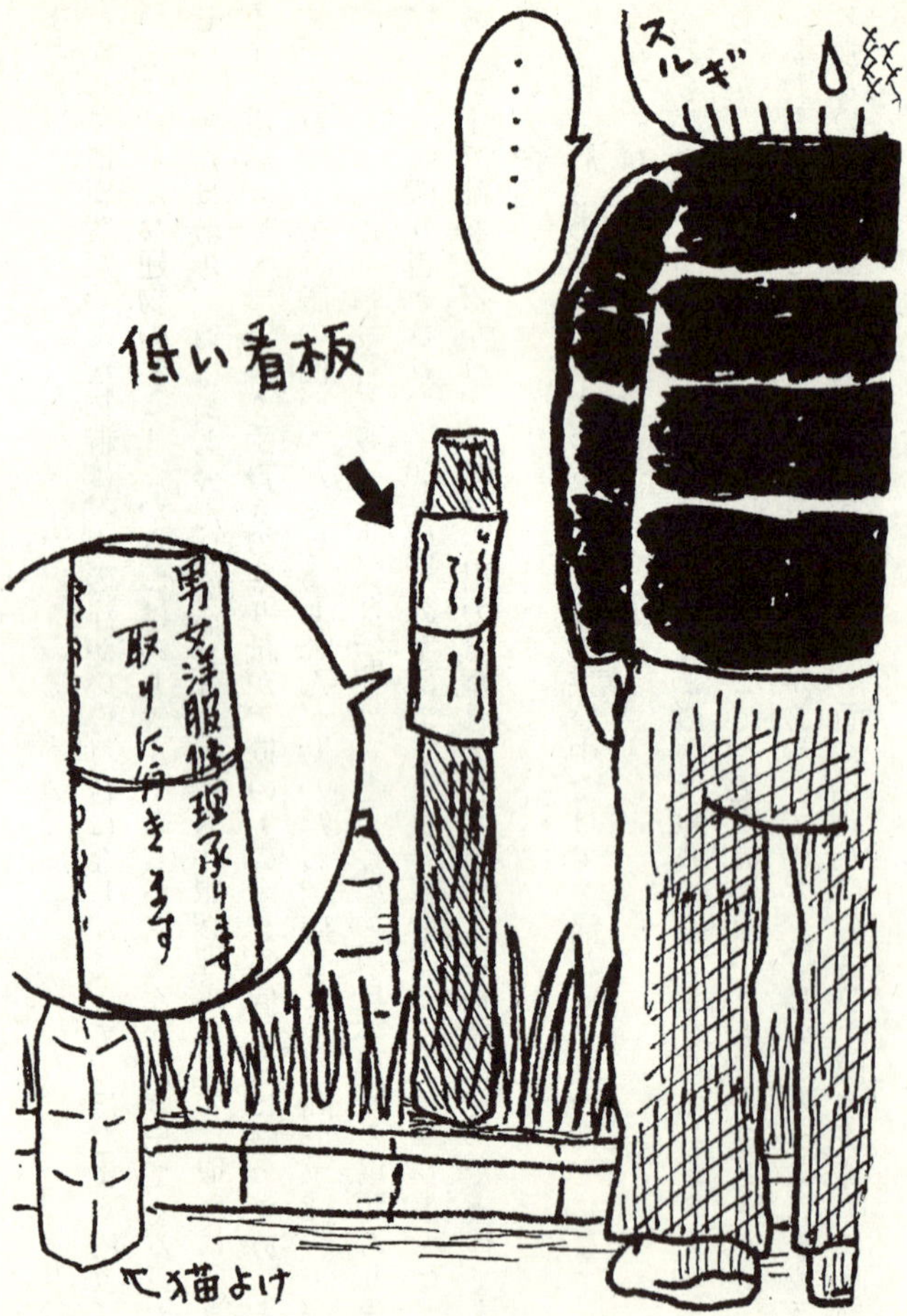

……
スルギ
低い看板
男女洋服修理承ります
取りに行きます
←猫よけ

ています。やや古くたびれた団地の姿をまざまざと見せつけるピッカピカのビル。イヤミな建物である。

「ボクはこんなにピカピカで新しいよ！　それにひきかえキミの姿はどうだい？　そんなに古くて恥ずかしくはないのかい？　ほら、ボクに映った自分の姿をちゃーんと見てみなよ」

びるくんはニヤニヤと笑って言いました。

「そうか……ボクは古くて恥ずかしいのか」

だんちちゃんはしょんぼりです。

そこへ、大手ディベロッパーの社長（配役：元ヒューザー社長・小嶋進）がやってきました。

「だんちちゃんだんちちゃん、ボクの力でキミをキレイな姿に変えてあげるよ！　あのびるくんにも負けない、高い高い、タワーマンションにしてあげる！　どうだい、わくわくしないかい？」

だんちちゃんは大喜びです（以下概要〜その後、構造計算書偽造問題および建築士のヅラ疑惑が起きてタワーマンション計画は頓挫《とんざ》、だんちちゃんはなんだかんだあって今の姿のままが幸せだという結論に。びるくんとも仲直りして部活と勉強も両立、恋の予感も……？　という進研ゼミ勧誘マンガ的大団

これがホラーフォントだ!!
20号棟
20号棟
これは20号棟の置き場じゃないスよ、きっと!! 20号棟のヤツがなわばりを広げてきたんスよ、ここに!!
勢力争いっスよ フフフ
この人の妄想もだいぶたくましくなったな

（円を迎える～絵本『びるくんとだんちちゃん』より）

童話が一篇できました。

そんなわけで、辰巳はほんとうにすてきだったのですが、開いている喫茶店がひとつもないから休憩が取れない。

とりあえず、次の島へと橋を渡ってみた。このへんは人工島だらけで、島の間を運河や川が流れ、それぞれに橋が渡されています。さながら水の都。

川を渡るたびに遠くの高層マンションが見えてＢＨだけど、高速道路が上を通っているので歩道は陰り、人通りもほとんどない。いつもどおりの、トラックがごうごう走る灰色の感じは好ましい。

殺風景で空気の悪い水の都を渡り歩いて、着いた先は枝川というところです。

Vol. 35

枝川《えだがわ》・塩浜《しおはま》、童心ならまかせろ

運河を渡って着いた先、枝川。枝川には2つの島がある。手前の島にあまり家はなく、倉庫や工場や貸しビルで埋まっています。

「それにしても、ほんまに休むとこないですね」

「喫茶店がないもんね……」

疲れの見えはじめた私たちの前に現れた救世主。それは「うさぎさん広場」だ。橋のたもとにひっそりと設けられた公園です。ベンチもあるし、休むならここしかない。広場には、名前どおりうさぎさんの遊具があります。

結局、ぜんぜん休めなかった。

「ウハハハハ!!　もう一回もう一回!!」

「ヤバい！　この顔ヤバいて！　うひゃひゃひゃひゃひゃ!!」

「うさぎさん広場」における、無表情のうさぎさんのバネ遊具（上に乗って遊ぶやつ）の

分かってるよ！
絵で描いても別に
おもしろくないんだこういうのは！
26才(推定)
2才
バイン
バイン
バヨン
バイン
27才
うはははははは!!!
はははははは
30才
こんな私たちでも
30代で生きていけるんだなあ

動きがおもしろすぎてしばらく爆笑。

めでたく30歳の大台を迎え、平日の昼さがりに子ども向けの公園にいる理由をどうにも捏造《ねつぞう》しようがない女子と、全身をくすんだ色のコーディネートでキメた作業員風の男子が20分くらいにわたり、子どものおもちゃをいじりたおして爆笑。成人男性の力をフルに使ってうさぎさんをバインバイン動かしていじめたおして爆笑。動画まで撮って爆笑。途中で親子連れに不審な目で見られても爆笑。なにこれ？　ほんとに仕事？

童心に返りすぎて疲れが逆に増した私たちは、枝川の隅、「××屋」という名前のコンビニに入ってみました。

「いつもこの連載で探険する地域にあるコンビニの要素をすべてそろえとりますね」

「日の当たりにくい立地とい、完璧だね」

聞いたことのないメーカーのコーラ。雑誌コーナーの7割くらいが成人向け雑誌。軍手の品ぞろえが豊富。コンビニの名前が個人商店。もう、私たちはすっかりこういう要素に安心する人間になってしまった。

車ばかり走る道をぶらぶら歩いて、ふいにビルとビルの間に入っていく路地を発見。

それは運河を渡る人道橋（車は渡れない橋）につながっていました。対岸の塩浜という地区に通じるようです。

橋はかなり特殊な形をしています。橋の上からは運河とともに、地下へもぐっていく京葉線も見える。おそらく鉄ちゃん的にも熱い橋です。

しかし、電車が地下にもぐっていくところの真上にくると、肝心のところでフェンスの網目がやけに細かくなっていて、電車がほとんど見えません。どうやらこの街は鉄ちゃんを遠回しにお断りしているらしい。その証拠に、橋の下の路地には「この先行き止まり、絶対進入禁止!!」という看板が。それも、自動車に×がついたマークどころか人に×がついたマークまであります。かなり怒気を含んでいる。おそらくこれも、鉄ちゃんを避けたいがゆえ。

ところでその橋の、塩浜側の下り口がとてもよいのです。

階段で下りる短縮ルートのほかに車イスや自転車用のスロープがあるんですが、そのスロープがものすごく長い。大きく円を描きながら2周していて、2階建ての道になっている。螺旋《らせん》階段ならぬ螺旋スロープです。

「ここいいねー。自転車で下りてみたいなあ」

「なんか……デザインに自信があるみたいッスよ」

スルギくんが指すほうを見ると、わざわざ橋のデザインコンセプトがバーンと看板に書いてありました。鉄ちゃんを嫌がったり、デザイン性をアピールしてみたり……まさかここは「オシャレ」な町なのでは!? ストレートな「オシャレ」はこの連載には軽いタブーではないか？

しかし、案じることはなかった。螺旋スロープの真ん中の空間は、東京でも随一の「放置スペース」だったのです。

立ち木を取り囲んで「駅前自転車放置禁止区域」を示した細長い立て看板が重なれ、そこに立てかけられなかったものが周りにも大量に積まれて放置されている。それはまるでストーンヘンジのよう。ここは役目を終えた立て看板の墓場だ。その数、目測でざっと200!!

しかも、この橋の周りには、本来の役目をまだ果たしている現役の「自転車放置禁止」の看板が。ああここは、自転車放置禁止区域看板放置区域兼自転車放置禁止区域。ぜんぜんオシャレじゃなかった。よかった。

「フェンスで囲まれてますけど、こういう所って絶対子供は入りたがりますよね」

「てゆーか私が入りたい……」

「オレも入りたいッスわ」

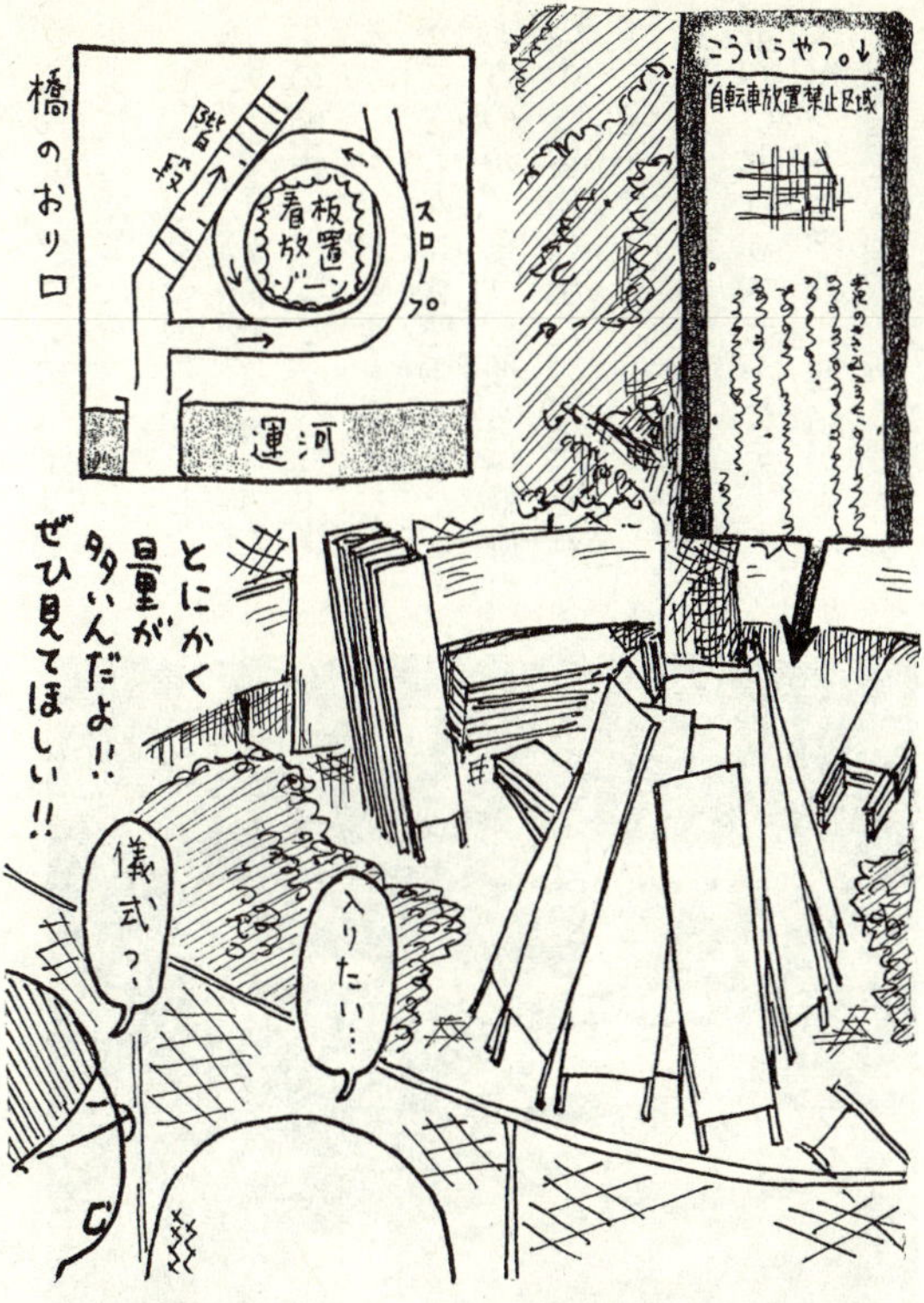
橋のおり口
階段
看板放置ゾーン
スロープ
運河
こういうやつ。↓
自転車放置禁止区域
とにかく量が多いんだよ!! ぜひ見てほしい!!
入りたい…
儀式っ、

しかし、2人で話していたその目の前には「たちいりきんし」「入ったら学校に連絡します」との大きな貼り紙が。

「オレが入ってもやっぱり学校に連絡されるんやろか。香川まで電話行くんかな」

　おじけづく大人の私たちは、

人の範たるものとしてグッとがまんし、フェンスは乗り越えませんでした。

しかし、その地を後にしたわたしたちの背後では、小学生の喚声が聞こえたのである。フェンスを乗り越えたのか、どこかに秘密のルートがあるのか。そう、彼らは螺旋の中へ冒険に出たのだ。それでこそ小学生！

きっとこのへんは、２人で童心に返れるステキなデートスポット。学校に連絡が行かない程度にデートをしたいものです。

放置禁止看板大量放置。

私たちオトナはこのウサギさんをいじめぬいた。

Vol. 36 羽田《はねだ》、天空橋《てんくうばし》と優しい街

この連載、今回のデートスポットでラストなんですって。

じゃあ、ほとんど東京近郊でちまちまとやってきたこの連載だけどさ、最後くらいはどーんと遠くに行きたいです。最後ぐらいねぇ、飛行機で派手に飛びたいわー。と思って、羽田空港の近くに行ってみました。

飛んでません。

ま、気分だけでもね。いいじゃないですか。飛行機が見えたらもういいんだ、多くは望まないよ。ラストだっていうのにシンエイさん来れないって言うし。そういう立ち位置でいいんだよ、この連載は。

羽田空港駅に行っちゃうと本当に空港しかないので、その手前で降りるが吉です。羽田空港に電車やモノレールで行ったことがある人なら誰でも通る「天空橋駅」。空港のある島に入る直前の駅です。そこで降りてみることにしました。

天空橋。なんて夢のある名前でしょう。

羽田の上空数千メートル、常に雲に包まれたその空間には、幻のように橋が浮かんでいるという……その名は天空橋。橋の先はいったいどこに続いているのか？　羽田村の古老の伝えによれば、その橋を渡った者は背に羽が生え、自らの力で飛ぶことができるのだという……。そしていつしか、天空橋を渡る夢を追って雲海に挑む無鉄砲なヒコーキ野郎がこの地に集まるようになったのじゃ。そのために命を落とす者も数知れず……いつしかその地は羽を追って堕する者の地……羽堕《はねだ》と呼ばれるようになったのじゃ……これが羽田の起こりなのじゃ…………。

私の中の古老、作り話お疲れさまでした。

実際の「天空橋」はすっげーちっちゃかった。びっくりした。

地下にある天空橋駅からは地上の景色が見えないので、想像力がかきたてられる。雲海と羽の伝説はないとしても、「天空橋」という名からは誰でも都会的でシャープでソフィスティケイテッドな橋を想像しますよね。

駅から地上に出るとすぐに天空橋はあった。しかし、空港島と羽田の町とを結ぶ、年季の入った、潮風で欄干の錆びついた、人しか通れない橋でした。欄干には「斉藤良　見参」って彫ってある。

この、大都会東京への入口に彫りこんだ「見参」ほど意義深い見参もなかなかないね。斉藤良が羽田近辺の住人であるはずがない。彼はきっと、地方から飛行機で上京した1日目に、空港から徒歩でここに来てこれを彫りこんだのです。そう、5万円握りしめて上京したYAZAWAのように。

どうやらここも、いつもどおりいい街の予感がします。斉藤良、ありがとう。ビッグになれよ。でも落書きはいけないよ。

天空橋からは、釣り船がたくさん見える。頭上に飛行機、下には漁船。いいバランスです。羽田って、実は江戸時代からの漁村なんですよね。飛行機より船のほうが先輩です。

「羽田ってこんなとこなんスねぇ」

実家との往復で何度となく天空橋を通過しているはずのスルギくんが、漁船の群れを眺めながら感嘆する。そう、きっとそのギャップこそが羽田の魅力さ。

天空橋を下りたところに商店街などは一切ない。ごくふつうのアパート「クレスト羽田」がある。ある意味、超一等地だ。あこがれの大都会東京の入口、それはクレスト羽田なのだ。

羽田は、空港がすぐそばにあるというのが信じられないくらいのド下町でした。車が通れないどころか、個人宅用の私道なのか公道なのか分かんないほどの狭い路地だ

羽田近辺マップ

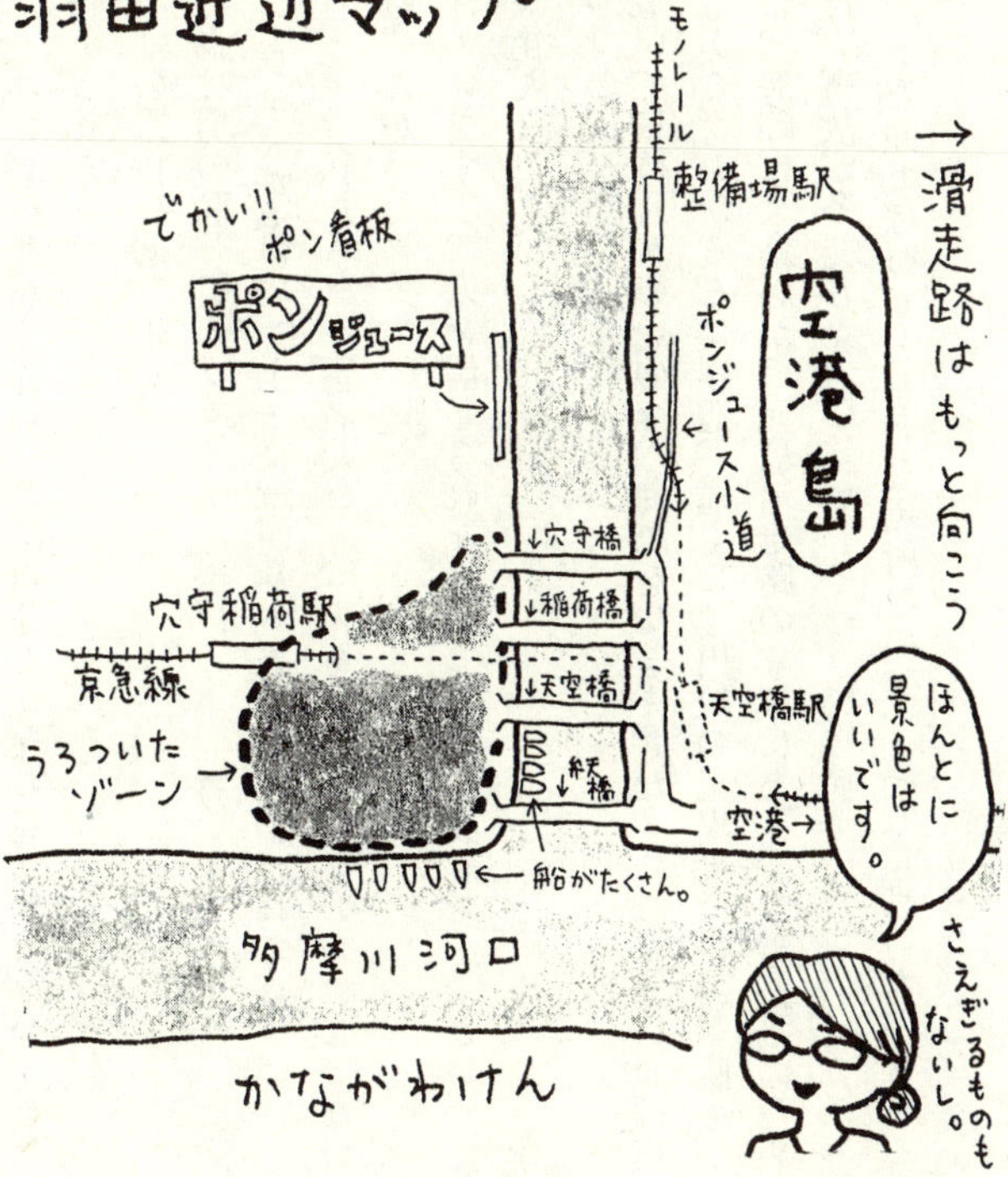

モノレール
整備場駅
空港島
→滑走路はもっと向こう
でかい!! ポン看板
ポンジュース
ポンジュース小道
↓穴守橋
↓稲荷橋
↓天空橋
↓弁天橋
穴守稲荷駅
京急線
天空橋駅
うろついたゾーン
空港→
船がたくさん。
多摩川河口
かながわけん
ほんとに景色はいいです。
さえぎるものもないし。

らけです。コンビニなんてない。お店自体なかなか見つからない。ラストにふさわしい安心感があります。

　お、路地の電柱に貼り紙が。

『痴漢行為は男の恥。男のプライドを掛け。不信者がいましたら、ご連絡ください』

「『男のプライドを掛け。』……文章が熱すぎて日本語壊れてますね」

「不信者……。私たちは不審者だけど、人を信じられないわけじゃないから不信者じゃないね。よかった」

「これはアレですよ、人を信じられなくなったら相談してくださいってことスよ」

「優しい街だ」

「そうスね」

　晴れていて気持ちがいいので、海際を歩きました。ここは、いわば東京23区の「へり」でもある。ぬかるんだ岸辺、遠くには川崎の工場街。やあ、眺めがいいね。

　ふいに、海際に大鳥居が。元は滑走路のそばにあり、空港拡張のために移転させようとしたら事故が多発したといういわくつきの鳥居です。

「オカルト方面ではわりと有名な場所なので、この企画のセオリーどおりパスします」

「ま、そうでしょうね」

少しでもメジャーならパス。鉄則です。インターネットで出てくるような情報ならいらない。

海際からそのまま道なりに、多摩川河口沿いに入りました。堤防の内側の、海辺とも河辺ともつかない場所にトタン屋根の漁師小屋がたくさんあり、釣り船がたくさん停泊しています。

お、ただ座っているだけのおじいちゃんがいます。ご丁寧にもベンチが用意されてます。おじいちゃんの前を何気なく通りすぎると、ベンチにはペンキで力強く「シルバーシート」って書いてある。電車以外では初めて見ました。

「やっぱり優しい街だ」

「そうスね」

しかし、川べりはあまりにも何もなかった。飲み物ひとつ買えないのはきつい。私たちはいよいよ羽田の町なかを目指す。

漁師小屋の扉にハイテンション
7連発!!
フィッシング
フィッシング
フィッシング
フィッシング
フィッシング
フィッシング
フィッシング
何これ?
フィッシングーフィッシングーフィッシング!!
フィッシングーフィッシングーフィッシング!!
こういうのでテンション上がる人↓
ケケケ

Vol. 37 羽田《はねだ》、死にそうなへり

「……飲食店ひとつもないスね」

ラーメン屋はのれんが中に入っている。そば屋はシャッターが閉まっている。やっと見つけたと思って「パスタショップ」と書いてあるお店に喜んで入ったら、そこは製麺所だった。うん、確かにパスタショップだけどさ……。

羽田は住人には優しいが、不案内な者にとってはちょっとハードです。

ついに一つとなりの穴守稲荷駅まで来てしまいました。ここまで来れば商店街もあります。

商店街にあった、やたら紅茶が大盛りの喫茶店でひと休み。そこからまたあてもなく歩いていると、やたら銭湯にぶつかります。羽田はどういうわけか銭湯の密集地らしい。

「そういやオレ2日風呂入ってないんスよ。髪洗いたいスわ」

スルギくんがそんなことを言い出したので、銭湯に入ることにしました。この連載

は編集者の私的欲求に沿っております。彼はわざわざケータイで、近辺の銭湯を検索開始。

「じゃあ……この『かもめ湯』にしましょう。名前かわいいし」

ということで、結局は名前の情緒だけで「かもめ湯」に決定。

銭湯はたいてい煙突があるので遠くからでもすぐに場所の見当がつく。かもめ湯も密集した住宅街の奥にあるようですが、きっと煙突が見えてすぐたどりつけるだろうと思っていた。しかし、ケータイで調べた番地の近くに来ても、煙突らしきものは見えません。

おや、ぎゅうぎゅうに詰まった住宅地の中に、不意にドーンと空き地が。

あー…………ここ……か？　ここっぽいな……うん……。

「この空き地、不自然ですもんね……銭湯くらいのスペースだとして違和感がないスね……」

「ちょっと誰かに聞いてみようよ」

ちょうど歩いてきた小学生4人組に聞いてみました。このご時世、子供に声をかけるだけでも怪しまれそうで緊張しますが、私たちは不審者であって「不信者」ではない。ここでは通報されないはず。

「ちょっとごめんね、ここって銭湯あった?」

顔を見合わせながらオドオドする子ら。「あった……?」「あった」「ん。あった」

「いつなくなったか知ってる?」

「んー」「前」「けっこう昔」

「けっこう昔」にかもめ湯はなくなっちゃっていた。久しぶりの喪失感であった。あとあと調べたら、かもめ湯がなくなったのは去年の冬らしい。すごい最近じゃん。でもまあ、子どもにとっては1年前でも大昔ですものね。

しかたがないので、別の通りで見つけた、名前がどこにも書いていない銭湯に浸かりました。屋根は唐破風《からはふ》。かっこいい。

「名無し湯」から出てふわふわした気持ちで、ふと考える。オーラスにこのほのぼのぶり、どうもふさわしくない気がするのだ。

最後はちゃんと死にそうなところに行きたい。

帰りたがってたスルギくんを無視し、空港(海)のほうへと戻る。天空橋の近くの穴守橋には、飛行機の進化を示すレリーフが飾ってあります。飛行モード高まる。なんならこのまま徒歩で飛行場に行ってもいいんだぜ。

この銭湯の名前はなんていうんですか?
玉の湯。
宝湯
すごい年代物。銅製?
結局どっちだか分かんないから
名無し湯でいいや。

橋を渡ると、右に行く道は片側2車線の幹線道路。空港へ向かう道。しかし、私たちは断然左へ行く道に惹《ひ》かれてしまった。左へ行く道は、どこにつながるか分からない細い道です。車も通れません。

この道の右側はモノレール。地下から上がってくるレールが見える。道の左側は川（運河？）。川向かいには、超巨大な「ポンジュース」の文字。そんな道だもの、私たちが惹かれるのも当然です。西日に照らされた「ポンジュース」があまりに鮮烈なため、私はそこをポンジュース小道と名づけたい。

ポンジュース小道の両側はフェンスに囲まれ、周囲には人っ子一人いない。かつての舞浜が思い出されます。ここは空港のへりだ。

しばらく行くと、ポンジュース小道をモノレールがまたいでいる。ここはレールが地下からあがってきてそのまま高架につながるところなので、レールの位置が低い。厳重な仕切りなど何もなく、頭上数メートルにむきだしでレールが見えます。そこをモノレールが走る。

「これ、背の高い人やったらそこの柵に飛びついてレールにのぼれますね」

「うん。……死にそうだ」

私たちは、「ラスト死にそう」を味わうために、レールの真下で何回もモノレール

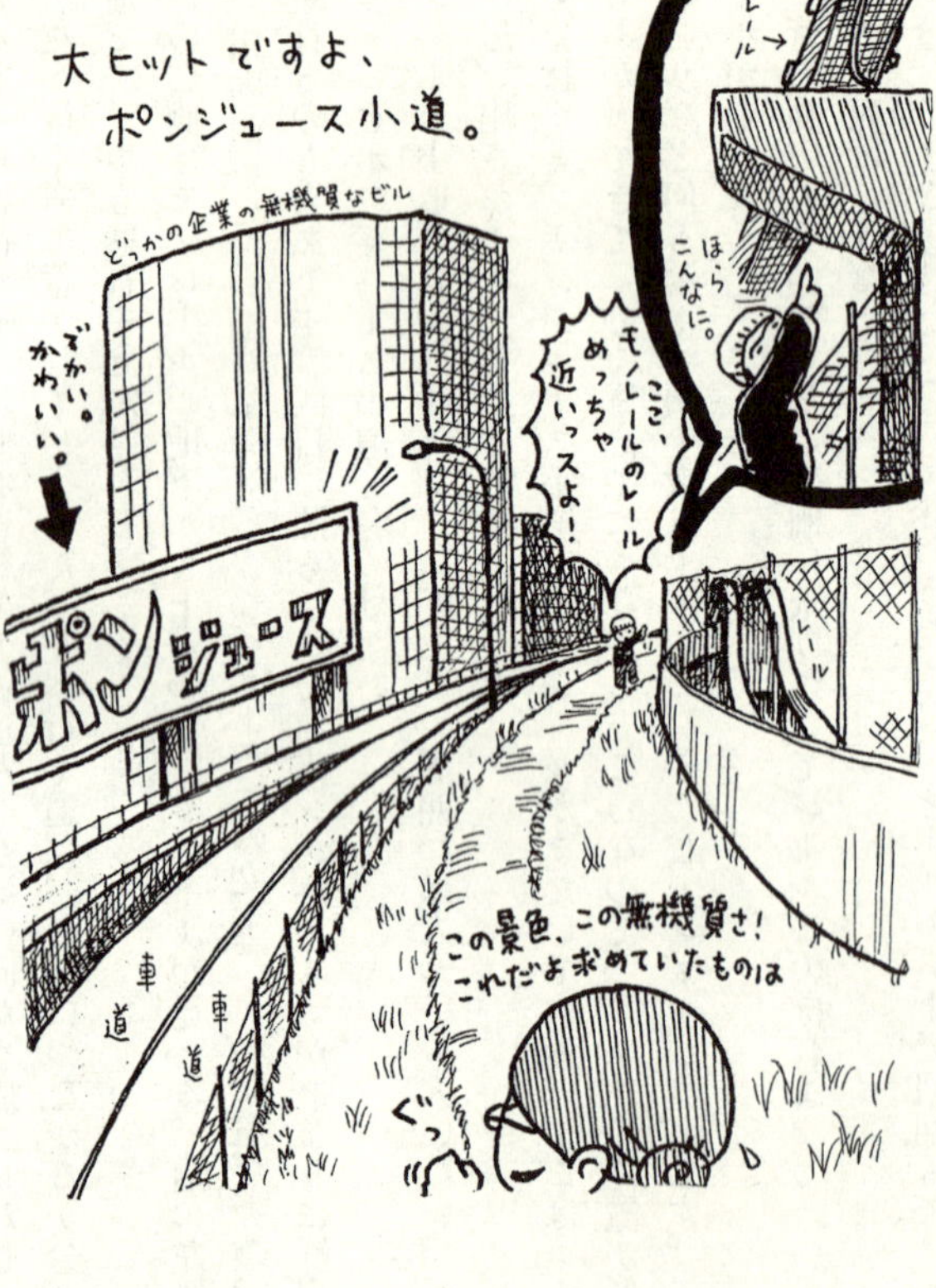
大ヒットですよ、
ポンジュース小道。
どっかの企業の無機質なビル
でかい。
かわいい。
ポンジュース
車道
車道
ここ、
モノレールのレール
めっちゃ
近いっスよ！
ほら
こんなに。
レール
レール
この景色、この無機質さ！
これだよ求めていたものは
ぐっ

をやりすごしました。脚立《きゃたつ》でも出せば届きそうな位置を、なんの遠慮もなくモノレールが走ってゆきます。轟音《ごうおん》。無人。灰色の建物。フェンス。いままで何度となく味わってきたものがここに結集している。

私たちは最終的に、モノレールの「整備場駅」という、このうえなく殺風景な名前の駅に着きました。

帰りのガラガラのモノレールからは港湾地帯の夜景が見える。これはこれでデート的です。

「ラストにふさわしい、いいところだったよねえ」

そう言って、私は無理にでもしんみりしようとしてみたんですが、しんみりモードはケータイを見ながら爆笑するスルギくんの言葉でかき消されました。

「わ、この銭湯の店主めっちゃすごいスよ！　自分の奥さんとの出会いをホームページにつづっとりますよ！　うはは！　ここも羽田やん！　こっちの銭湯にしといたらよかったわー!!」

……私もそっち行っときゃよかったと思った。

JR岩泉線一日全駅制覇の旅 ～裏切りの鈴が鳴る～の巻

番外編

岩泉線 発車時刻
Iwaizumi Line Departure Times

岩泉駅
Iwaizumi st.

上り 茂市・宮古方面 for Moichi & Miyako			到着時刻 Arrival Time	
時 Time	分 Minute	行先 For	時 Time	分 Minute
8	01	宮古	7	53
17	20	茂市	16	33
19	35	宮古	19	28

これはJR岩泉線のターミナル
「岩泉駅」に掲示されている時刻表です。
時刻表の一部ではなく、これで一日のすべてです。

※岩泉線は2014年4月1日に廃止されました。

Vol. 1 岩泉線《いわいずみ》7時間待ちのサーガ

岩手県の中心部でも海岸部でもないところを走る岩泉線は、図（P297）のように本数が最低限のギリギリで、たいへんハードな路線です。

朝と晩しか走ってないし、始点の茂市《もいち》に行くのもけっこう面倒だし、地元の人以外は乗ること自体がかなり困難。今まで廃線にならなかったのが不思議なくらいです。実際、廃線の話は25年も前からあったらしい。代替バスを走らせる道路が整備されていないという理由でどうにも廃線にできなかったので、いまだに（2009年現在）しかたなく運行していると言ってもいい状態です。たぶん全国でいちばん廃線に近い鉄道路線だと思う。この困難さは、やはり鉄道マニア心を刺激するらしい。ローカル線好きの鉄ちゃんの間では、岩泉線はある意味ブランド化しています。

また、途中の押角《おしかど》駅は人家も見えない「秘境駅」として名高いですし、岩泉線そのもの以外にも、盛岡から岩泉方面に来る山田線には一日に3〜5回しか汽車が停まらないことで有名な大志田《おおしだ》駅・浅岸《あさぎし》駅があります。岩泉線の周辺には鉄ちゃんをエキサイトさせるポイントがいくつもあるのです。

しかし、私としてはもっと、きちんと岩泉線をフィーチャーしたいのです。ただ乗って終点まで行って、そのままただ帰って、やったー乗れたよー、では満足いかないわけですよ！

遠くから行く場合、本数が少なすぎる岩泉線ではどうしても「乗っただけ」にならざるをえないのですが、漫然と通り過ぎられる途中駅の立場とすれば我慢ならないものがありますよ。途中のひとつひとつの駅にも村があり町があり、人がおり生活があり、挫折があり涙があり友情があり愛情があり人生があり感動があるんです。

だから私はあえて挑戦したい。「岩泉線各駅停車の旅」に！

すべての駅できちんと観光をする。そしたら、きっと各駅に感動のカケラがあると思うの。

しかし現実問題、どうするかね。

一日4往復、そのうち1本は途中駅で折り返し、という汽車を使って、どうやって8駅すべてを回ればいいんだ（始点の茂市は山田線も通ってるので、今回は省略）。

観光をするんだから、ホームに降りてすぐに乗るってのはナシにしたい。しかし取

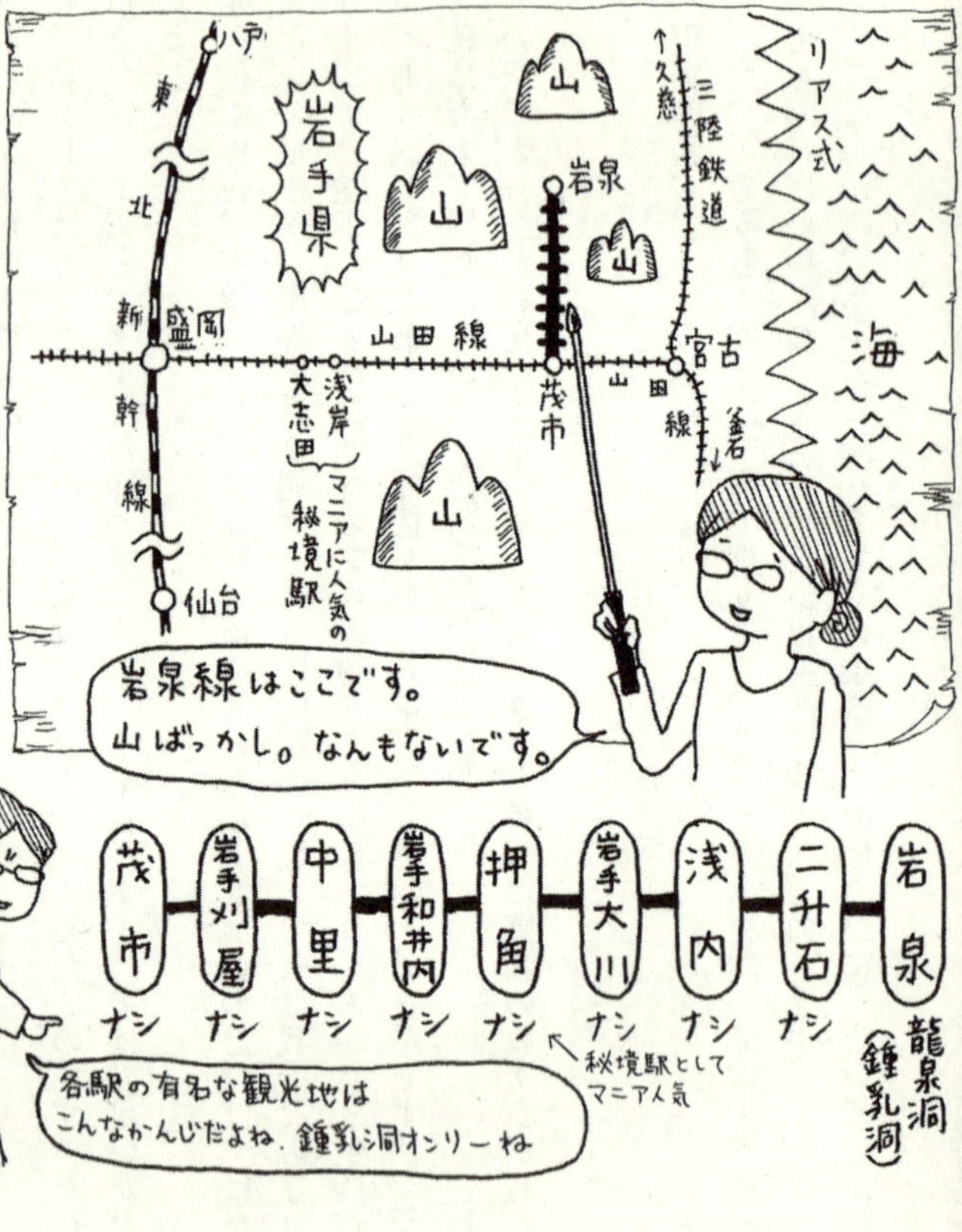
岩手県
八戸
東北新幹線
盛岡
仙台
山田線
大志田
浅岸
マニアに人気の秘境駅
茂市
岩泉
↑久慈
三陸鉄道
宮古
山田線
釜石↓
リアス式
海
山
岩泉線はここです。
山ばっかし。なんもないです。
茂市 ナシ
岩手刈屋 ナシ
中里 ナシ
岩手和井内 ナシ
押角 ナシ
岩手大川 ナシ
浅内 ナシ
二升石 ナシ
岩泉 龍泉洞（鍾乳洞）
秘境駅としてマニア人気
各駅の有名な観光地は
こんなかんじだよね。鍾乳洞オンリーね

材の都合というものもあるから、できるだけ一日で回りたい。

思案していると、この企画の首謀者であり筋金入りの鉄ちゃんである編集K又氏がさも当然のように言った。「行ったり来たりすればいいじゃん?」と。

P298の図をご覧いただきたい。

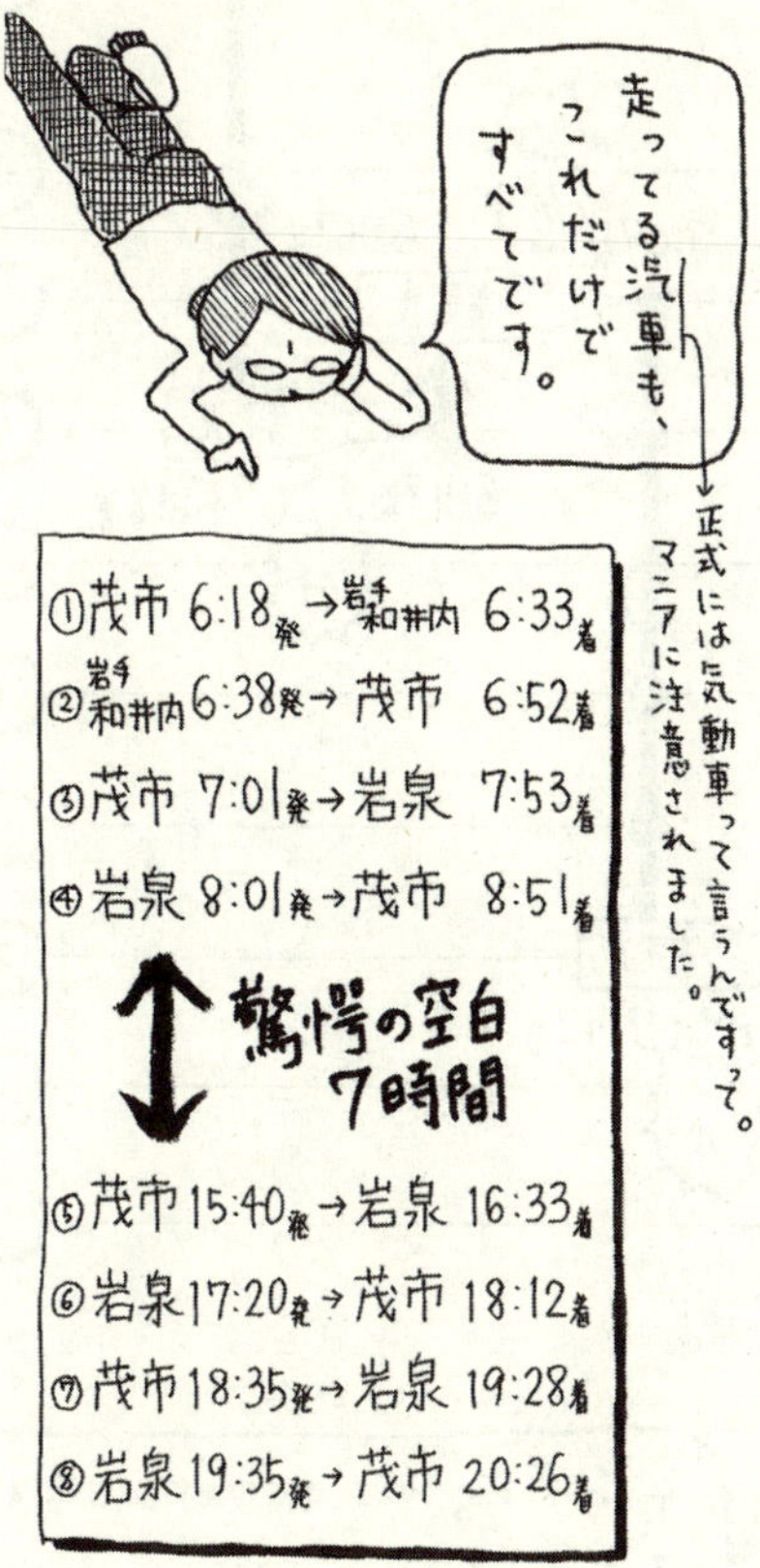
走ってる汽車も、これだけですべてです。
正式には気動車って言うんですって。マニアに注意されました。
①茂市 6:18発→岩手和井内 6:33着
②岩手和井内 6:38発→茂市 6:52着
③茂市 7:01発→岩泉 7:53着
④岩泉 8:01発→茂市 8:51着
驚愕の空白 7時間
⑤茂市 15:40発→岩泉 16:33着
⑥岩泉 17:20発→茂市 18:12着
⑦茂市 18:35発→岩泉 19:28着
⑧岩泉 19:35発→茂市 20:26着

往復すべての列車を利用して同じ区間に何度も乗りながら、行ったり来たりを繰り

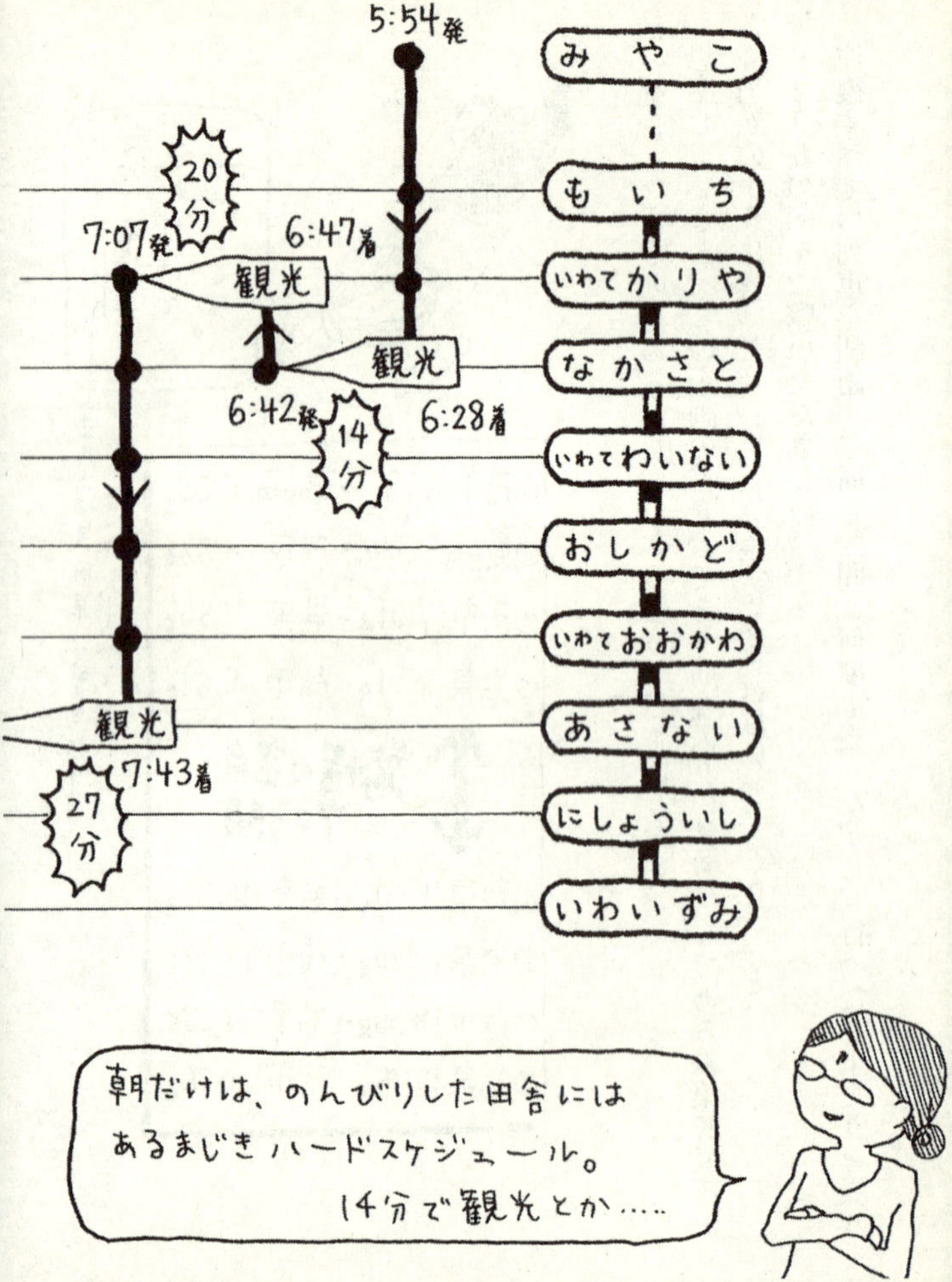

5:54発
みやこ
もいち
6:47着
20分
7:07発
いわてかりや
観光
なかさと
観光
6:42発
14分
6:28着
いわてわいない
おしかど
いわておおかわ
あさない
観光
7:43着
27分
にしょういし
いわいずみ
朝だけは、のんびりした田舎には
あるまじきハードスケジュール。
14分で観光とか……

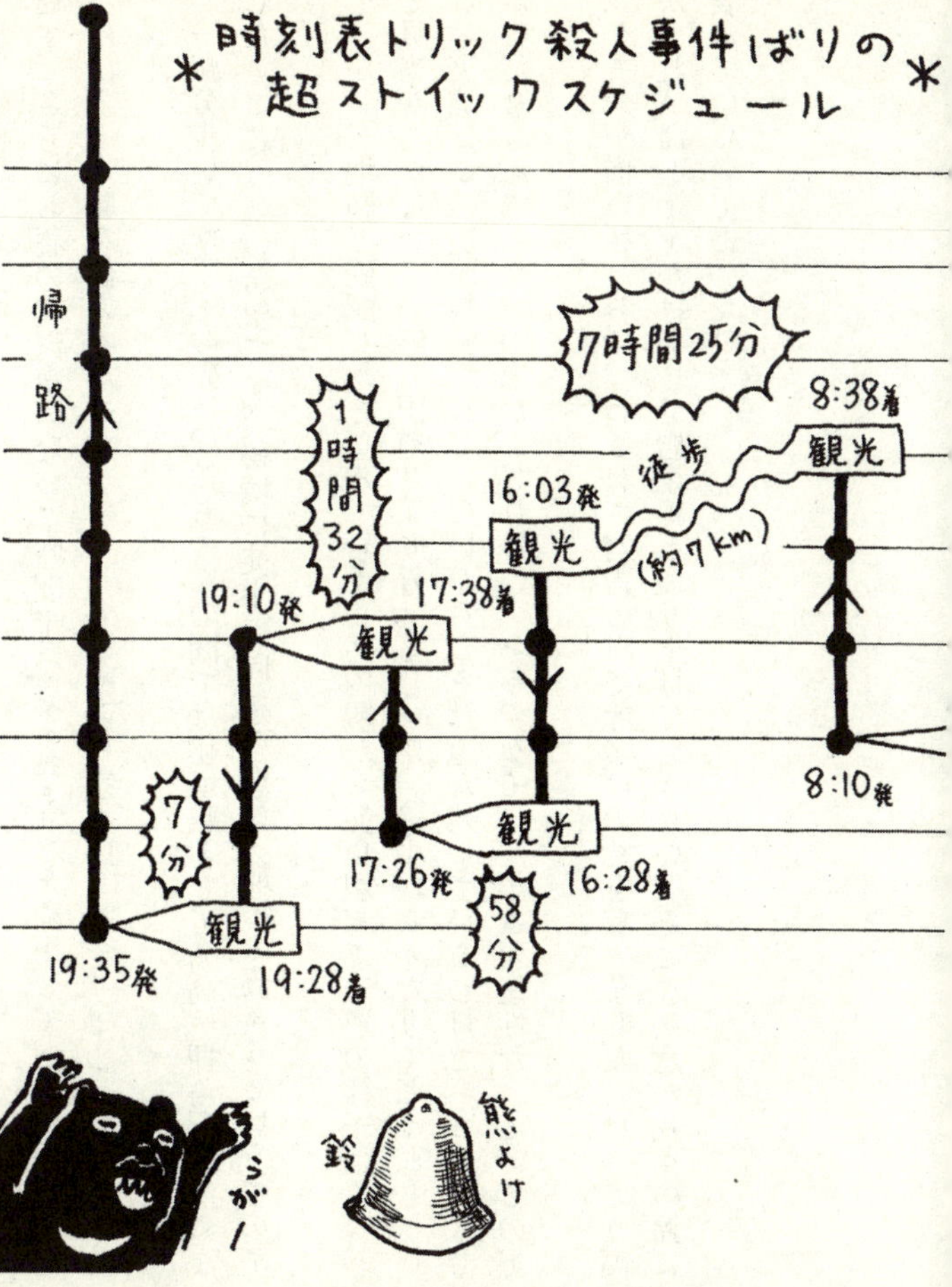
＊時刻表トリック殺人事件ばりの超ストイックスケジュール＊
帰路
7時間25分
8:38着
観光
徒歩
16:03発
観光
(約7km)
1時間32分
19:10発
17:38着
観光
8:10発
7分
観光
17:26発
16:28着
58分
観光
19:35発
19:28着
うが！
鈴
熊よけ

返す。さらにお昼の、汽車のない7時間半（衝撃の長さ!!）を利用してどこか一駅分を歩けば……全駅を使えるんですって！　もはや西村京太郎ミステリー！　時刻表トリック！

一駅分歩いてゆくその先は、鉄ちゃんの間では秘境駅として名高い押角駅に決めました。これは私の希望です。秘境に徒歩で向かうのだ。旅情も高まるというものです。

しかし、地図で確認したところ、岩手《いわて》和《わ》井《い》内《ない》駅から押角駅までの道の様子はちょっと見当がつかない。一応「国道３４０号」らしいが、途中からかなりくねくねしている。実際ここの道が整備されていないからこそ鉄道が残っているわけで、ここはもしかしたらとんでもない山道かもしれない。そう、ケモノが出る可能性だってあるのです。

ケモノが怖い私たちは、わざわざ宮古の町で熊よけの鈴を買いました。けっこう高かった。命と金をかけてまで岩泉線を盛り上げていきたい。そんな決意が我々の鈴に表れているのであった。

Vol. 2 中里《なかさと》6時28分、朝のお清めとお祈り

トリッキーでミステリアスな私の旅に同行させたのは、編集スルギくんです。スルギくんはさいわい都会モンではないから、少々野性味あふれる旅であっても動じまい。

岩泉線沿線では終点の岩泉以外どこにも宿が見つからないので、私たちは宮古に宿を取りました。

午前6時前、宮古から茂市を経て岩手和井内まで行く一両の汽車には、私たち以外客がいない。意外にもワンマン運転ではなかったので、乗員と乗客が同数という事態になりました。汽車自体はけっこう新しく、旅情を期待していた私としてはちょっと肩すかしをくらった気分です。

汽車はひとつひとつの駅に停まり、律儀にドアは開いて閉まる。何も足さない、何も引かない。

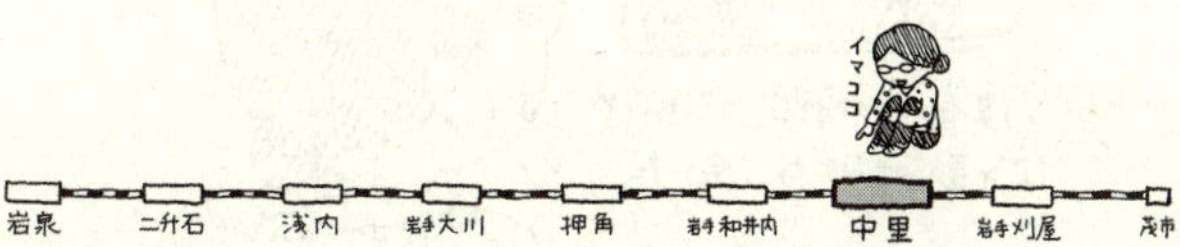

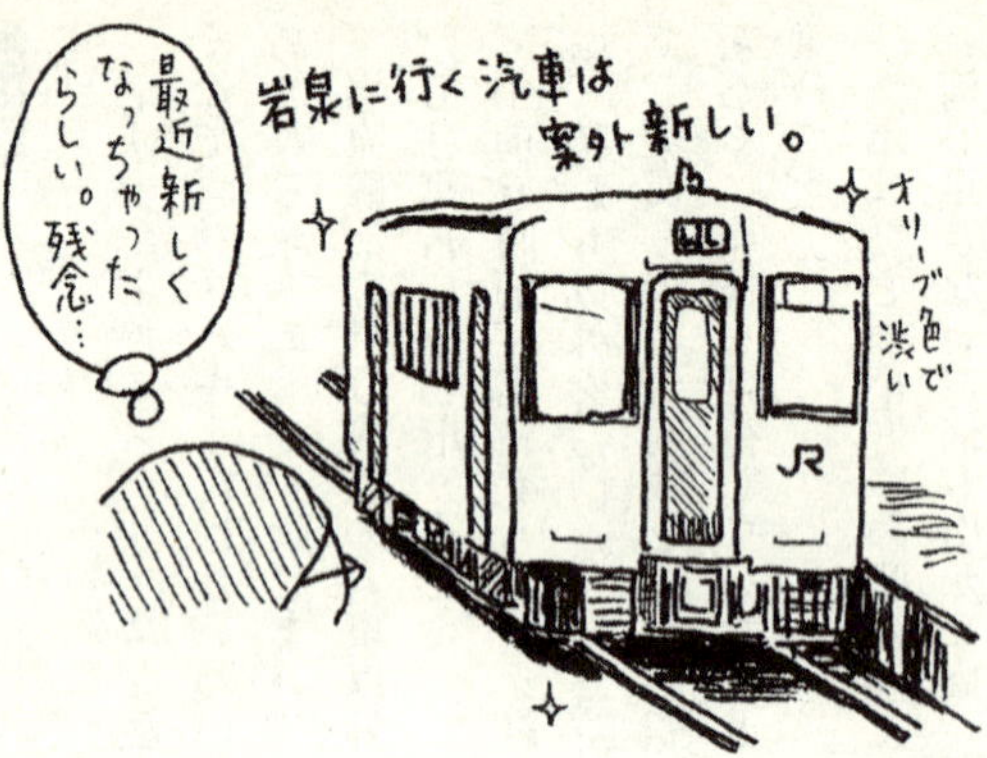
岩泉に行く汽車は案外新しい。
最近新しくなっちゃったらしい。残念…
オリーブ色で渋い
JR

発車寸前の車掌に対し…
この時間って人乗るんですか?
無礼
えっ!? えっ…まああまりいないですね…
なんだこいつ?
新谷
これが今後長い(3時間)つきあいとなる新谷さんとの出会いだ

午前6時28分、一駅目の中里下車。けっきょく、宮古から中里まで客は私たち以外皆無である。

降りる際、このあたりの状況を知りたいあまり、私は車掌の新谷さんに「この時間の汽車っていつも人乗るんですか?」と微妙な質問をしてしまった。不審な乗客からの不審な質問にあきらかに当惑する新谷さん。

簡素な待合室と
棒状のホームひとつ。
中里駅はそれだけ。
なかさと
中里
ここが出口
はっはっはっ
ホンマになんも
ないッスね!!

私はちょっと焦っていたんです。だって、この汽車は次の駅からすぐ折り返して戻ってくる。中里で許される時間は14分間。早朝6時台のわずか14分で観光しなきゃ!

とりあえず駅そのものを観察していると、おばあちゃんAが駅に来ました。毎朝掃除をしに来てるんですって。もちろんボランティアのはず。いきなり良い雰囲気です。

Aさんは「押角に行くのかい?」

と聞いてきた。秘境駅として最近名を馳せる押角駅は、もはや地元でも有名なようです。私たちは押角のあたりを歩くことを話しつつ、「あのへんって熊出ます？」と聞いてみた。

「出るよ〜！（笑）」

即答！

「え!! 出るんですか！ 道に!?」

「いやいや、道には出ねぇよ〜」

いや、これはまったく油断ならない。鈴持って来てよかった。

つづいて、高校生が数人たてつづけに来ました。彼らはズボンを腰ばきしていたりするけれど、おばあちゃんにも見知らぬ私たちにもあいさつをします。ああ中里、礼儀正しく清潔な里。

しかし駅だけでとどまっていては

観光とは言えない。きちんと何か取材しなきゃ。

道におりると、土手の下の畑におばあちゃんBがいて、なんと私たちに向かってパンパンと柏手を打ち、拝んできました。

必死に私たちを呼ぶばあちゃんB
なんスかね…？
行ってみよう!! 14分しかないし
畑
道路
スッ
あー ごめんな ばあちゃん [redacted]てるから ハハハ
あーた あの… いとこの… だべ… あーた
い
ばあちゃんは「[redacted]てる」らしい。
中里 観光マップ
森
せんろ
茂市
駅
岩泉
みち
畑
※駅と畑にしか行ってません。

なんだ？　私たちはいつのまに神と崇められるようになったのだ。

B氏はさらになにやら私たちに向かって呼びかけ、必死で手招きをする。さっぱり意味がわかんなかったのですが、おもしろそうなので畑に下りてみました。

おばあちゃんBのそばに来ると、彼女の上の歯は全部ない。

「あーた……あの××……いとこが……××で××だすけ××。そっちの人は××、××……」

おお!!　なまりを差し引いても何を言っているか分からない！　お手上げ！

私たちが明らかにとまどっていたら、建物の陰からダンディなおじさまが出てきた。自宅前の畑に見知らぬ若者（とは言えないトシだが）2人がいるというのに彼は特に驚くさまも見せず、軽く苦笑して曰く、

「ばあちゃん、[redacted]ってるから」

WOW!!!　その言葉は本に書けませんよ！

中里は、早朝のたった14分間でこんな濃度の経験をさせてくれる懐の深い里。

無断で畑に立ち入ったことを彼にわびながら、私たちはさっさと駅に戻りました。

早くしないと汽車が来る。

Vol. 3

岩手《いわて》刈屋《かりや》6時47分、観光地の朝

中里から岩手刈屋に向かう汽車はあいかわらず一両で、車掌もさっきの新谷さんがそのまま折り返してきた。少し恥ずかしい。

汽車には、さっきとは違って高校生がそこそこ乗っています。宮古の高校に通うんでしょうね。しかし、高校生の間に会話はない。この小さな村で、君たちは知り合いではないの？

さて、刈屋駅で許される時間は20分。ここもすぐに茂市から汽車が折り返してきます。

刈屋駅はまず木造の駅舎がとてもすてきです。さっきの中里と違い、広い待合室もあるきちんとした古い建物です。

美しい駅舎を軽く撮ってからとりあえず駅から出てみたら、正面に急な下り坂がある。この先にはどうやら川があるらしい。建物と木々の間からちらりと見えるのはどうやら吊り橋だ！

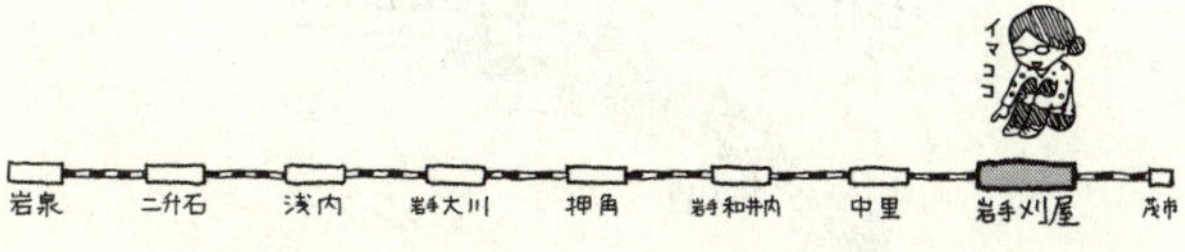

駅の雰囲気はとっても良い。
たぶん岩泉線のなかで1,2を争う。
JR
岩手刈屋駅
ムダに広いスね…

駅おりてすぐに
気になる景色が!!
吊り橋?

ここにたった20分は惜しいなー
ふつうに観光地スねー
名も分からぬ生活用吊り橋。誰もいないせせらぎ。
ここに泊まるべきだったーー!!
駅前にはなんとキレイめの旅館も!!

「ここ、案外ふつうに観光地かもしれないよ！」

「あ、マジっすね。川きれいだし」

このあと私たちはしつこいほど吊り橋を見ることになるのですが、この時点ではまだ吊り橋が新鮮でした。どこからか湧き出た水が小川のようになって道を流れ、川に注いでいます。ここは水の郷です。

駅の周りには風情のある古い酒店があり、少し先にはかなり大きな工場も見える。なんと、駅前には旅館もある！　ああ、ここに泊まればよかったよ！　今回の旅でいちばん悔やまれたのはここでした。沿線（終点以外）にある唯一の宿を見逃してしまうとは。

刈屋は予想よりも大きな町であり、十分に観光地だったのです。しかし20分はすぐに過ぎる。私たちはまたあわてて次の汽車に乗ります。

Vol. 4
浅《あさ》内《ない》7時43分、美と滅びの塔

車掌がまた新谷さんだ！

いちいち車内で切符を買うので、どうしても顔を合わせてしまう。こいつら何やってんだと思われてるのは確実だけど、3回目となればもう恥ずかしさの一線は越えたさ。

車内には意外にも高校生がおらず、その代わりに先生らしき人がいました。この不便な路線を使って通勤することになにか私は感動を覚えた。きっといい先生だよ！

押角駅の先の長いトンネルで山越え（山くぐり？）をし、2駅目が浅内です。浅内で許された時間は27分。少し長くなった。でも、急がないとすぐ岩泉から新谷さんが戻ってくる。

まず、構内にある古い塔が目につきました。たぶん給水塔だと思うんですが、もう使われていないようで廃墟と化しています。シンボリ

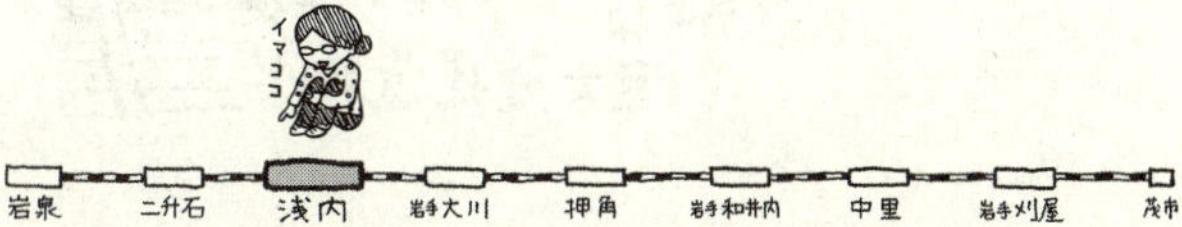

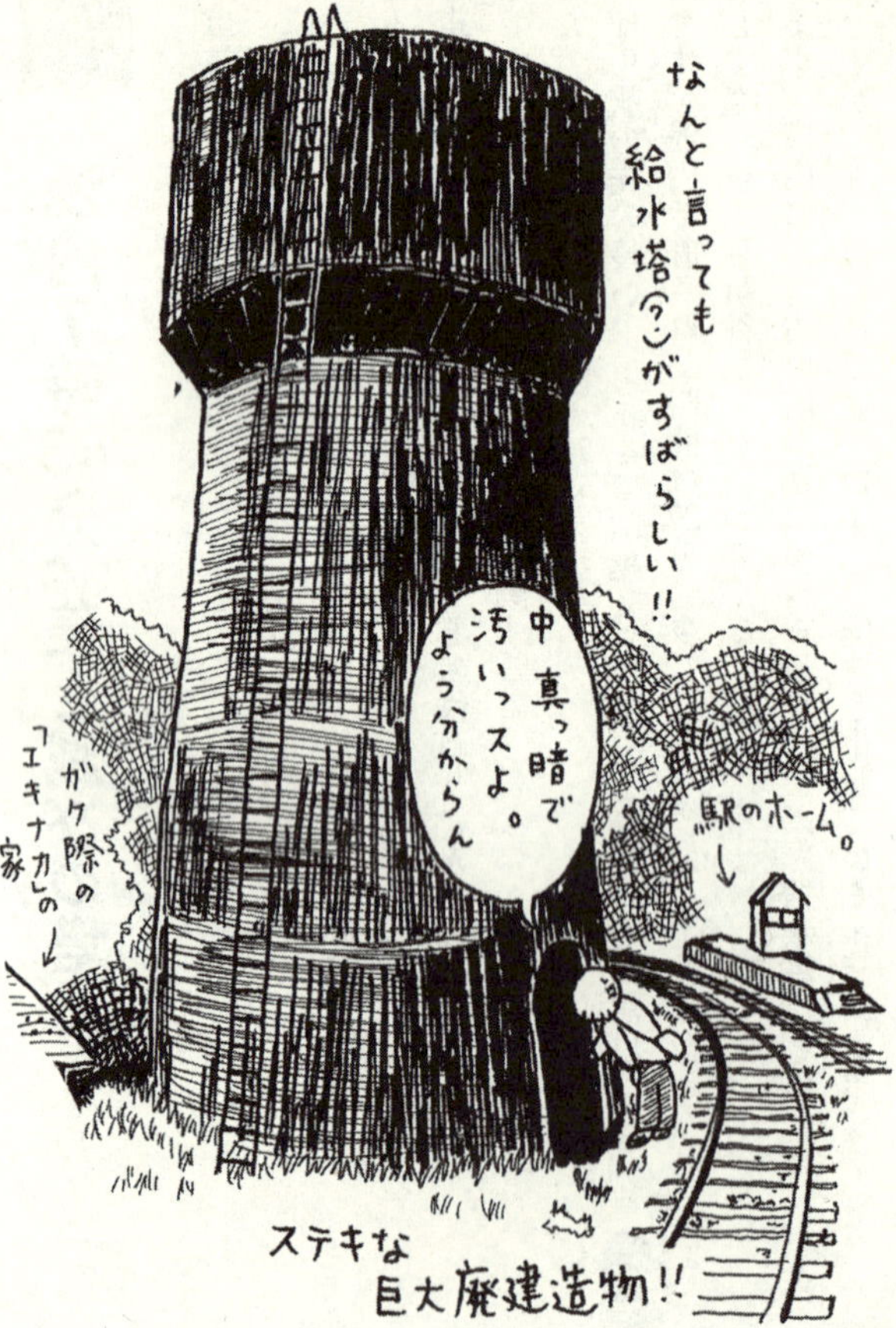
なんと言っても
給水塔(?)がすばらしい!!
中真っ暗で
汚いっスよ。
よう分からん
ガケ際の
「エキナカ」の
家
駅のホーム。
ステキな
巨大廃建造物!!

ックで美しい。

そして、もうひとつ気になったのは、駅の東側にある民家だ。

浅内は駅の西側に集落がありますが、東側は切り立ったがけの下に川があるだけです。しかし、そのがけにへばりつくように家が一軒ある。この家に通じる道はひとつもありません。線路（もちろん踏切などない）をてきとうに横切って行かないと入れない家です。

ローカル線沿いにはごくたまにこういう「線路を越えないと入れない家」があるけれど、こんな「駅の中」といえる場所に家があるのは初めて見た。エキチカっていうより完全にエキナカだもん。ホームからそのまま線路に下りて家に帰るっていう不条理。この存在はもはや芸術的じゃないですか。

浅内駅構内図
妙にスカスカ
森
ホーム
自転車おきば
出口
こっちが集落
タワー
家
駅舎（もちろん無人）
ガケ
川

駅舎はちょっと古くて大きめ。
浅内駅

小さな集落のなかに2つも美容室があった、ということも見逃してはならない。ここは美をつかさどる村です。

全く目立たないけど
たぶん美容室
美容室も多いオシャレの町です。
たてものもステキ
なぜかリヤカーが。

駅前のバス時刻表。
1日2本なんてもう驚きもしない…
小川タクシー
バス時刻表
時刻 行先 経由
7:41 岩泉三本松
19:39 上国境
タクシー？バス？どっち？
国境行き!!

Vol. 5
岩《いわ》手《て》和《わ》井《い》内《ない》8時38分、7時間の空白

あ、どうも、新谷さん。

車内で、おなじみ新谷さんからまた切符を買う。

宮古の町に出るじいちゃんばあちゃんを乗せた汽車はまた山を越えて、和井内の駅に着きました。

去りゆく汽車から顔を出す新谷さんは、「ここで降りるの？　マジで？　いいの？」というお顔をしていた。

そりゃそうだよ、だって、和井内で許された時間は……約7時間。

ああ、ここまで一駅20分程度であわただしくやってきたのに。なにしろまだ午前8時なのに、次の汽車は午後4時。「なんとなくやってることは分かったけど、ここで降りるのはミスだろ？」と新谷さんは思っただろう。そりゃ正しいよ。ここで聞こえるのは蛙の声だけ。

夕方までに私たちは次の駅（徒歩では7キロほど先）まで歩くつもりな

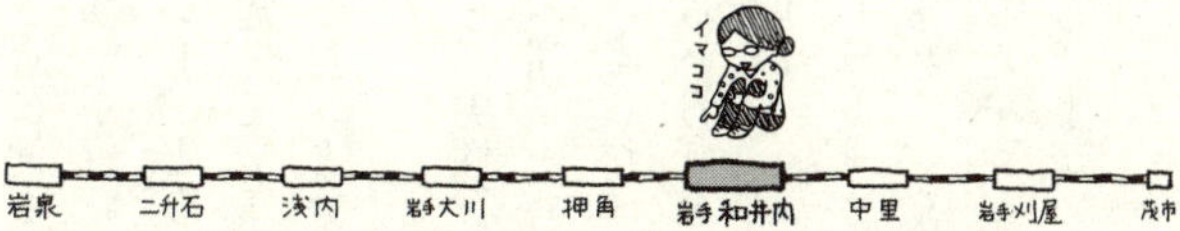

駅舎はとっても新しい。
ここ2,3年で
建ったかんじ
キレイすぎてつまらん!!
寝やすくていいっスよ

んだけど、次の駅はここよりもさらに何もないのは間違いないので、あまり早く着いてもしょうがない。ちょっと暑いし、とりあえずどこか室内に入りたいと思っていると、パッと郵便局が目につきました。というか、郵便局以外何もない。

新築できれいな郵便局に入ると、男性社員がお2人。せっかくだから記念切手（岩泉と関係ない三陸鉄道のもの）を買いました。窓口の畠山さんはあいそよくいろいろ話をしてくれました。押角にある雄鹿戸《おしかど》トンネル（読みは同じだがなぜか字が違う）はテレビが取材に来るほどの心霊スポットらしく、畠山さんも絶対行きたくないほどなんですって。ま、今日はそこ通らないから。よかった。

駅前の
和井内郵便局

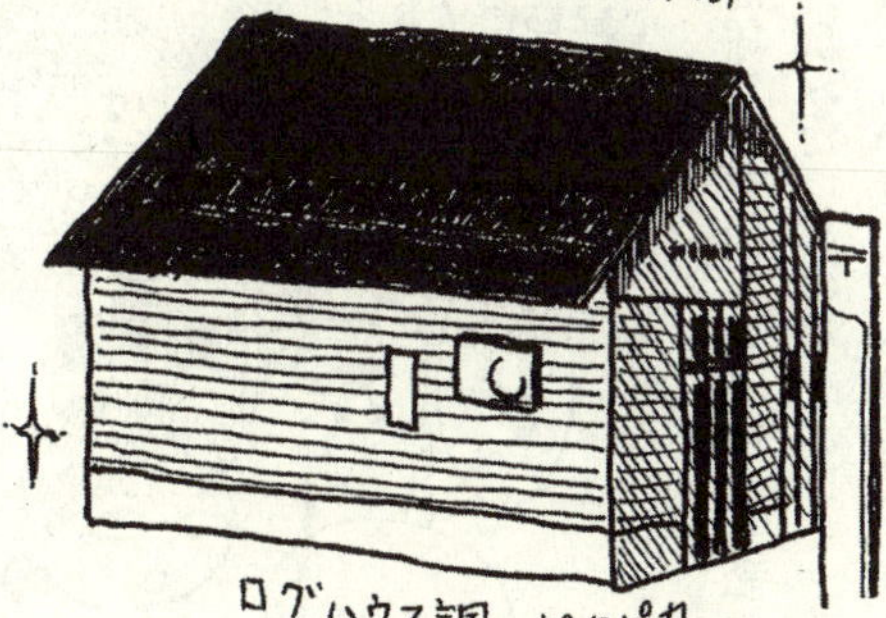

ログハウス調。ピカピカ

畠山さん、意味もなく長居してすいませんでした。

やっぱり地元情報は大事!!
あのトンネルは僕も通りたくないですよー
はい 記念切手

時間は猛烈に余っているので、私たちは誰もいない郵便局内で、置いてあった広報とか地方紙みたいなのを読んでくつろぎました。……しかしなんだかさすがに気まずい。30分くらいで切り上げて駅に帰る。

7時間以上汽車が来ないんだから、当然駅には誰も来ない。そもそも誰も外を歩いてない。日々の激務でお疲れのスルギくんは「おれ、ちょっとキツいんで寝ますわ」

と長椅子で寝てしまいました。しかし私は、せっかく来たんだから集落を歩きたい。

民家や川を見たりして、集落を軽く回って駅に戻る途中。駅に近いカンカン照りの道でおじいちゃんに話しかけられた。

「どっから来たの？　商売け？」

無人の道端にて。
88歳
バイパスを毎日
歩いてんだぁ
車の免許はハァ
こないだ返しちまって
このへんではとにかく
誰にでも
話しかけられる。

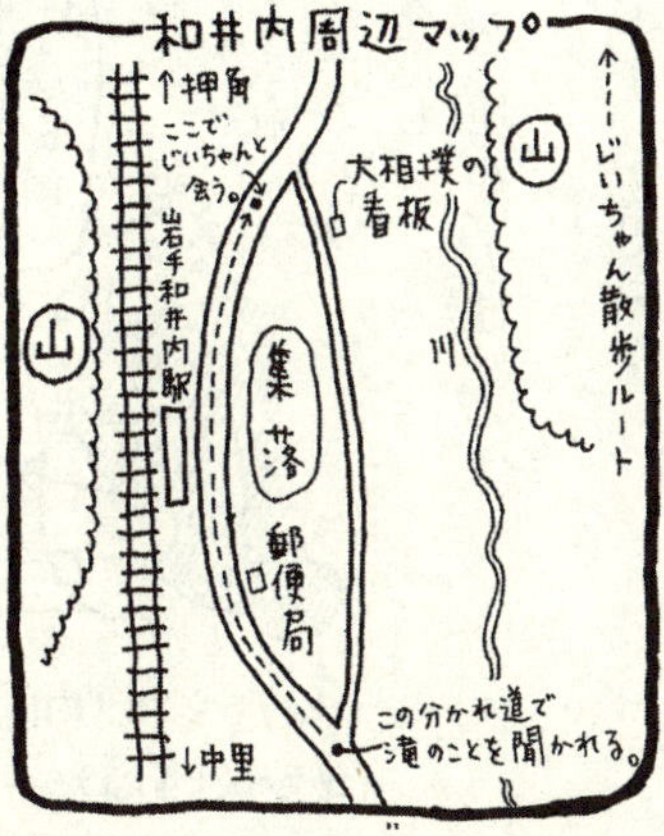
和井内周辺マップ
押角
ここでじいちゃんと会う。
岩手和井内駅
大相撲の看板
山
山
じいちゃん散歩ルート
川
集落
郵便局
中里
この分かれ道で滝のことを聞かれる。

こ、これは！　長崎で経験したことと同じ！

私はかつて、長崎の離島の某旅館に宿泊予約を入れたら、「商売人じゃなかとですよね？」と疑われたことがあったのです。人類の普遍的な法則を私は発見した。「観光地でもない田舎に知らない人が来ると、地元の人は『いかがわしい商売』を疑う」

いえいえ観光なんです、と弁解するものの、こういう愉しみ

集落にあった気になる看板。
大相撲星取愛好会
星取愛好者募集
7月3日締切
入りたい！ でも連絡先が分からない！
しかも上から関係ないポスター貼られすぎ!!

たぶん岩手県内の人。
滝に行きたいんですが、この道はどっちに行ったら…
え？ え？
滝ガイド
どうやら和井内には滝があるらしいぞ!!
(地元の人と間違えられて道を聞かれたのだ。うれしい！)

は土地の人には分かってもらえないもの。それはしょうがない。それより私はおじいちゃんの話のほうが聞きたいです。彼いわく、「1キロ歩いてハァ来たんだけど。歩いてねぇと立てなくなるから」。なるほど。足腰は大事だ、という話。

「さっき駅で寝てださハァ。友だちけ?」

彼はスルギくんの存在にも気づいていたようです。

駅に戻ったら、スルギくんは待合室の床に小銭と財布と携帯をぶちまけて熟睡している。こんなことをしても盗まれる心配はない。だって駅に誰も来ないんだもの!

私はそんな駅で、あらかじめ持ってきたコンビニおにぎりを食べたり、本を読んだりして過ごしました。……ああ、いつまでたっても午後にならない。人も一人も通らない。スルギくんは全く起きない。ただひたすら空白。

ものすごく自由に寝るスルギくん

Vol. 6

押《おし》角《かど》16時03分、虫の駅

やっと、やっと午後になった。スルギくんを起こし、いよいよ押角駅に向かってのんびり歩行開始。

2キロほど歩いて和井内の集落を抜けると、森に囲まれた山道になるかと思いきや、畑が広がっていた。まったく日陰がない。予想外！畑のど真ん中を、熊よけの鈴をチリチリンと鳴らしながら汗だくで歩く私たち。あんな見渡しのいいところに熊なんか出ねぇよ。それより日焼けの被害のほうが深刻だ。

そうしてカンカン照りの2キロを過ぎると、ついに恐ろしい生物が私たちを襲った。いや、熊じゃなくて。

道は細くなり、予想通り森に囲まれてきました。日陰ができたとホッとしたのもつかの間、よく見ると目の前の空中に小さな何かが超たくさん浮いてる。

毛虫ー!!

毛虫が、糸で枝から大量に吊りさがっている!

私たちは、ボクサーのように軽快なフットワークで毛虫をよけながら残りの3キロを歩かなきゃいけなくなった。油断していると顔すれすれに虫がいる。

「うおっ!」チリチリン!「ウギャー」チリリン!

無人の森に、小さな悲鳴と鈴が愉快に鳴り響きます。

ここまで来るとほとんど家もないのだが、途中に別荘のような建物を発見しました。停めてある所沢ナンバーの車には、あらゆるところにびっしり毛虫が。オーナー氏はここに別荘を建てたことを後悔していないだろうか。

そんなこんなで、私は服に3匹の毛虫をくっつけながら（後で気づいて絶叫）、やっと押角駅入口という看板までたどり着いた。

道とも言えない砂利の広場を抜けていくと、橋が現れました。手づくり感あふれる橋は、横幅1メートル未満。手すりが片側にしかないうえに、手すりがないほうに傾いています。しかし駅に行くにはこの橋を通らないといけないのだ。

そして、橋を渡った先はすぐ線路。そこからホームまでの道は存在しない。線路わきの、道とも言えないスペースを通るしかない。

＊和井内から押角までの道のり＊

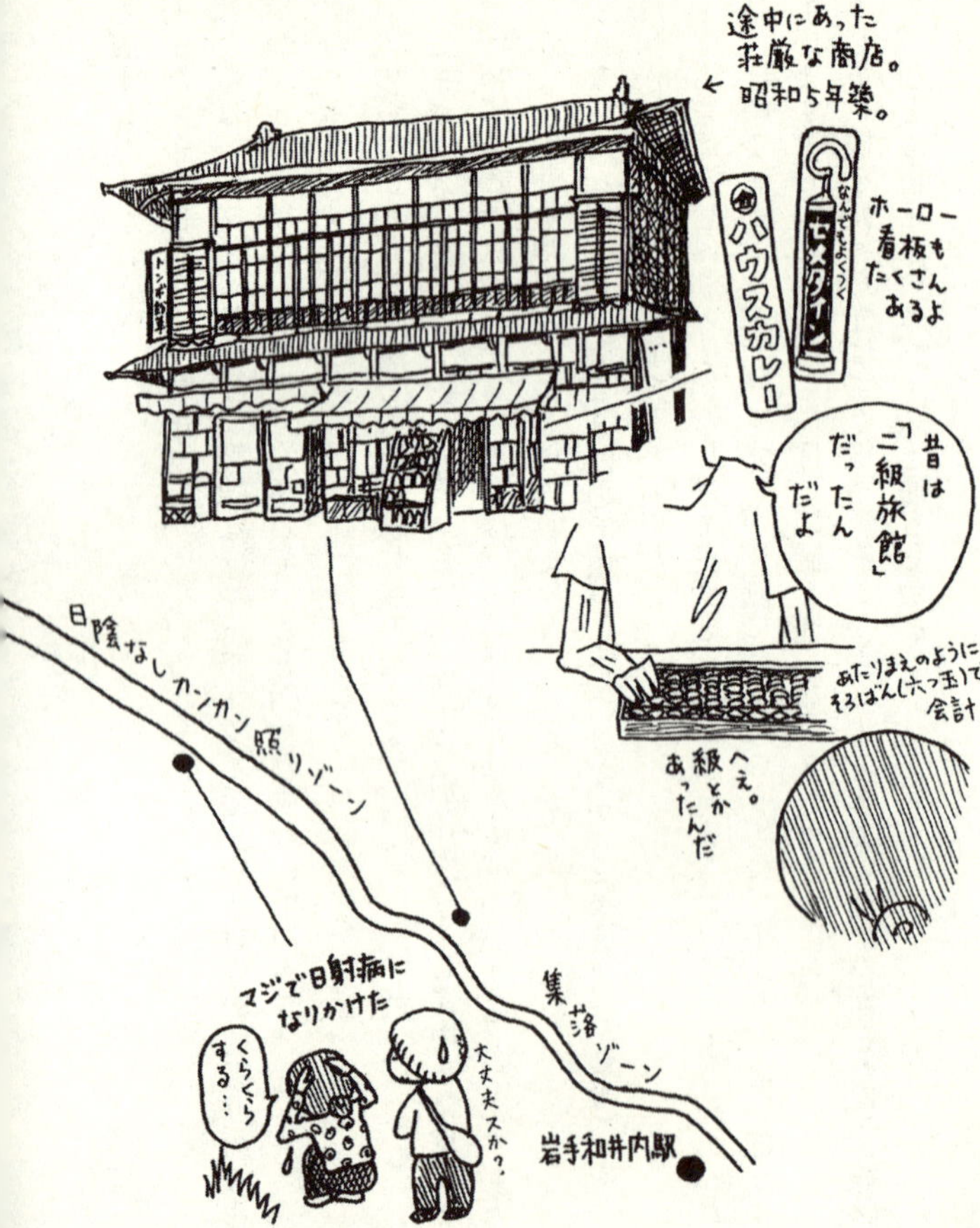
途中にあった
荘厳な商店。
昭和5年築。
トンボ鉛筆
ハウスカレー
なんでもよくつく
セメダイン
ホーロー
看板も
たくさん
あるよ
昔は「二級旅館」だったんだよ
あたりまえのように
そろばん(六つ玉)で
会計
へえ。級とかあったんだ
日陰なしカンカン照りゾーン
集落ゾーン
マジで日射病に
なりかけた
くらくらする…
大丈夫スか?
岩手和井内駅

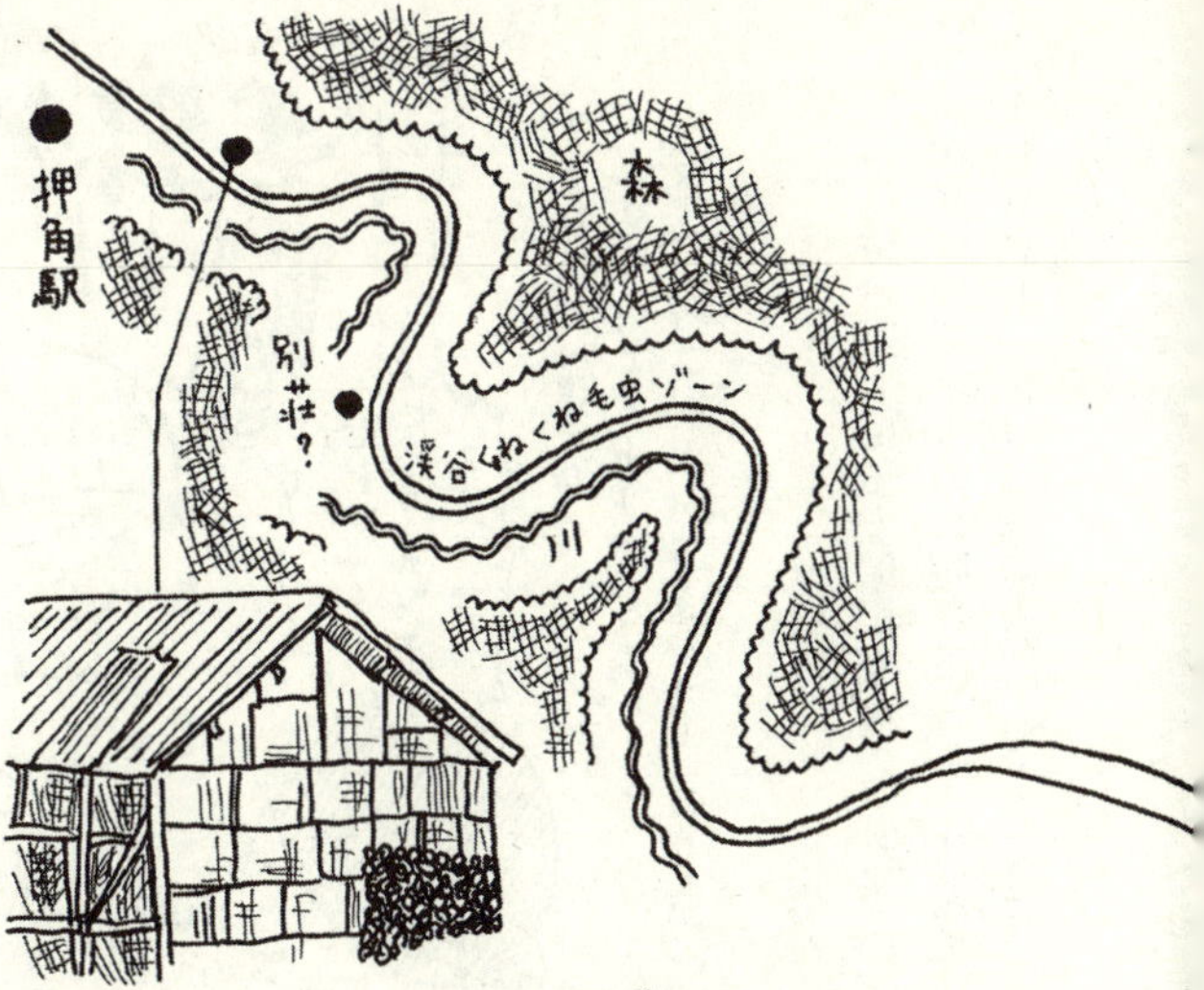
押角駅
別荘?
森
渓谷くねくね毛虫ゾーン
川

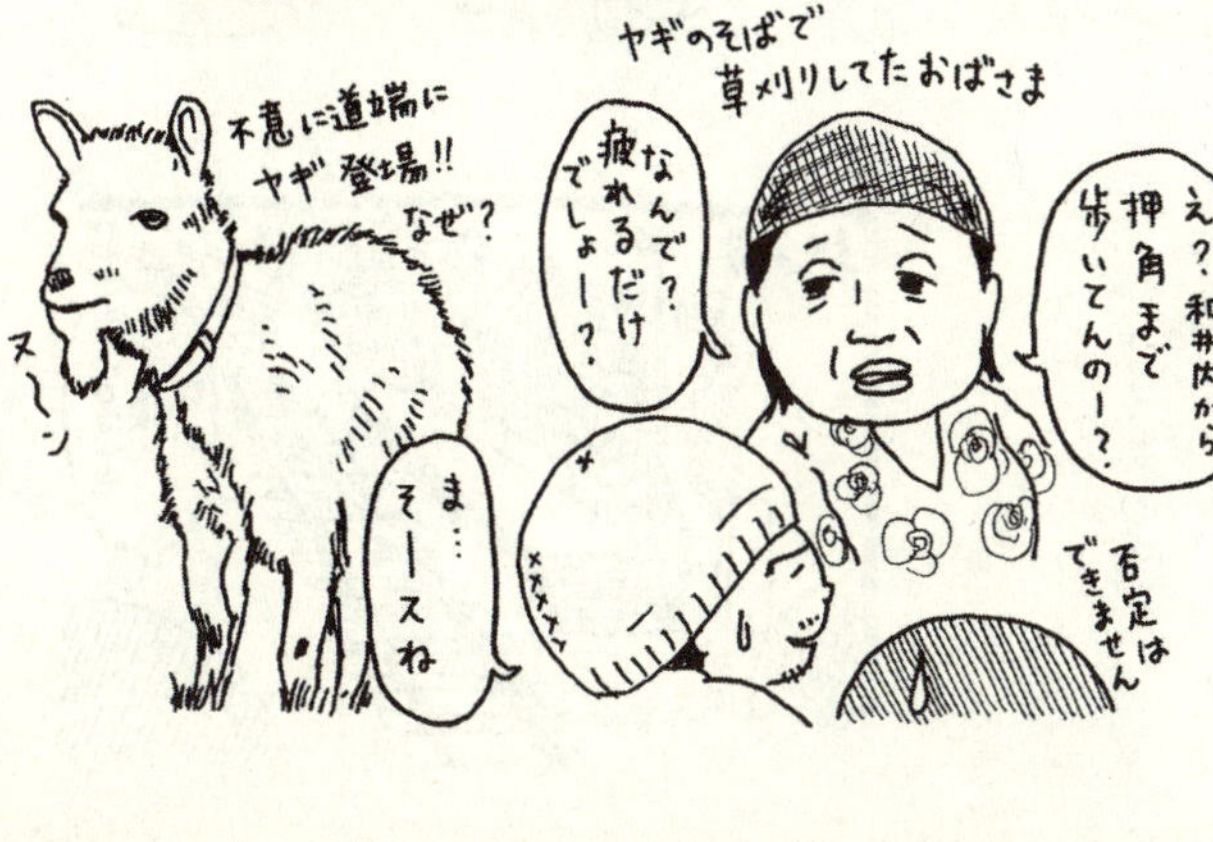
ヤギのそばで草刈りしてたおばさま
不意に道端にヤギ登場!! なぜ?
ヌ〜ン
え?和井内から押角まで歩いてんのー?
なんで?疲れるだけでしょー?
否定はできません
ま…そースね

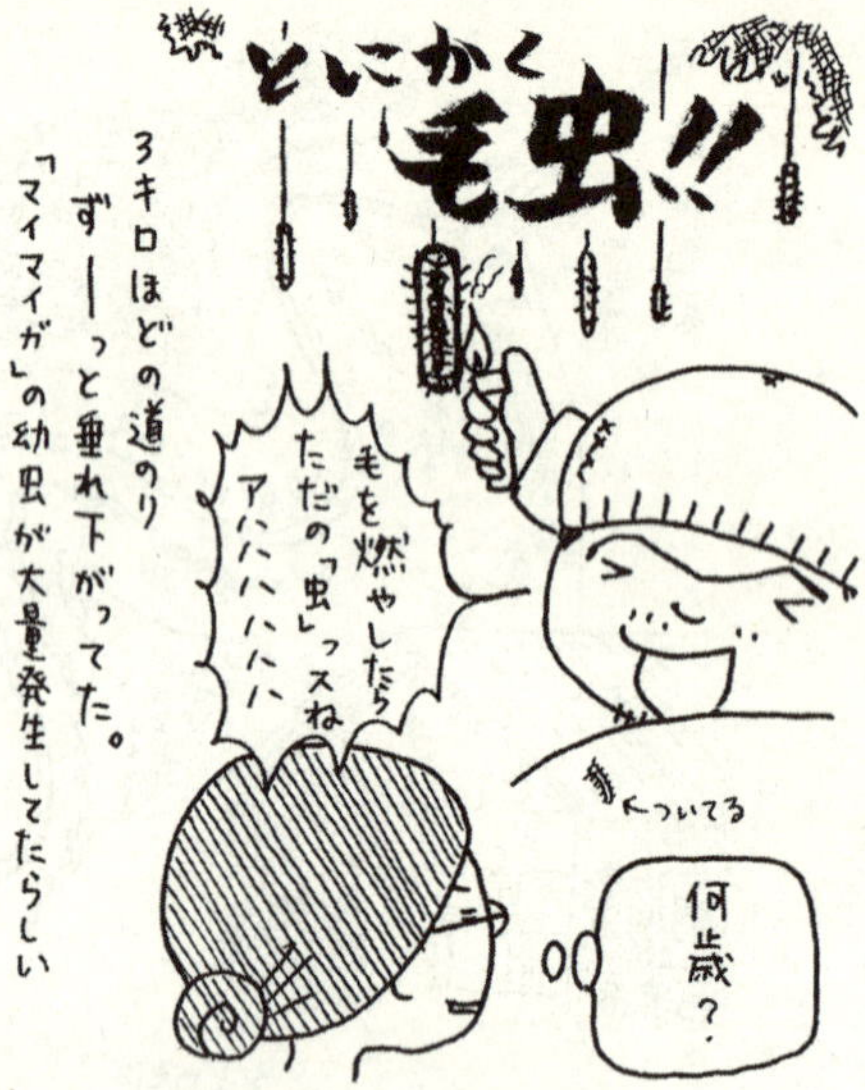
とにかく毛虫!!
3キロほどの道のり
ずーーっと垂れ下がってた。
「マイマイガ」の幼虫が大量発生してたらしい
毛を燃やしたら
ただの「虫」っスね
アハハハハハ
←ついてる
何歳?

駅全景
待合室も屋根もない…

ホームには待合室も椅子も屋根もない。ただの雨ざらしの台です。しょうがないのでホームに腰を下ろして休んでいたのですが、よく見ると線路にもたっぷり毛虫が！　ヒッと飛びのいてよく見ればホーム上にも毛虫の群れ！　ギャー!!　ここは秘境駅以前に毛虫駅だ！

5キロほど鈴を鳴らして来たうえに今までの毛虫のスリルでテンションの高まっているスルギくんは、小学生のように毛虫を燃やしたり毛虫にジュースをかけたりして遊んでいました。「毛虫の毛を焼いたから『虫』っすよこれ!!　毛がないから『虫』ッス!!　ウハハハ」。こういう人が私の担当です。

しかしさすがに秘境駅と名高い押角、周りに民家は一軒もありません。この駅をまともに利用するとしたら、駅のそばにある何かの養殖場（詳細不明）か、森の中にある小屋（詳細不明、廃墟かも）か、ヤギがいた農家（ただの作業小屋かもしれない）か、毛虫に覆われた別荘しかない。所沢ナンバーの彼は、今後は毛虫まみれの所沢ナンバーを使用せず、ぜひ岩泉線を利用してほしいと思います。

そんなわけで私は腰掛けることもできず、まさに熊のようにホーム上をうろうろしながら1時間待ち。スルギくんは毛虫を愉しく駆除しながら1時間待ち。こんな駅でもきちんと定刻通りに汽車が来ました。

さっき和井内で降りた不審な2人づれが、なんと7時間後に隣の駅から現れた！と、車掌の新谷さんを驚かせたかったのに、残念ながら車掌は小野寺さんに替わっていました。そういう勤務体系なのね。

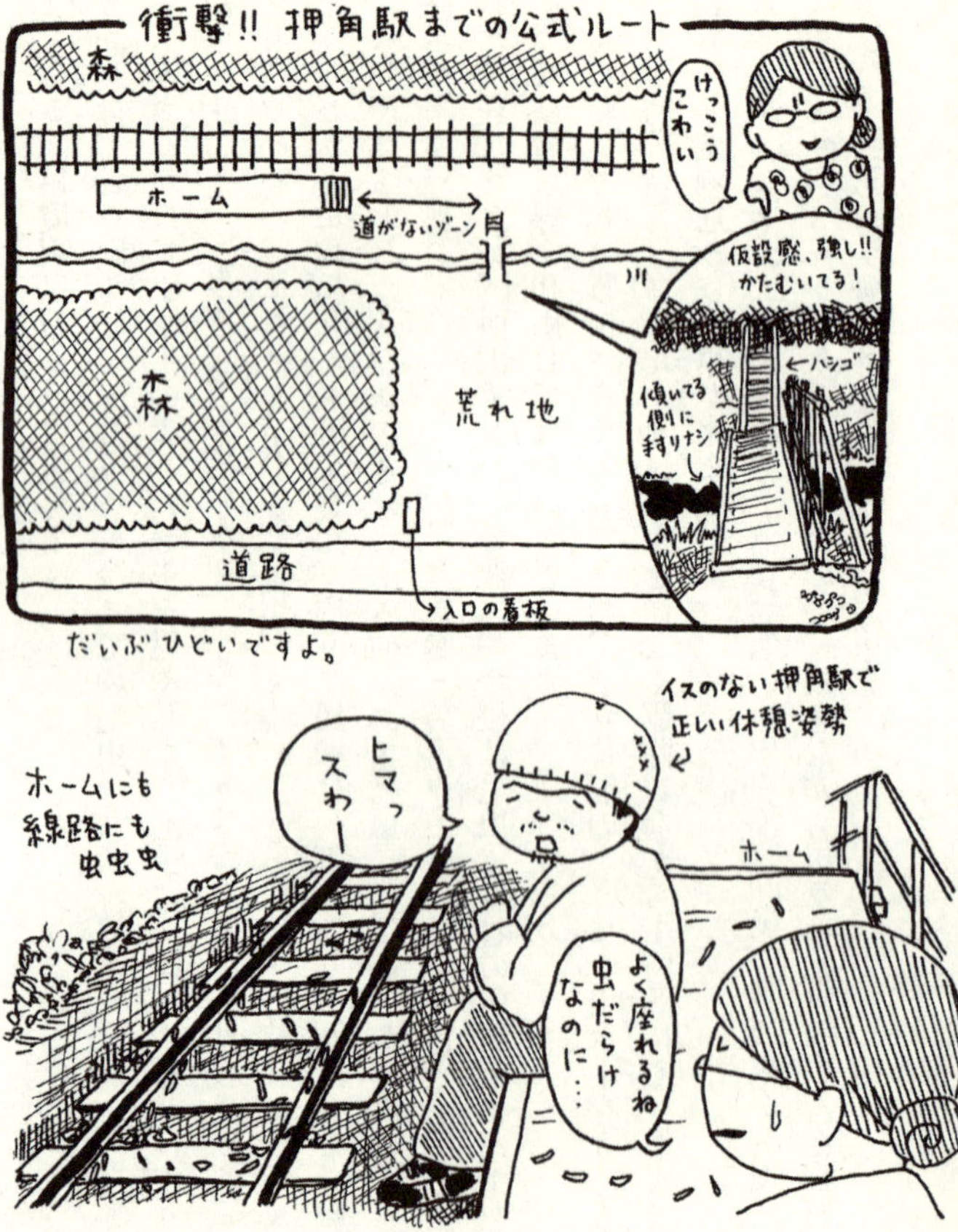
衝撃!! 押角駅までの公式ルート
森
ホーム
道がないゾーン
川
森
荒れ地
道路
入口の看板
けっこうこわい
仮設感、強し!! かたむいてる!
←ハシゴ
傾いてる側に手すりナシ
だいぶひどいですよ。
イスのない押角駅で正しい休憩姿勢
ホームにも線路にも虫虫虫
ヒマっスわー
ホーム
よく座れるね虫だらけなのに…

Vol. 7 二升石《にしょういし》16時28分、そこはあなたの家ではない

二升石で許された時間は58分。そこそこの余裕。私は何気なく、ホーム下にある公衆トイレに入ろうとした。が。

ドアも壁も毛虫だらけ！　ここも毛虫かよ！　入れないよ！

その一方で、さっきまでテンションの高かったスルギくんの様子がおかしい。

「すいません、なんか俺、マジで頭痛いッスわ……」

しかし私の尿意もマジ度が高いので、とりあえず彼には待合室で休んでもらって、私はひとり歩きまわってトイレを探します。

ああ、店がない。丘の上の寺も無人。これは……野外で致すしかないのか？

そんなとき、道ですれ違ったじいちゃんとふと目が合った。じいちゃんは照れ気味に、「どこ行ぐんだ？」と声をかけてきました。もう

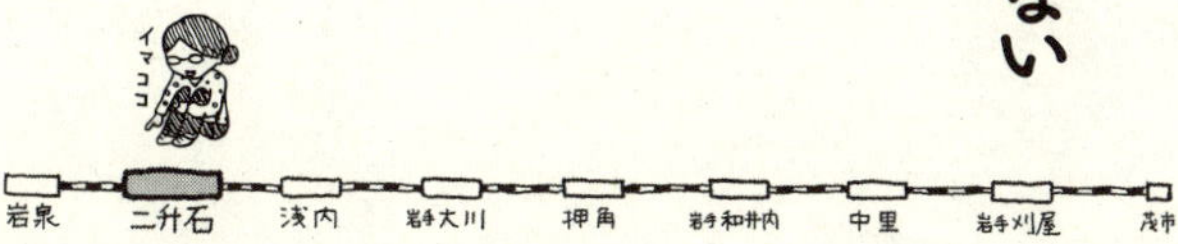

二升石の駅はシンプルだが
おもむきがあります
PM5:30です
←二升石の待合室
この毛虫はひでえなぁ
町はなにやってんだぁ
酔ってんな〜
トイレを案内してくれた
じいちゃんによる
駅チェック
めっちゃ具合悪い…
長靴

なりふりかまっちゃいられない。

「あのぉ、トイレ探してて……」

「……おぉ」

彼はふらふらした足取りで近くの家に連れていってくれ、玄関先でおばちゃんと二言三言話し、トイレを貸してくれました。ああ、ありがたい。これぞ田舎の人情。

トイレから出てくると、あれ？　玄関にさっきと違

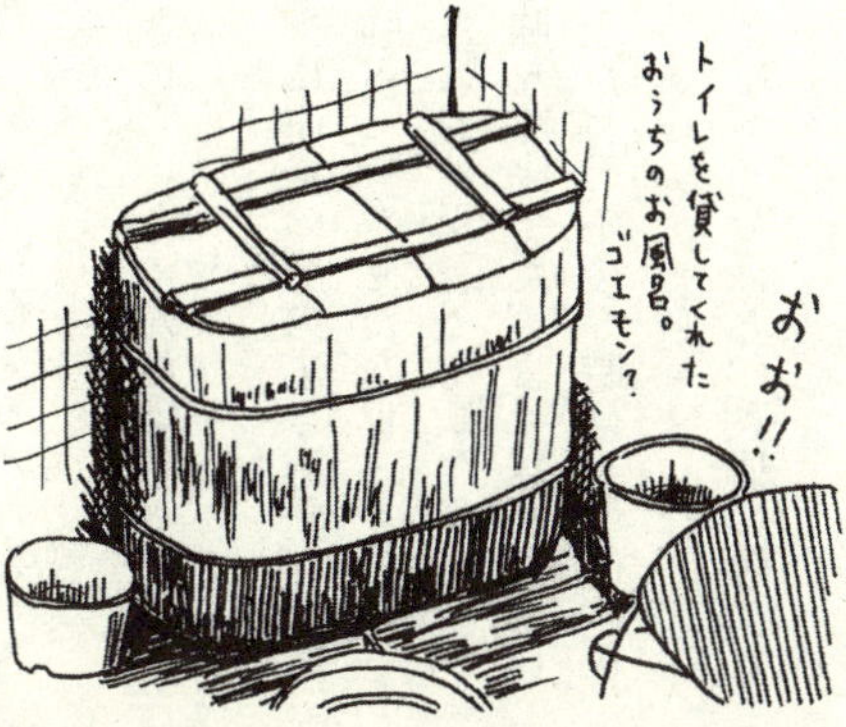

線路の高架が低い!!
二升石には高さ制限の
看板がたくさん。
2mって。
2.0m

うおじいちゃんがいます。さっきのじいちゃんがいない。なんだか様子がおかしい。

おや……この家、さっきのじいちゃんの家じゃないっぽい!

じいちゃんめ、都会モンに俺様の顔の広さを見せようと、他人の家のトイレを強引に貸させたな!?

恐縮しながらおばちゃんにお礼を言って駅に戻ると、さっきのじいちゃんも意味なく来てた。よく見ればじいちゃんは酔っている。そうだね、午後5時はもう晩酌の時間だよね。

二升石はあまり観光できなかったけど、人情に触れられたからよし。

Vol. 8

岩《いわ》手《て》大《おお》川《かわ》17時38分、夢の田舎ぐらし

岩手大川の駅前は小さな広場で、横に広がった数本の木が木陰を作っている。今までの駅前景色の中ではいちばんすてきです。

しかしさっきから頭痛を訴えていたスルギくんの口数がさらに減っている。いつもの口数が10とすると今0・1だ（いつもは多すぎる）。これは押角での毛虫大量駆除の呪いとしか思えない！

体調が快復しないので待合室で寝ると言うスルギくんを置き、私はひとりで駅から1キロほど離れた大川の集落まで歩いてみることにしました。

駅から少し離れると全く無人の山あいです。道は広いが車はあまり来ないし、午後6時を回ってあたりが薄暗くなってきた。さすがにちょっと怖い。

道に沿って谷川が流れ、深い渓谷を岩泉線の鉄橋が越えます。そん

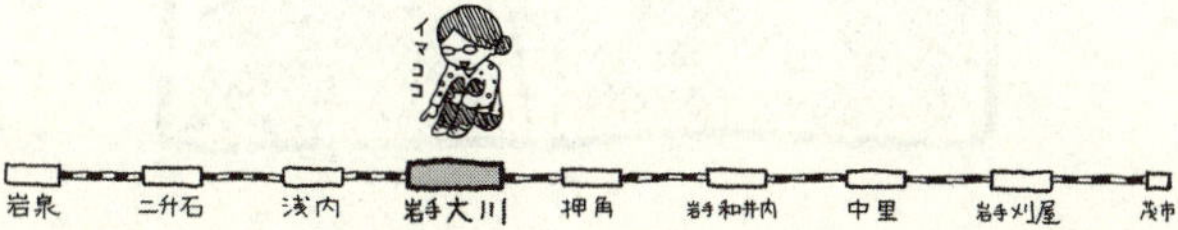
イマココ
岩泉
二升石
浅内
岩手大川
押角
岩手和井内
中里
岩手刈屋
茂市

駅周りの雰囲気
すごくいい!!
この中で
スルギくん
ダウン中
ホーム
大川駅
バス停

大川は駅から集落までが遠いのです
山
集落
無人地帯約1km
川
岩手大川駅
山
山

な景色をながめながら歩いていくと、集落に着く直前で、少し年下に見える若い女の人とすれ違った。

何事⁉

ここを歩く人自体が皆無だというのに、若い女の人がいるなんて。しかも彼女は人家のない方向へひとりで歩いている。謎だ。

思わず話しかけそうになりましたが、私のほうがよっぽど不審だと思い、踏みとどまる。

集落が見えたあたりで駅へ引き返さざるをえなかったけれど、今回の旅で初めてまともにすばらしい景色を楽しみました。渓谷に架かるいくつもの吊り橋（あくまでも生活用）、駅前ののどかな景色、沿線では格段に多い若者の数。

ああ、ここは「よい田舎」です。田舎生活にあこがれる若者がつい押角や和井内に行くと、理想とのズレに悩むかもしれない。でもここ大川なら大丈夫。若者も（比較的）多いし、景色も最高だし、「理想的田舎」ですよ！

すれちがった人にはあいさつしようと思って…

こんにちはー
はい、こんばんは
現在PM6時
あいさつを訂正された!!
私がまちがっていたよ

大川は、きちんと主張する町です。

一軒の家に渡るためだけの手づくりの吊り橋。ステキ。

Vol. 9 岩泉《いわいずみ》19時28分、そしてリベンジ岩泉

全駅制覇の日、ダイヤの関係でラストの岩泉駅には数分しかいられなかった。スルギくんは毛虫の呪いで瀕死の状態だし、汽車のロングシートには横になってうつぶせで寝てるおっさんがいるし、夜シフトの車掌はずっと小野寺さんで恥ずかしいし、別の日にきちんと岩泉の町は観なおしておきたい。

というわけで、スルギくんが帰京した翌日にリベンジでひとり、岩泉に行きました。悲しいかな岩泉線はダイヤが不便すぎるので、朝は宮古から三陸鉄道で小本《おもと》駅に行き、そこからバスで岩泉へ。

さて、岩泉の一押しはなんと言っても、日本三大鍾乳洞の一つ、龍《りゅう》泉洞《せんどう》です。小雨の降るなか、私はひとり、龍泉洞前でバスを下車。

しかし、平日の午前です。まさかというかやっぱりというか、お客は私ひとりきり。「ひとり鍾乳洞」は、けっこう怖い！

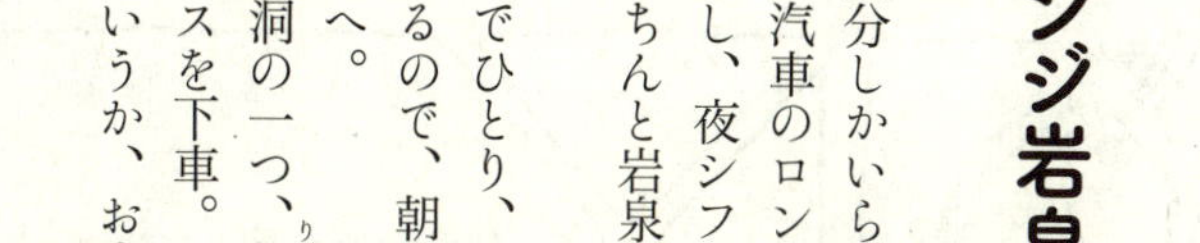

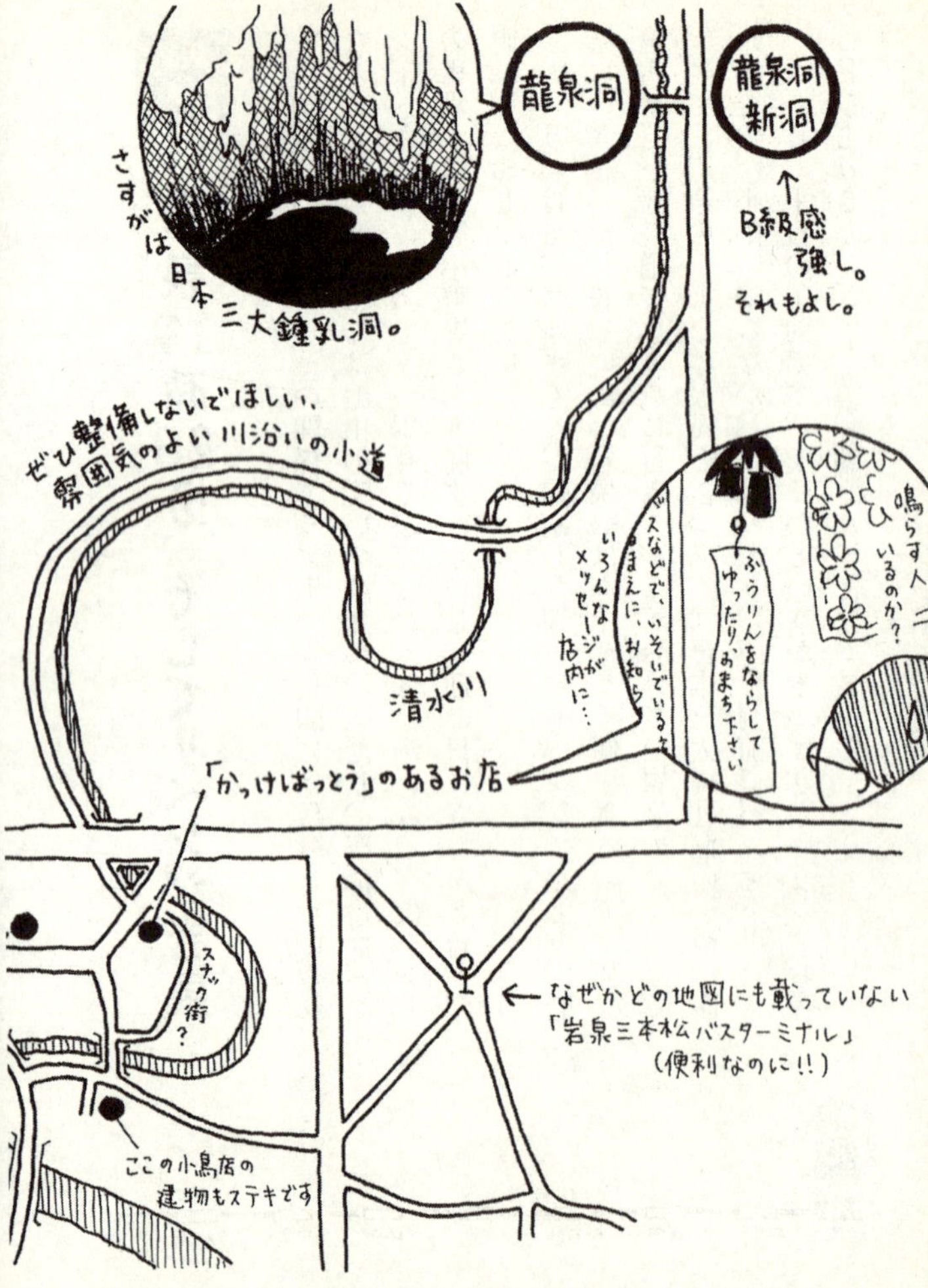
龍泉洞
龍泉洞新洞
さすがは日本三大鍾乳洞。
B級感強し。
それもよし。
ぜひ整備しないでほしい、
雰囲気のよい川沿いの小道
清水川
ふうりんをならしてゆったりおまち下さい
鳴らす人いるのか？
いろんなメッセージが店内に…
スなどで、いそいでいる
まえに、お知ら
「かっけばっとう」のあるお店
スナック街？
なぜかどの地図にも載っていない
「岩泉三本松バスターミナル」
（便利なのに!!）
ここの小島店の
建物もステキです

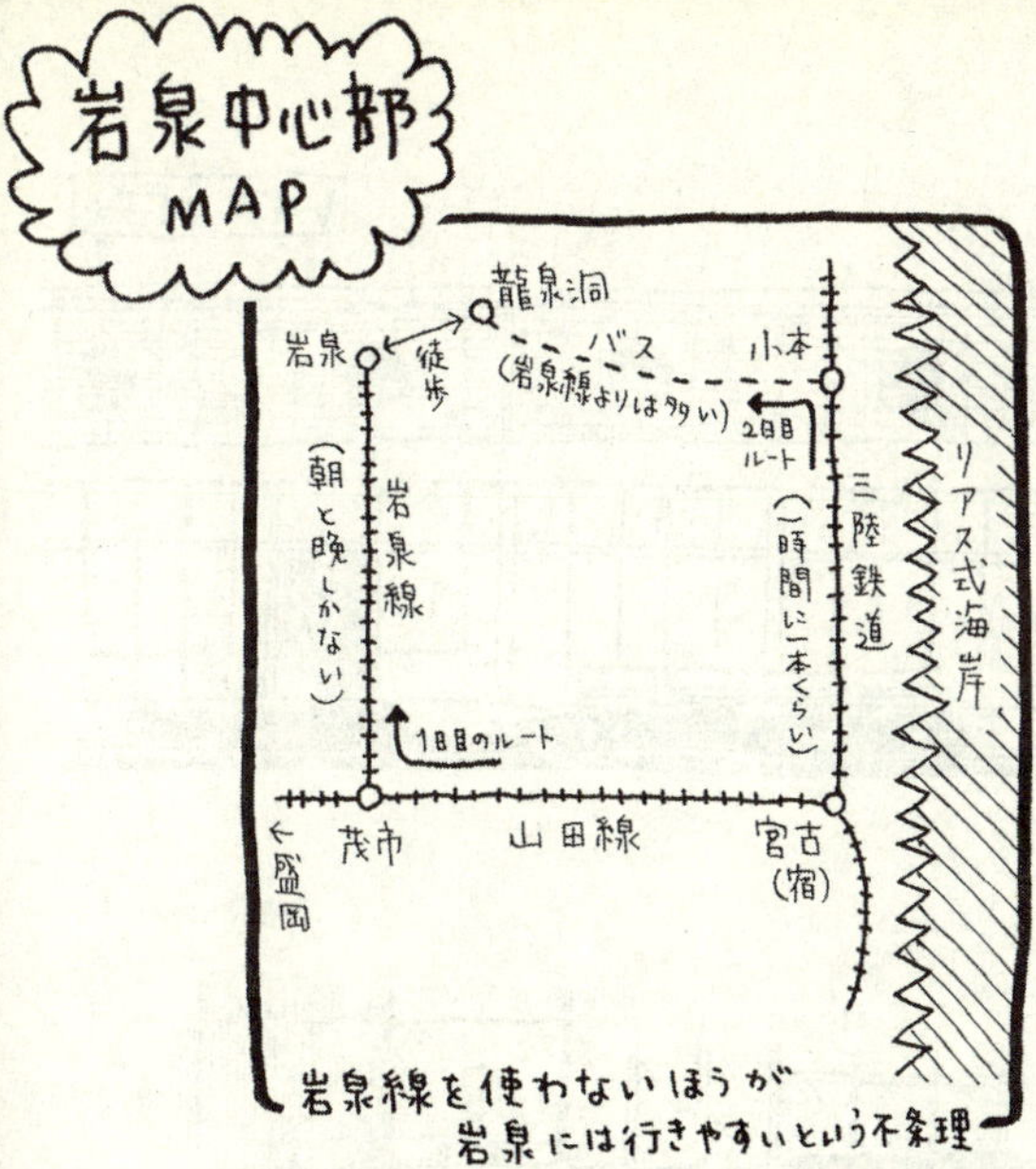
岩泉中心部
MAP
龍泉洞
岩泉
徒歩
バス
(岩泉線よりは多い)
小本
2日目
ルート
岩泉線
(朝と晩しかない)
三陸鉄道
(一時間に一本くらい)
リアス式海岸
1日目のルート
茂市
山田線
宮古
(宿)
← 盛岡
岩泉線を使わないほうが
岩泉には行きやすいという不条理

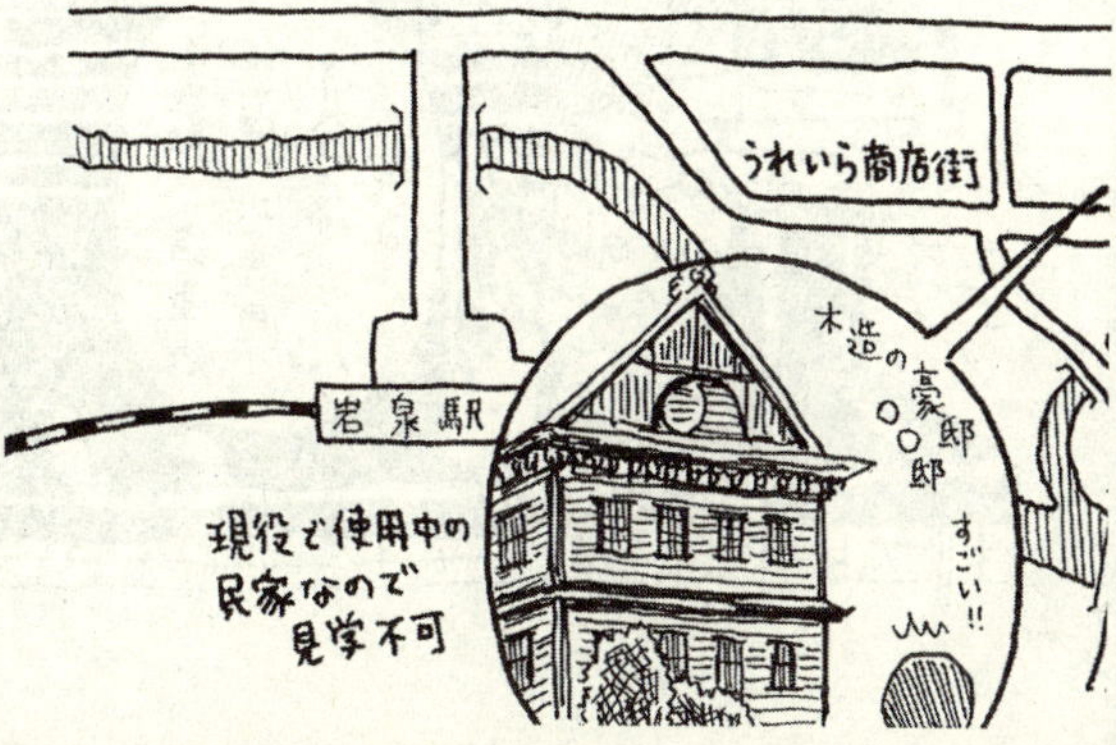
うれいら商店街
岩泉駅
木造の豪邸
現役で使用中の
民家なので
見学不可
すごい!!

いわいずみ
この駅、汽車の座席以上の待合席がある……

龍泉洞は道をはさんで本洞と新洞の2つがありますが、どちらかというと俗っぽい新洞が私はオススメである。なにしろ新洞には、「公的な落書き（次頁イラスト参照）」があるんだよ！　いや、心底目を疑いました。数万年かけてできあがったこの自然の芸術に、町をあげて堂々と落書きとは！

ショックをやわらげるために、風情のある道を歩いてみる。龍泉洞から清水川という川沿いに2キロほど歩けば岩泉町の中心地。この道は全く観光地的な整備がされておらず、気持ちのよい裏道です。ぜひこのままでいてほしい。商店街の街並みにもところどころ荘厳な建物があるけれど、飾り気のない感じがとてもいい。現役の住宅なので名前が出せませんが、商店街の北の並びにある和洋折衷の木造邸宅は必見です。

お腹がすいたのでたまたま見かけた食堂に入ってみると爆音で演歌が流れている。お客はいない。

岩手名物のひっつみ（うどんと団子の中間のようなもの）をおいしく食べながら改めて店内を見回してみると、「かっけばっとう」という、まるっきり内容の予測がつかないメニューが目に入った。

うわ、これにすればよかった!!

お店のおばちゃんに聞いてみると、ひっつみと豆腐をにんにくみそにつけて食べる

龍泉洞・新洞の衝撃
テキサス洞(アメリカ)の壁画模写
(8000年前)
カラー塗料で描いてある
貴重な鍾乳洞の壁面にジカ描き!? いいの!? しかもなんの関係もない絵を!! なんで!? これじゃただの落書きじゃ……
岩泉町、それでいいのか!?

岩泉に行ったらこれを買って帰ろう。
しょうゆぱん
なまこぱん

ものだそうです。ビジュアルが想像できない……。岩泉に行く方は、ぜひかっけばっとうに挑戦してほしいと思います。

帰りはまた岩泉線で帰るのだが、もちろん夕方まで来ないので、私は雨の商店街をひたすらうろうろして時間をつぶした。そして徘徊の結果、ひそかな岩泉名物をひとつ見つけました。「ぱん」です。「ぱん」はスーパーやパン屋で売っていて、製造元はすべて町内、作っているメーカーによって微妙に名前や味が違う。私が見たのは、しょうゆぱん、なまこぱん、つるこぱん。しょうゆ以外、名前の由来が分からん。ぱんとパンは似て非なるもの。ぱんはパンより固くてクッキーより柔らかい、スカスカしたお菓子です。昔ながらの「駄菓子」と呼ぶにふさわしいものでした。

帰りの汽車は、私以外には推定鉄ちゃんの青年が一名のみ。途中、押角を通るあたりで異様に徐行運転をしていたのだが、車内アナウンスもないのでなぜ徐行していたのかまったく分からなかった。おそらく、つぶれた毛虫の体液で線路が滑ってたものと見ています。

いや、さすがに7時間も歩きまわると町の名物が発見できるというものです。岩泉はこれから、かっけばっとうとぱんで町おこしをするといいよ。あと、鍾乳洞の落書きはもうやめて！

押角の角に腰かけるスルギくん。

あとがき

死にそうな場所、そしてへり。デートと言いながら散歩趣味の隅っこ、まさに散歩のへりをずっと歩き続けてきましたが、へりというのは崩れやすいもので、取材時から8年も経ったいま、各デートスポットの光景もずいぶん変わってしまっているらしい。

日本堤の廿世紀浴場《にじっせいき》のすばらしい建物は跡形もなく取り壊された。静岡県吉原のドリーミーグロテスクな建物は健在ながら、「ホルモン番長」は消滅。鶴見の沖縄のお店は改装して名前も変わったみたい。「伊集院」がいた扇町のレストハウスももうない。武州長瀬には、住宅地の中にあるかわいいサイズのものを差し置いて、駅前にしっかりしたロータリーができてしまった。横浜中村町の「目の錯覚ではない店」も閉店。散歩中にたくさん見つけた手作りの貼り紙やらなんやらの類《たぐい》に至っては残っているわけもない。なにより大きいのは岩泉線で、まるごと完全に廃線になってしまった。もうあの無茶な鉄道散歩はどうやってもできなくなってしまいました。

私の思っていた「死にそう」の感覚は、「そこにいたら自分が死んでしまいそうなくらいスレスレな場所」だったはずが、私より先に「場所」のほうがどんどんなくなっていってしまう。

でも、しょうがないかもしれない。人間の50歳なんてまだまだ元気だけど、築50年のマンションといったらかなり古めかしいわけで、人間より建物や風景のほうが寿命は短いもの。私はとりあえずまだまだ死にそうにありません。

それにしても、みんな今よりだいぶ若かったとは言え、目的も見どころもよく分からないバーチャルデート散歩に嬉々《きき》として付き合ってくれたスルギくん、あんまり歩くの好きじゃなさそうだから嬉々とはしてなかったかもしれないけど笑顔で付き合ってくれたシンエイさんには8年越しに感謝したいと思います。殺風景な場所ばかりを1日がかりでいっしょに歩くのをおもしろがってくれるなんて、担当編集さんには恵まれました。書籍化は超遅かったけど……。

もちろん私はこの連載が終わってしまってからも、勝手に「死にそうなへり」を探してうろつき、歩き回っています。これは、この連載をする前からの趣味だったし、もはやライフワークとも言える。この本で書きたいデートスポットはまだまだたくさんあるんだよう。教えたいよう。

本書は文庫オリジナルです。
初出「モーニング」2008年23号〜2009年24号
「鉄本」2009年刊
書籍化にあたり抜粋、修正をしました。

|著者| 能町みね子　1979年北海道生まれ、茨城県育ち。漫画家。2006年、イラストエッセイ『オカマだけどOLやってます。』(竹書房) でデビュー。『ときめかない日記』(幻冬舎文庫)、『くすぶれ！モテない系』『お家賃ですけど』『言葉尻とらえ隊』(以上、文春文庫)、『ひとりごはんの背中』(講談社)、『久保ミツロウと能町みね子がオールナイトニッポンやってみた』(共著、宝島社) など著書多数。また「久保みねヒャダこじらせナイト」(フジテレビ)、「ニュース　シブ5時」(NHK総合) に出演するなど、ラジオ、テレビでも活躍中。

『能町《のうまち》みね子《こ》のときめきデートスポット』、略《りゃく》して　能《のう》スポ

能町《のうまち》みね子《こ》

講談社文庫
定価はカバーに
表示してあります

2016年3月15日第1刷発行

発行者――鈴木　哲
発行所――株式会社　講談社
東京都文京区音羽2-12-21　〒112-8001
電話　出版　(03) 5395-3510
　　　販売　(03) 5395-5817
　　　業務　(03) 5395-3615

Printed in Japan

デザイン―菊地信義
本文データ制作―講談社デジタル製作部
印刷―――慶昌堂印刷株式会社
製本―――株式会社国宝社

ISBN978-4-06-293345-2

講談社文庫刊行の辞

二十一世紀の到来を目睫に望みながら、われわれはいま、人類史上かつて例を見ない巨大な転換期をむかえようとしている。

世界も、日本も、激動の予兆に対する期待とおののきを内に蔵して、未知の時代に歩み入ろうとしている。このときにあたり、創業の人野間清治の「ナショナル・エデュケイター」への志を現代に甦らせようと意図して、われわれはここに古今の文芸作品はいうまでもなく、ひろく人文・社会・自然の諸科学から東西の名著を網羅する、新しい綜合文庫の発刊を決意した。

激動の転換期はまた断絶の時代である。われわれは戦後二十五年間の出版文化のありかたへの深い反省をこめて、この断絶の時代にあえて人間的な持続を求めようとする。いたずらに浮薄な商業主義のあだ花を追い求めることなく、長期にわたって良書に生命をあたえようとつとめるところにしか、今後の出版文化の真の繁栄はあり得ないと信じるからである。

同時にわれわれはこの綜合文庫の刊行を通じて、人文・社会・自然の諸科学が、結局人間の学にほかならないことを立証しようと願っている。かつて知識とは、「汝自身を知る」ことにつきていた。現代社会の瑣末な情報の氾濫のなかから、力強い知識の源泉を掘り起し、技術文明のただなかに、生きた人間の姿を復活させること。それこそわれわれの切なる希求である。

われわれは権威に盲従せず、俗流に媚びることなく、渾然一体となって日本の「草の根」をかたちづくる若く新しい世代の人々に、心をこめてこの新しい綜合文庫をおくり届けたい。それは知識の泉であるとともに感受性のふるさとであり、もっとも有機的に組織され、社会に開かれた万人のための大学をめざしている。大方の支援と協力を衷心より切望してやまない。

一九七一年七月

野間省一